CW00569921

UNIVERSALE
ECONOMICA
FELTRINELLI

GAIA
SERVADIO

Gioachino Rossini

Una vita

Prima edizione nell'"Universale Economica" maggio 2015
Terza edizione giugno 2019

Stampa Nuovo Istituto Italiano d'Arti Grafiche - BG

ISBN 978-88-07-88602-7

razzismobruttastoria.net

a Gianfranco Mariotti,
per il quale tanto Rossini che io
abbiamo ragione di provare gratitudine

Questo è un nodo avviluppato,
questo è un gruppo rintrecciato.
Chi sviluppa più inviluppa,
chi più sgruppa, più raggruppa;
ed intanto la mia testa
vola, vola e poi s'arresta;
vo tenton per l'aria oscura,
e comincio a delirar.

JACOPO FERRETTI, *La Cenerentola*

Avvertenza

Nel 2000, e cioè quattordici anni fa, mi misi all'opera dopo aver convinto la casa editrice Constable della necessità di pubblicare una nuova biografia di Rossini, e della mia passione per questo compositore, allora non abbastanza ricordato e apprezzato.

Così, una mia biografia di Rossini venne pubblicata in Inghilterra e in America nel 2003 con buone critiche (meno una anonima sul web). In Italia uscì nel 2004 per la Dario Flaccovio Editore di Palermo, tradotto da tre mani: una prima, diciamo, disastrosa, una seconda buona e una mia revisione molto sudata.

Le edizioni sono esaurite, i diritti sono tornati a me. In quanto alla traduzione ho deciso di rifarla, ma dato che per un autore è impossibile o quasi tradurre se stesso, è meglio rifare da capo. E poi il mondo della conoscenza rossiniana in questi ultimi anni si è ampliato, è cambiato e forse anch'io sono cambiata.

Spinta da Euterpe o Calliope, mi sono buttata nelle vicende e nella musica di un compositore a me molto caro.

Per molti anni di Rossini non si eseguiva che *Il barbiere di Siviglia*, spesso tagliato e in edizioni raffazzonate; la sua ultima opera, il *Guillaume Tell*, è stata data in originale francese nella sua integrità solo negli ultimi anni. Inoltre, dell'uomo Rossini si è detto ogni male: spilorcio, traditore, anti-italiano. Di lui si è parlato più per gli eccessi culinari, probabilmente apocrifi, che per le sue melodie. Si è detto e si è scritto che non lasciava il letto quando gli cadeva uno spartito fresco d'inchiostro perché sapeva che avrebbe fatto più sforzo ad alzarsi che non a scriverne uno nuovo. Non è venuto in mente a nessuno che i depressi non lasciano il letto, non vogliono la luce, che i migliori comici sono proprio quelli che non riescono ad affrontare il giorno e la vita, e che sono anche le persone che più degli altri soffrono.

Introduzione

Sulla strada tra Roma e Napoli, la carrozza nella quale viaggiava Rossini si fermò alla stazione di posta di Terracina, cittadina al confine fra il regno borbonico e la Santa Sede, i due stati più reazionari d'Italia. Cavalli e viaggiatori sarebbero ripartiti all'alba del giorno successivo. Rossini e gli altri sette passeggeri, stanchi e impolverati, si sedettero davanti al caminetto nella sala grande della locanda, fu preparata la tavola e l'oste servì del vino.

Intanto, dalla direzione opposta, e cioè da Napoli, giungeva un'altra vettura. Al suo interno viaggiava Henri Beyle, amante della musica e dell'Italia, che scriveva sotto lo pseudonimo di Stendhal; a Napoli aveva ascoltato l'*Otello*, nuova opera di Rossini.

Il locandiere suggerì che i viaggiatori dei due postiglioni cenassero assieme. Stendhal, che allora aveva trentaquattro anni, notò come il gruppo che si dirigeva verso Roma includesse "un uomo molto piacente, leggermente stempiato, dell'età di venticinque o ventisei anni".

In tutta probabilità la stanza era buia, con poche candele, forse alcuni avventori avevano deciso di giocare a carte, come in un dipinto di Caravaggio o di Georges de La Tour, pittori fuori moda in un'epoca come quella che sublimava il classico. Stendhal doveva essere discreto, era politicamente sospetto, un espatriato francese e ancora un fervente bonapartista. Stava dirigendosi proprio verso il paese dei Borbone, nemici acerrimi dell'imperatore, della Repubblica, della Francia, dell'Illuminismo.

Mentre gli avventori si riunivano attorno alla tavola, Stendhal cominciò a parlare di musica e di opera in particolare. Chiese al gentiluomo stempiato se una volta raggiunta Napoli sarebbe andato a vedere l'*Otello* di Rossini.

Mantenendo il silenzio, quel gentiluomo sorrise.

Stendhal insistette: Rossini era la speranza della musica italiana. Senza rivelare ancora la propria identità, un "leggermente imbarazzato" Rossini continuò a sorridere. "Rossini è l'uomo che, fra tutti gli italiani, ha più genio," continuò Stendhal. "Compositori come lui sono pagati così male! Devono correre da un capo all'altro della penisola senza un momento di riposo..."

La conversazione si concentrò sugli eventi musicali a Napoli; entrambi sapevano che era consigliabile evitare qualsiasi discussione politica, c'erano spie dappertutto. Scoprendo infine che il gentiluomo con il quale stava parlando era Rossini in persona, e avendo intuito la vena malinconica della sua natura, Stendhal continuò a porgli moltissime domande, alle quali Rossini rispondeva "con concetti chiari, brillanti e gradevoli". Si dice che quell'incontro ebbe luogo durante l'inverno del 1817, ma la data è incerta; Stendhal stesso ammise di non essere eccessivamente preciso nei dettagli.

Che Stendhal non avesse riconosciuto Rossini è strano, dato che al tempo del loro incontro erano in vendita centinaia di immagini del compositore. Era diventato un divo, acclamato tanto per le sue opere, quanto per i grandi occhi castani. Persino Byron, con una certa invidia, raccontò come Rossini fosse seguito ovunque da ammiratori che reclamavano un ricciolo o un brandello della sua zimarra, mentre le ragazze gridavano il suo nome.

Stendhal parlò a Rossini del suo entusiasmo per *L'Italiana in Algeri* e gli domandò se preferisse quell'opera al *Tancredi*. Era una bella domanda, significava scegliere fra l'opera buffa e l'opera seria. Astuto, Rossini fu vago nella risposta: preferiva, disse, *Il matrimonio segreto* di Cimarosa.

A proposito de *L'Italiana*, Stendhal aveva coniato una frase che potrebbe descrivere tutto il teatro comico rossiniano: "Una follia organizzata e completa". Scrive Alessandro Baricco ne *Il genio in fuga*: "Un'espressione del genere sarebbe suonata all'orecchio di un genuino illuminista come un pericoloso ossimoro: averle dato un senso ragionevole è ciò che fonda la grandezza di Rossini".

Stendhal rimase affascinato da "quel poveruomo di genio", trovandolo "cupo e infelice". Ma "fu la più piacevole delle mie serate italiane," scrisse, "bevemmo tè fino a mezzanotte passata". Contraddicendosi, aggiunse che Rossini dimostrava "la felicità di un uomo appagato", per quanto riconoscesse in lui anche la malinconia della sua musica.

Quello di Stendhal è un ritratto del giovane Rossini che, come Mozart, riusciva a lavorare in ogni circostanza, che fosse a letto, in piedi o in una carrozza a cavalli che lo portava in giro per l'Italia. "Scrive su un tavolaccio, con il rumore della cucina della taverna nelle orecchie e un inchiostro appiccicoso che gli viene portato in un vecchio barattolo."

A ogni modo, Stendhal era contento di essere stato a Napoli, dove aveva potuto ascoltare le nuove opere di Rossini. La capitale borbonica era famosa per le sue ottime esecuzioni garantite dal più bel teatro d'Italia, il San Carlo, da una scuderia di ottimi cantanti e da una buona orchestra.

Molti anni più avanti, quando Rossini negò quell'incontro, era irritato dalle esagerazioni di Stendhal e dal fatto che la biografia che il francese gli aveva dedicato (1824) parlasse più di Stendhal che di Rossini (oltre al fatto che continuò a stampare e ristampare ottenendo, secondo Rossini, un successo eccessivo).

Rossini sbottò: "Un francese, qualche tempo fa, scrisse la mia biografia e si spacciò per mio amico". E aggiunse: "Le mie biografie (niuna eccettuata) sono piene di assurdità e di invenzioni più o meno nauseanti". (Speriamo che nel 2015 non abbia a essere scontento anche di questa.)

Dopo aver finito di comporre il *Guillaume Tell* (1829),

Rossini non scrisse altre opere. Vale a dire, all'età di trentasette anni e all'apice di una carriera folgorante, abbandonò la scena lirica. Persino l'Opéra di Parigi, rompendo la tradizione di adornare il peristilio con le statue di musicisti defunti, lo onorò in vita. Lo vediamo ancora oggi sporgersi dalla facciata dell'Opéra Garnier e guardarci da quel sito di doloroso successo.

Dopo il *Guillaume Tell*, Rossini non scrisse altre opere ma continuò a comporre piccoli brani, piccoli e grandi capolavori.

La percezione del compositore stava cambiando. Di trentanove melodrammi composti in soli vent'anni, appena dieci erano ancora in repertorio al momento della sua morte, e cioè nel 1868, a quarant'anni dall'ultima partitura. Non solo, ma alla progressiva scomparsa dai palcoscenici di gran parte delle opere di Gioachino Rossini, corrispose la pubblicazione di libri che distraevano dalla vera immagine del compositore, con aneddoti e pettegolezzi che tuttora confondono sulla sua personalità.

La domanda rimane: perché il compositore più celebre della sua epoca si chiuse in un mondo di semisilenzio per ben trentanove anni? Cosa accadde di così tragico all'uomo di Pesaro, diventato la stella delle corti e dei teatri d'opera di tutta Europa, una delle personalità più apprezzate della sua epoca? Questo è il nodo da sciogliere nella vita di Gioachino Rossini.

Parte prima

Il mondo è un gran teatro
siam tutti commedianti.

La Cenerentola, atto I

Il nodo avviluppato

Gioachino Rossini nacque a Pesaro, sulla costa adriatica, città "disegnata" nel Rinascimento per la famiglia papale dei Della Rovere. Persino il porto di Pesaro dovette essere inventato. Infatti il Foglia, chiamato pomposamente "fiume" ma in effetti un torrente, cambiava continuamente il proprio corso, bloccandosi e riempiendo il porto di detriti. I barconi dal fondo curvo che si possono vedere a tutt'oggi arrivavano da un entroterra ben irrigato, carichi di derrate alimentari. Costruita perlopiù in mattone perché nei dintorni non ci sono cave, Pesaro è situata a sud del Rubicone. Per questo motivo, gli abitanti erano dei *cives*, usufruivano cioè dei diritti della cittadinanza romana. Quanto al leggendario Rubicone che Giulio Cesare attraversò alla testa delle sue legioni innescando una lunghissima e distruttiva guerra civile, non si sa quale fosse effettivamente il suo corso. Non credete al cartello che fu piantato da un podestà fascista per compiacere il duce in visita; il Rubicone e il suo storico ponte scomparvero quando la sabbia alluvionale mutò la forma della linea costiera.

Pesaro, a dispetto dei pesanti balzelli imposti dal governo papale, era piacevolmente ricca come lo è tuttora, e per le stesse ragioni. Artigiani, commercianti e musicisti sembravano prosperare in quella cittadina circondata da mura rosate, all'interno delle quali la nobiltà costruiva ville e palazzi.

Tuttavia, Pesaro non era una città ideale nella quale nascere poveri, come del resto qualunque centro urbano. Sfortunatamente per Gioachino, i suoi genitori, Giuseppe e Anna, lo erano: non esattamente in miseria, ma erano poveri.

Querulo e ingenuo, Giuseppe Rossini veniva dalla vicina Lugo, e non aveva molte doti, a parte la potenza dei polmoni. Era infatti trombettiere municipale, e cioè l'ufficiale che annunciava gli editti nelle piazze e nei mercati. Cercava anche di sbarcare il lunario come musicista itinerante lavorando in orchestre alla buona fra Lugo, Ferrara, Imola e Pesaro. Talvolta suonava il corno durante la stagione operistica pesarese al Teatro del Sole. Il suo impiego più stabile era nella banda militare della guarnigione di Ferrara, perso quando fu posto agli arresti militari per diserzione.

Il 14 marzo 1789, tre anni prima della nascita di Gioachino, Giuseppe Rossini fece domanda per un posto come trombettiere a Pesaro, dicendo di essere stato particolarmente applaudito in una delle precedenti stagioni del Carnevale. Il posto era vacante e il municipio cittadino lo ingaggiò; fu così che Giuseppe poté lavorare nella città nella quale voleva stabilirsi perché lì viveva Anna Guidarini.

Anna, madre di Gioachino, era la maggiore di quattro figli. La nonna veniva da Urbino, città bellissima che si staglia all'orizzonte di Pesaro nella luce del primo sole. La sorella minore di Anna, che si chiamava Annunziata, figura nei registri della polizia di Pesaro del 1788-1789 per esercizio di prostituzione. Durante una rissa, tale Ricci venne accusato di averla offesa chiamandola "porca puttana", al che Ricci si giustificò dicendo che l'appellativo descriveva perfettamente la professione di Annunziata. Sebbene Anna lavorasse ufficialmente come sarta, è probabile che la necessità la spingesse sulla stessa strada della sorella. Il piano che i Guidarini abitavano era usato di frequente come pensioncina, con l'aggiunta occasionale di sesso a pagamento. Coloro che visitavano Pesaro di tanto in tanto, come Giuseppe Rossini, trovavano la sistemazione dai Guidarini ideale per ogni esigenza.

Poco dopo il matrimonio, Anna e Giuseppe dovettero lasciare le stanze sovraffollate in via Fallo (nome appropriato!) che dividevano con altri membri della famiglia e si trasferirono in via del Duomo. Presero due piccolissime camere al primo piano, che erano appartenute a un gesuita cileno da poco deceduto, certo Xavier Pugar. Il loro unico figlio nacque nel 1792, pochi mesi dopo la morte di Mozart e un anno prima che la ghigliottina cadesse sul collo di Luigi XVI.

L'epoca in cui Gioachino venne alla luce è una delle chiavi dell'enigma del compositore: il Barocco si stava dissolvendo nei colonnati ben proporzionati del Neoclassicismo, per essere seguito dai rivolgimenti politici che avrebbero accelerato l'avvento del Romanticismo. Analizzando il futuro Gioachino Rossini, Isaiah Berlin scrisse: "Rossini [...] percepì la valanga del movimento che stava per arrivare e, in parte per convenienza e in parte perché così sentiva, mosse verso di esso e contribuì all'arricchimento del Romanticismo".

Durante i primi anni, Gioachino Rossini e in particolare suo padre e sua madre dovettero lottare, la loro era una stressante corsa per guadagnare abbastanza per sopravvivere in modo più o meno dignitoso.

Giuseppe non era brillante nelle questioni di denaro. In effetti, Giuseppe non era brillante in nulla, punto e basta. Entusiasta, orgoglioso, probabilmente accattivante e simpatico, era un sempliciotto che sbarcava il lunario vivacchiando. A Pesaro, dove ognuno portava un soprannome, lo chiamavano Vivazza – *cittadino* Vivazza nei giorni della repubblica napoleonica. La responsabilità di allevare il figlio e di mantenere la famiglia ricadeva quindi sulle spalle di Anna, che aveva dodici anni meno del marito. Era lei a doversi prendere cura non solo di se stessa, ma anche del bambino; una situazione che si veniva a creare ogniqualvolta il marito finiva in prigione – cosa che, per una ragione o per l'altra, accadeva abbastanza spesso.

Poco dopo la nascita di Gioachino, Anna e Giuseppe erano così poveri da dover subaffittare una delle due stanze a una coppia di tirolesi. Quattro adulti e un bambino in quello spazio ristretto non potevano tradursi in un'esistenza serena e comoda.

La necessità spingeva i genitori di Gioachino a viaggiare costantemente su e giù per la provincia, mentre il bambino restava a casa.

Si occupava allora del piccolo Gioachino la nonna paterna, Antonia, che veniva appositamente a Pesaro dalla natia Lugo. Anche la nonna materna, Lucia Guidarini, dava una mano. Comunque, vediamo che il piccolo Gioachino lavorava già all'età di sei anni.

Quindi, se c'è una leggenda ben radicata nelle biografie di Rossini che bisogna sradicare è proprio quella della sua infanzia felice. La costante preoccupazione di Gioachino di guadagnare fu una diretta conseguenza di quei tempi di privazioni.

Anna, avrebbe raccontato Gioachino, "era ignorante in materia di musica, ma aveva una memoria prodigiosa. La sua voce era bella e piena di grazia, dolce come il suo aspetto". Non sapeva leggere uno spartito e probabilmente non aveva mai studiato musica. "Cantava a orecchio," ricordava suo figlio. Madre e figlio avevano in comune non solo gli occhi luminosi e i morbidi ricci bruni, ma anche una bocca di disegno quasi identico, oltre alla musicalità e all'intelligenza.

Perché mai Anna Guidarini, a diciannove anni, di bell'aspetto e intelligente, sposò un semplicione come Giuseppe, povero in canna e sempre nei guai? La risposta è semplice: Anna era incinta ed era improbabile che, con la sua reputazione, senza denaro e quindi senza dote, e con un figlio in grembo, trovasse marito. E poi non tutti erano convinti che la paternità del bambino potesse essere attribuita a Giuseppe.

"Sono figlio di un corno," diceva a volte Gioachino. La battuta è amara e la consapevolezza che potesse non essere figlio di Giuseppe deve aver pesato su un'anima sensibile come la sua, benché quella fosse un'epoca in cui i figli di altri letti erano numerosi. In ogni caso Anna, incinta di cinque mesi, e Giuseppe, un uomo di trentadue anni, si sposarono il 26 settembre 1791. Fu un matrimonio religioso, celebrato nella vecchia cattedrale, davanti alla tomba di san Terenzio, il santo patrono di Pesaro. Non si può fare altro che domandarsi se Anna si sia o meno confessata a san Terenzio e se, qualora lo abbia fatto, abbia detto qualcosa a proposito del vero padre del bambino. Ed è altrettanto incerto se Giuseppe la stesse sposando nella consapevolezza che Anna aspettava il figlio di qualcun altro (ancora oggi si mormora che un nobile della famiglia pesarese dei Perticari fosse il padre naturale di Rossini). Di sicuro, Anna era grata di aver trovato un uomo, uno qualsiasi: avrebbe potuto finalmente lasciare le due stanze che divideva con i genitori e con i clienti occasionali della sorella. Comunque, Giuseppe era un uomo buono, forse non ne era innamorata, ma era una persona affettuosa, anche se, come vedremo più avanti, era pure irascibile e ingenuo.

Così Gioachino Antonio Rossini venne al mondo il 29 febbraio del 1792, anno evidentemente bisestile. I suoi padrini erano membri della nobiltà; una di loro, Caterina Semproni Giovannelli, era nota "per i suoi infuocati discorsi giacobini". Non c'era nulla di strano che un nobile acconsentisse a essere al fonte battesimale di un povero (prima di diventare la moglie di Verdi, Giuseppina Strepponi aveva beneficiato della presenza di aristocratici al battesimo del suo primo figlio illegittimo).

I tumulti politici che sconvolsero la piccola città di Pesaro influenzarono la vita di Rossini fin dall'inizio: aveva quattro anni quando il generale Bonaparte discese nell'Italia settentrionale. "Senza l'invasione dei francesi in Italia, io sarei stato probabilmente farmacista o mercante d'olio," avrebbe commentato in seguito. L'invasione napoleonica fu un cataclisma che cambiò in maniera profondissima e straordinaria quella parte d'Italia che subì la dominazione francese. L'Italia era pronta per il cambiamento e, anche se Napoleone governò per brevissimo tempo, portò con sé un'ondata rivoluzionaria che avrebbe influenzato gli italiani. Per dirla con Stendhal ne *La Certosa di Parma*:

> Il 15 maggio 1796 il generale Bonaparte entrò trionfalmente a Milano a capo di quel giovine esercito che aveva poco prima conquistato il ponte di Lodi insegnando al mondo che dopo tanti secoli Cesare ed Alessandro avevano un successore [...]. Tutto un popolo s'accorse, il 15 maggio 1796, che quanto aveva sino allora rispettato era estremamente ridicolo, se non addirittura odioso. La dipartita dell'ultimo reggimento austriaco sottolineò la fine delle vecchie idee; rischiare la propria vita diventò di moda.

Ancor prima dell'arrivo dei bonapartisti, i patrioti locali, fra i quali Giuseppe Rossini, arrestarono il governatore pontificio e così votarono l'annessione di Pesaro alla Repubblica Cisalpina di Napoleone: "Conviene prepararsi, o cittadini, a quello stato in cui nell'ordine politico tutti dovranno essere uguali e non si dovrà riconoscere altra distinzione se non quella che nasce dai meriti e dalle virtù. I titoli, le livree, gli stemmi araldici che inventò l'orgoglioso fasto e sanzionò l'assurda aristocrazia, qual linea di demarcazione fra sé e la classe democratica, è giunto il tempo in cui saranno annientati e proscritti". Troppo in anticipo Giuseppe aveva dimostrato i propri sentimenti repubblicani, perdendo così il posto di trombettiere municipale. Il focoso padre di Rossini aveva difatti giurato "inviolabile osservanza alla Costituzione, odio eterno al governo dei re, degli aristocratici ed oligarchi, e prometto di non soffrire giammai alcun giogo straniero e di contribuire con tutte le mie forze al sostegno della libertà e dell'eguaglianza e alla conservazione della repubblica".

In effetti la cittadinanza di Pesaro, che faceva parte dello Stato della Chiesa, era ostile al governo clericale e non aveva quasi contribuito al reclutamento per mobilitare le truppe contro le armate napoleoniche. Il disincanto nei confronti del governo papale era reso ancor più acuto dalla corruzione. Non appena i francesi arrivarono, Giuseppe riguadagnò la posizione di trombettiere che aveva perso con le sue frettolose dichiarazioni repubblicane, mentre il gonfaloniere Gianfrancesco Mamiani, il legato pontificio cardinal Ferdinando Maria Saluzzo e il vescovo monsignor Beni se ne fuggivano a gambe levate. Quando i milleduecento soldati al comando di Claude-Victor Perrin entrarono a Pesaro il 5 febbraio 1797, Giuseppe fu tra i patrioti che li accolsero. Durante le violente manifestazioni che seguirono, fu abbattuta la statua di papa Urbano VIII, mentre la rabbia anticlericale si trasformava in gioia esplosiva. I titoli nobiliari furono aboliti e il municipio proclamò l'uguaglianza dei cittadini. Naturalmente, e qui ci rifacciamo a Orwell, alcuni divennero più uguali degli altri, specie se erano francesi. Il giorno seguente il generale Napoleone in persona arrivò a Pesaro e fu alloggiato nel nobile Palazzo Mosca, non lontano da dove vivevano i Rossini. Un albero della libertà fu eretto nella piazza principale e i cittadini entusiasti cercarono di cogliere di sfuggita l'immagine del generale delle armate d'Italia, lanciando fiori e acclamandolo al suo passaggio. Napoleone andò via pochi giorni dopo, senza aver fatto alcuna apparizione pubblica; tornò a Pesaro il 20 febbraio, ma solo per un'ora.

Mentre grida di libertà, uguaglianza e fraternità riempivano le piazze, le arcate, i portici e i cortili, Pesaro conobbe l'altra faccia della medaglia napoleonica. Il commissariato francese svuotò le casse pubbliche requisendo fieno per i cavalli e frumento per i soldati. Tutte le chiese furono saccheggiate e ogni oggetto di valore sequestrato: candelabri d'oro e d'argento, calici, dipinti, tutto partì per la Francia.

Il cittadino Giuseppe Rossini, comunque, ora membro del governo rivoluzionario, giurò eterna fedeltà alla repubblica. Più tardi, durante la prima ritirata di Napoleone, fu messo in prigione e non ottenne la libertà fin dopo la vittoria napoleonica di Marengo contro gli austriaci alleati del papa (14 giugno 1800). Allora la "Gazzetta di Pesaro" lo descrisse come "l'eccellente patriota Rossini, noto col soprannome di 'cittadino Vivazza'"; l'entusiasmo repubblicano di Giuseppe era così forte che gli fu dato credito per un inno che, di fatto, non aveva mai composto, *Patrioti rompiamo le catene del tiranno*. I tempi erano così instabili che il vero compositore era troppo spaventato per reclamare che la cantata era sua. In effetti, dopo pochi mesi la "Gazzetta di Pesaro" annunciava la nuova carcerazione di Giuseppe, e questo perché nello Stato della Chiesa le sorti si erano rovesciate. Vivazza evitò una seria condanna rendendo una confessione che coinvolgeva alcuni amici, cosa che ovviamente fece di lui persona non grata sia da una parte che dall'altra.

Con il ritorno di Napoleone ci furono dei festeggiamenti e, appena Giuseppe uscì di prigione, un "Giovacchino" Rossini, di otto anni, diventò la mascotte della banda rivoluzionaria. Osservare il padre entrare e uscire di prigione a causa di ciò che aveva detto, o fatto, fece capire al piccolo Gioachino che in futuro avrebbe fatto bene a tenere la bocca chiusa. Gli insegnò anche a non rivelare le proprie idee politiche, quali che fossero, e ancora meglio a non averne. Sapeva che a ogni cambio di regime le spie avevano denunciato suo padre alla polizia. Giuseppe fu accusato, per esempio, di aver liberato gli ebrei dal ghetto di Pesaro prima dell'arrivo delle forze napoleoniche. Un vicino, il ciabattino Arcangelo Sabatucci, sostenitore dei papalini, dichiarò alla polizia di aver visto Vivazza urlare: "Liberate i giudei, aprite le porte del ghetto, sono giunti infine i vostri liberatori!". Secondo un'altra spia, il barbiere Antonio Gennati, Vivazza aveva pubblicamente esaltato il governo repubblicano.

Gioachino Rossini quindi arrivò alla conclusione che la sua musica doveva esprimere tutto meno che il suo pensiero; pensare era molto pericoloso, specialmente se si era un oscuro musicista che lottava per guadagnare. "Quel che ci resta delle testimonianze di una fanciullezza traumatizzata," scrive Bruno Cagli, "trascorsa tra gli sconvolgimenti dell'invasione francese in cui papà Vivazza si era cacciato con fin troppa ingenuità e che vide l'immediato sfruttamento del precocissimo talento del piccolo Gioachino, lascia ben poco spazio alle ipotesi di ninne nanne e racconti accanto al fuoco."

Dopo aver frequentato la scuola comunale a Pesaro, Gioachino fu istruito da tre sacerdoti e poi da Giuseppe Prinetti, che era stato maestro al cembalo presso il Teatro Comunale, e lì ebbe inizio la sua formazione musicale.

Prinetti, stando a Rossini, era "un tipo singolare. Fabbricava non so quale liquore, dava qualche lezione di musica e così tirava avanti. Non ha mai posseduto un letto, dormiva in piedi". Quando cadeva la notte, ricordava Rossini, Prinetti si avvolgeva nel suo mantello e si addormentava – per la strada, sotto qualche portico: "Le guardie notturne lo conoscevano e non lo disturbavano. Veniva poi da me di buon mattino, mi buttava giù dal letto, cosa che non mi garbava affatto, e mi faceva suonare". Prinetti, che gli insegnava gli strumenti a tastiera, era spesso ubriaco, "mi aveva appena assegnato il compito e già s'addormentava di nuovo in piedi, mentre mi esercitavo alla spinetta. Io allora ne approfittavo e mi ricacciavo a letto". Non stupisce che più avanti Rossini ammettesse di avere imparato ben poco dal povero Prinetti.

Come Anna riuscisse a mettere assieme il denaro per mantenere e educare il ragazzo rimane un mistero. Anche se probabilmente l'onorario di Prinetti era minimo, Anna continuò a guadagnarsi il pane sul palcoscenico come cantante, ignorando il divieto papale contro le donne cantanti, per un po' sparito con Napoleone e con l'influenza bonapartista. Cantava in ruoli secondari nello splendido teatrino di Jesi, per esempio, e mentre il marito era in prigione riuscì a interpretare ruoli più importanti. Il fatto che Anna calcasse il palcoscenico dimostra che non aveva una reputazione da difendere, perché a teatro le donne che cantavano o avevano un protettore, oppure erano considerate alla portata di tutti. Anna cantò anche assieme al figlio, in romanze e in opere come *L'impresario burlato* di Luigi Mosca (nel 1803). Nel 1804 un volantino del Teatro Comunale porta non solo il nome di Anna ma anche quello di Gioachino, "un duetto eseguito dalla cittadina Rossini e figlio", e poi anche "una cavatina cantata dal cittadino Gioachino Rossini che agirà in vestiario e azione di buffo".

Lugo

A seguito delle disavventure di Napoleone – che in territorio pontificio divennero complesse, a seguito di trattati speciali fra Bonaparte stesso e la Santa Sede – i coniugi Rossini decisero di trasferirsi a Lugo, città natale di Giuseppe. Nel 1802 la famiglia andò quindi ad abitare in via Poligaro Netto, dove affittò due stanze che appartenevano alla famiglia Marocchi. Giuseppe chiese a un prete, don Giovanni Sassoli, che lo aveva già aiutato a trovare l'alloggio, di fare da agente musicale e cercar lavoro per Gioachino. Il ragazzino stava crescendo ed era diventato graziosissimo, con i grandi occhi della madre e una carnagione trasparente da aristocratico. Era ormai in grado di cavarsela in molte discipline musicali: il canto, l'accompagnamento al clavicembalo, la trascrizione degli spartiti e l'accordatura degli strumenti a tastiera. Il canonico Giuseppe Malerbi poi gli insegnò composizione e canto. Come i Rossini entrassero tra le conoscenze del Malerbi è facile da immaginare: a Lugo non doveva esserci grande scelta di compagnia e la famiglia itinerante offriva certamente una conversazione più interessante dei locali. I tre Rossini erano quindi spesso invitati a cena dai fratelli Malerbi, che si valevano di cuochi eccellenti. In effetti, Gioachino mangiava lì quasi ogni sera. Non bisogna avere una grande immaginazione per capire come due sacerdoti, celibi e sensibili, potessero aver nutrito una passione per quel ragazzino. Dato che don Luigi, fratello del canonico Giuseppe e sacerdote anch'egli, componeva musica, casa Malerbi era piena di spartiti che il giovanissimo Rossini leggeva e studiava. Studiava Mozart e Haydn, compositori che divennero fondamentali per il suo stile; tanto che, quando emerse per la prima volta sulla scena musicale italiana, Rossini venne soprannominato "il tedeschino". Ma era la sua voce che faceva sognare, si diceva che Gioachino cantasse come l'arcangelo Gabriele. Studiò anche partiture di Bach, Händel e Gluck e imparò ad accompagnare i cantanti al clavicembalo. In quel periodo la musica tedesca contemporanea era pressoché sconosciuta in Italia: l'accesso alla biblioteca dei Malerbi fece fare il salto di qualità a Rossini, che fino ad allora non si era mai confrontato con la grande musica europea.

Già nel 1803-1804 Gioachino cominciava a comporre, la sua famiglia e il canonico vedevano in lui un ingegno precoce. Le compagnie operistiche avevano bisogno di compositori per modificare gli spartiti, verso i quali non c'era alcun rispetto: si aggiungeva spesso una cavatina per una voce in particolare, e talvolta interi atti venivano tratti da un'opera per essere ricuciti a un'altra.

In genere il compositore fungeva da direttore d'orchestra ed era una figura minore rispetto al cantante. Non solo i castrati, ma anche i soprani naturali guadagnavano ben più dei compositori. E i registi? Quelli lì non c'erano proprio, si arrangiavano gli impresari o il compositore, usando a volte i costumi presi a prestito da qualche altra opera. A meno di non essere alla Scala o al San Carlo.

Il 22 aprile 1804 Gioachino e sua madre erano assieme al Teatro Comunale di Imola, il programma includeva una cavatina composta dal bambino prodigio e duettini. Dev'essere stato emozionante per il piccolo Gioachino essere su un palcoscenico vicino a sua madre, vederla illuminata dalle luci del teatro, le guance imbellettate e gli occhi che brillavano, seguirla mentre si muoveva indossando abiti sgargianti da principessa, da fata o da regina; cantare con lei dev'essere stata un'esperienza magica, un momento meraviglioso. Nella semioscurità, Gioachino immaginava i volti attenti del pubblico e guardava quella bellissima donna così familiare e tuttavia così magica, Anna, l'angelo che si era preso cura di lui. Affascinato tanto dal palcoscenico quanto da sua madre, il legame che aveva con lei sarebbe durato tutta la vita. Ma Gioachino non era un cantante nato: "Avevo una bella voce e cantavo nelle chiese," avrebbe raccontato più avanti. Era un compositore, già lo sapeva, un inventore, non un mero interprete.

Anna era la sua guardia del corpo, lo difendeva, gli voleva bene, lo voleva grande. In quel periodo litigò violentemente con il fratello Francesco Maria Guidarini, che voleva far evirare Gioachino perché mantenesse la voce bianca "con una semplice operazione". I Rossini avevano bisogno di denaro, insisteva lui, e i castrati erano in gran voga. Anna naturalmente non ne voleva sapere, anche perché molte di queste operazioni finivano malamente, a parte il fatto che rovinavano la vita di tanti ragazzi; ma, con il diffondersi della polifonia, in effetti gli evirati o "falsettisti" facevano furore. Verso la metà del Seicento la moda era diffusa soprattutto perché persisteva nello Stato della Chiesa (e quindi anche a Pesaro e Bologna) il divieto alle donne di cantare in teatro, fino a che Napoleone non proibì la pratica dell'evirazione. In effetti si deve ai castrati e alla loro tecnica lo sviluppo di quella speciale vocalità dell'opera italiana che venne definita "il belcanto". A Rossini compositore la voce del castrato piaceva molto; era un suono, scrisse, la cui purezza, miracolosa flessibilità e tonalità penetrante, lo commuoveva. Proprio per Giovan Battista Velluti, l'ultimo dei famosi divi, Rossini scrisse la parte del protagonista in *Aureliano in Palmira* e *L'equivoco stravagante*. L'evirazione diventò soggetto più o meno comico in opere come, per l'appunto, *L'equivoco stravagante*, uno dei primi successi di Rossini. "La credono gallina ed è cappone", o anche "Pezzo di birbantaccio! Volea darmi per moglie un castrataccio!", così canta il baritono.

Il futuro della famiglia Rossini dipendeva dalle possibilità di guadagno di Gioachino già dal 1805. La voce di Anna si era indebolita, non solo per aver cantato senza un'impostazione delle corde vocali, ma soprattutto per una tonsillite, mentre Giuseppe non era mai stato un capofamiglia in grado di mantenerla.

A dodici anni, Gioachino venne invitato da Agostino Triossi a passare l'estate nella sua villa in Romagna. Durante le serate si faceva musica nel giardino illuminato dalla luna e, durante la vacanza, Gioachino compose sei sonate per due violini, violoncello e contrabbasso. Più tardi si sarebbe burlato di queste composizioni giovanili e sul manoscritto avrebbe commentato: "Parti di violino primo, violino secondo, violoncello, contrabbasso per quattro di sei sonate orrende da me composte, alla villeggiatura (presso Ravenna) del mio amico e mecenate Agostino Triossi, non avendo presa neppure una lezione di accompagnamento; il tutto composto e copiato in tre giorni ed eseguito cagnescamente dal Triossi contrabbasso, Morini (di lui cugino) primo violino, il fratello di questo il violoncello e il secondo violino da me stesso che ero per dir vero il meno cane".

Invece basta ascoltare le sonate (ne esistono varie registrazioni) per capire che c'è dietro un genietto.

Questo amico di Gioachino, che lo aveva invitato a passare la villeggiatura con lui, Triossi, era un mercante ventitreenne che doveva la sua ricchezza alle guerre napoleoniche; aveva acquistato la sua villa di campagna per poco quando la Chiesa era stata costretta a cedere alcune proprietà allo Stato. In effetti, questi colti commercianti rappresentavano una nuova borghesia italiana laica creata da Napoleone.

Quando Gioachino e i genitori lasciarono Lugo per Bologna, la famiglia si poteva a stento definire tale. E la salute di Anna declinava.

Bologna che era non soltanto sede di una prestigiosa università, ma anche un grande centro musicale.

Bologna

L'orizzonte a Bologna si fonde con i tetti rosa della città al tramonto. Sotto i portici che si inarcano attorno ad alcune tra le più antiche chiese d'Italia, la gente si ferma a parlare. Spesso chiacchiera di cibo e di ricette. E di musica. Non per niente, *L'estasi di santa Cecilia*, sublime dipinto di Raffaello, si trova nella Pinacoteca di Bologna (era prima in una chiesa bolognese). In estate, l'ombra dei portici mantiene la frescura dei marciapiedi e i portici stessi hanno un ruolo sociale e conviviale, mentre in autunno forniscono riparo dalla pioggia che, nella fertile pianura, è abbondante. Bologna è sempre stata ricca e generosa perché ha potuto permettersi un rotolo di grasso in più.

Lo studio della musica fioriva a Bologna, che per secoli era stata il centro intellettuale della Santa Sede. La sua università, la più antica del mondo, ha educato alcune tra le più grandi menti dell'Occidente fin dal Medioevo. Monasteri su monasteri – così tanti che l'amministrazione comunista dopo la Seconda guerra mondiale e lo stesso regime bonapartista non sapevano cosa farne – accoglievano chierici che da Bologna venivano istruiti e poi inviati in tutto il mondo. Bologna era il cervello di cui Roma si serviva per contenere una popolazione che diventava sempre più miscredente e demoralizzata spiritualmente.

Al tempo della Controriforma, papa Marcello decise che la musica sarebbe diventata la voce di Dio, non dell'eros e del piacere. Palestrina dedicò una delle sue messe più note a questo papa, che capiva quanto fosse importante l'influenza emotiva e mistica della musica. La grandezza della melodia non doveva rimanere monopolio dei monarchi per essere goduta durante banchetti e spettacoli: cori e cantori avrebbero cantato in chiesa, ma alle donne non era dato di usare la sensualità delle proprie corde vocali in luoghi sacri. La voce del soprano era dunque sostituita dai castrati e da preparatissime voci bianche. I severi canti gregoriani, decretò il Concilio di Trento, dovevano essere rimpiazzati da composizioni che potessero commuovere l'anima. La severità e la semplicità nella musica dovevano essere lasciate agli eretici, come Calvino ed Erasmo, che riunivano le congregazioni, donne incluse, nell'intonare inni e salmi. La Chiesa di Roma doveva essere la custode delle grandi melodie italiane. Questa era la tradizione cui Palestrina, Pergolesi e poi Rossini contribuirono in modo esemplare.

I Rossini si trasferirono a Bologna con l'intenzione di

dare al figlio una solida educazione musicale. Gioachino cominciò a cantare nelle chiese come solista, facendo anche l'accompagnatore per il canto e i recitativi. Sappiamo poco di questi anni, sia perché fu un periodo di particolari difficoltà economiche sia perché i genitori cominciarono a vivere separati. Rossini non parlava volentieri dei momenti bui della sua vita, fingeva "gioia e pace" anche quando non c'erano. Esistono diverse versioni di questo periodo, dato che Rossini, come tutti i bugiardi, si contraddiceva. Mirava a mostrare un viso sorridente a un pubblico che si abituò a considerarlo una persona che non si lasciava sfiorare dalle difficoltà e che forse non aveva mai sofferto. Nulla poteva essere più diverso dalla realtà.

I Rossini andarono a vivere in una via che si trovava presso Strada Maggiore, quella marcata dalle due torri – una delle quali inclinata – che delimitavano l'antico ghetto di Bologna. Camminando, si passa accanto al palazzo medievale dove re Enzo, figlio ed erede di Federico II, fu tenuto prigioniero per volere del papato fino alla morte. I Rossini vivevano al secondo piano, non troppo vicino ai pavimenti maleodoranti e alle fogne, che in estate attiravano mosche e ratti.

Nel frattempo, la mappa del Nord Italia stava cambiando ancora una volta, cosa che, se non Anna, certamente Giuseppe seguiva con attenzione. Nel periodo della vittoria di Marengo, Napoleone aveva riconquistato il Piemonte, la Liguria e la Lombardia. Bologna e parte dello Stato della Chiesa erano state restituite ai francesi (28 giugno 1800) e molti conventi e monasteri vennero trasformati in scuole e accademie (come avrebbe fatto l'amministrazione comunista dopo la Seconda guerra mondiale). I teatri lirici cominciarono a mettere in scena nuovi lavori: Anna Rossini cantò al Teatro Marsigli-Rossi nel *Don Giovanni* di Gazzaniga. Questo teatro era un importante centro culturale, così come l'Accademia Polinnica, notevole perché aveva un direttore donna, Maria Brizzi Giorgi, che era anche una virtuosa pianista. I biglietti divennero più economici per incoraggiare i ceti sociali meno abbienti, l'ordine napoleonico teneva alla diffusione della cultura.

Nel 1802 Napoleone aveva riorganizzato la Repubblica Cisalpina con una nuova costituzione e poi, tre anni più tardi, aveva deciso di diventarne il re. Così, sottraendola alle mani del papa, si pose sul capo l'antica corona ferrea dei Longobardi pronunciando la famosa frase: "Dio me l'ha data e guai a chi la tocca!". Tenendo d'occhio l'importante porto di Napoli, Bonaparte firmò anche un trattato con i Borbone (ottobre 1805). Un mese più tardi, la regina Maria Carolina, austriaca di nascita e sorella di Maria Antonietta di Francia, ruppe la tregua, facendo entrare in Napoli soldati inglesi e russi. Napoleone decise di "scalzare questa criminale dal suo trono" e, mentre le truppe francesi si avvicinavano, la famiglia reale salpava da Napoli alla volta di Palermo, per quello che sarebbe stato un lungo esilio. La fuga dei Borbone avvenne sulla nave ammiraglia di Nelson, stando al quale l'unico passeggero a non vomitare l'anima fu la sua amante, Emma Hamilton.

Questi eventi avrebbero dato colore alla vita di Rossini: la presenza di Napoleone in Italia aveva cambiato tutto per tutti. Del resto, Napoleone portava con sé la Rivoluzione francese. Anche se Bologna sarebbe rimbalzata avanti e indietro fra la Santa Sede e Napoleone, Gioachino non sarebbe mai stato ammesso in alcuna importante istituzione musicale se non fosse stato per le riforme bonapartiste.

A dodici anni, Gioachino aveva conquistato il titolo di Maestro all'Accademia Filarmonica di Bologna. Lavorava a tempo pieno. Cantò la parte di Adolfo in *Camilla*, opera di Ferdinando Paër, compositore ufficiale di Napoleone; sul palcoscenico lo si vide abbracciare il soprano in maniera decisamente troppo calorosa. La sua carriera continuò a portarlo ovunque nella regione. Nel 1807 fu a Faenza, dove suonò ne *La serva astuta* di Guglielmi e, nell'aprile 1809, cantò in opere di Paër e Cimarosa. Sorprendentemente precoce e molto attraente, imparava man mano che suonava, cantava e cresceva. Era un Cherubino mozartiano che entrava e usciva non solo dalle alcove delle primedonne ma anche dai camerini delle comprimarie. I suoi capelli che si arricciavano sulle gote rosee e il corpo sottile gli avrebbero permesso di diventare uno dei più ricercati gigolo di Bologna, se non fosse stato che Gioachino Rossini non era un cicisbeo e non aveva tempo per corteggiare ricche signore e accompagnarle a teatro: aveva fretta di far soldi. A Senigallia, all'epoca un importante centro mercantile delle Marche, passò il segno quando la cantante Adelaide Carpano improvvisò una cadenza che avrebbe dovuto evitare. Adelaide era un soprano leggero e, come tutti i soprani, aveva un "protettore". Era questi il marchese Cavalli, impresario abile e intelligente, che finanziava la compagnia e, se non gradiva le cadenze sbagliate in scena, sicuramente apprezzava Adelaide a letto. Ciò che accadde quella sera divenne arcinoto: sentendo le note insopportabili che doveva accompagnare al clavicembalo, Gioachino rise così forte che l'intero pubblico si unì al suo divertimento e applaudì l'esuberanza del giudizio negativo. Fu uno scandalo. A Senigallia tutti parlarono del giovane maestro e tutti presero in giro Adelaide: lei, in lacrime, andò dal marchese Cavalli, il quale non gradì l'impertinenza del giovanissimo Rossini. Questo episodio, comunque, non rallentò la carriera di Gioachino, tutt'altro.

Mentre viaggiava fra l'Emilia e le Marche per guadagnare tutto quello che poteva servire ad aiutare la famiglia, Gioachino continuava a studiare con padre Angelo Tesei. C'era a stento il tempo per materie come grammatica italiana, matematica, geografia e lingue straniere. L'ortografia e la grammatica di Rossini, infatti, rimasero carenti; nella maturità scriveva meglio in francese, lingua che avrebbe imparato nel corso della sua vita. La letteratura e la matematica le imparò dal far musica; avrebbe sviluppato un vero amore per la *Divina Commedia* di Dante, citata persino nella sua opera *Otello*.

A Bologna, nel 1805, Rossini aveva conosciuto il tenore Domenico Mombelli, amico di Anna, che allora aveva superato la cinquantina e conosceva tutti nel mondo della musica. L'ex moglie di Mombelli era stata la prima contessa ne *Le nozze di Figaro* e la seconda moglie di Domenico era Vincenza Viganò, nipote di Boccherini e sorella di Salvatore Viganò. Era una dinastia d'arte importantissima. Ammirato da Stendhal e Beethoven, Salvatore Viganò aveva ideato le coreografie del *Prometeo* di Beethoven per la prima a Vienna, nel 1801. Più che una famiglia, i Mombelli erano una compagnia d'opera itinerante. Musicista fino al midollo, Domenico sapeva riconoscere un genio musicale quando ne incontrava uno e immediatamente scelse Gioachino fra i molti bolognesi che cercavano di attirare la sua attenzione. La compagnia Mombelli stava allora mettendo in scena un'opera di un certo Marcos António Portugal e una delle belle signore che ronzavano attorno al giovane Rossini gli chiese una copia di un'aria che il copista e Mombelli gli negarono. Adirato per il rifiuto e deciso a fornire alla sua appassionata amica quanto desiderava, Rossini disse a Mombelli che avrebbe pagato il biglietto, ascoltato l'opera e, una volta tornato a casa, trascritto l'aria a memoria. E fu di parola: Rossini ripeté quanto Mozart aveva fatto più o meno alla stessa età e nella stessa città.

Quando Mombelli constatò che il ragazzo, dopo la sua visita a teatro, aveva trascritto l'aria con accuratezza, rifiutò di credere che non si fosse messo d'accordo con il copista. Alla fine dovette riconoscere che quel tredicenne aveva una conoscenza musicale straordinaria. Questo episodio segnò l'inizio della carriera operistica di Rossini.

Gli fu difatti chiesto di comporre musica per dei versi della signora Mombelli, e in particolare per il libretto di un'opera dal titolo *Demetrio e Polibio*: l'esecuzione sarebbe stata rimandata al 1812, ma la composizione di quel dramma in due atti fu una chiara dimostrazione del talento del giovanissimo Rossini. "Queste canzoni erano il primo fragile bocciolo del genio di Rossini," scrive Stendhal, "l'alba della sua vita aveva lasciato la rugiada ancora fresca sopra di esse." Il titolo dell'opera si riferisce ai re della Siria e della Partia, i cui giovani figli erano amanti. Rossini scrisse la musica man mano che riceveva i versi, senza nemmeno conoscere i dettagli della trama.

Il Liceo Musicale

Rossini venne ammesso al Liceo Musicale, dove avrebbe studiato canto, violoncello e contrappunto con padre Stanislao Mattei. Che il direttore di un'istituzione tanto famosa insegnasse di persona al giovane Rossini fa capire che Gioachino veniva considerato un fenomeno. Di vitale importanza per ogni giovane musicista, il Liceo Musicale conteneva una collezione di diciassettemila volumi, lascito di padre Martini. Questa biblioteca costituiva una fonte incommensurabile di apprendimento, dato che a quei tempi la musica stampata era estremamente rara. Forse padre Mattei pensò di aver trovato un nuovo Mozart.

Difatti, anni addietro, nel 1770, il giovane Mozart era stato trascinato a Bologna dal padre Leopoldo per ottenere il titolo di accademico dal centro mondiale di studi musicali – quello di padre Martini, per l'appunto – e per aggiungere un ennesimo onore alla sua già prodigiosa collezione. Venne esaminato da padre Martini. Un prerequisito per ottenere il titolo era trascrivere una composizione a memoria. La scelta di Mozart del *Miserere* di Allegri fu audace, perché lo Stato della Chiesa aveva rifiutato il permesso di far uscire copie di quella partitura, pena il carcere. La sublime composizione di Gregorio Allegri (1582-1652), scritta per il Salmo 51, il più straziante, era cantata tradizionalmente il Mercoledì delle ceneri nella Cappella Sistina. Ai Vespri i sacerdoti entravano nella cappella buia reggendo una candela, e quando l'intero coro era riunito, l'oscurità si tramutava in luce: solo allora la voce del soprano (voce bianca) si innalzava nel Do di petto, raggiungendo e superando il soffitto di Michelangelo.

Chiuso in una stanza del Liceo Musicale di padre Martini, Mozart, pur avendo ascoltato il *Miserere* una sola volta a dodici anni, lo trascrisse a memoria. Non venne punito;

fu persino ammirato per la sua impudenza e abilità musicale, così come Rossini lo era stato per aver memorizzato clandestinamente l'aria dell'opera di Portugal alla stessa età e nella stessa città.

Comunque, Rossini imparò più armonia dalle partiture di Mozart e Haydn che studiando, e le sue composizioni di allora dimostrano quanto fosse attratto in particolare da Mozart, che più tardi descrisse come "la passione della mia giovinezza, la disperazione della mia maturità e la consolazione della mia vecchiaia". Nelle composizioni successive di Rossini ci sono echi dei quintetti di Haydn, e in effetti si può dire che la combinazione della verve melodica italiana innata in Rossini con il seme del genio armonico trapiantato da Mozart e Haydn in quel periodo bolognese sviluppò la scuola italiana del diciannovesimo secolo.

La musica d'importazione non entusiasmava però gli italiani, che comunque preferivano il melodramma alla musica strumentale, sebbene Vivaldi come gli Scarlatti e lo stesso Paganini fossero divenuti celebri per i loro concerti. Il mercato offriva opportunità per la scrittura di musica strumentale e per la musica da camera, ma le orchestre, in genere molto scadenti, erano perlopiù impiegate nel repertorio operistico. Una volta Rossini si arrabbiò talmente con alcuni orchestrali che li minacciò col bastone, non il *bâton* del direttore bensì un nodoso bastone di legno con il quale avrebbe voluto picchiarli.

Nel 1808 Rossini compose *Il pianto d'Armonia sulla morte di Orfeo*, una cantata per tenore, coro e orchestra che gli valse un premio accademico e che fu rappresentata a Bologna l'11 agosto di quell'anno. I critici riscontrarono un'eccessiva influenza tedesca nel fraseggio, ma – come ha sottolineato Richard Osborne – l'opera include "certe scritture orchestrali caratteristiche, con deliziosi assolo di legni e l'incanto del nuovo amore di Rossini, il violoncello solista". Da studente, Rossini compose a Bologna anche un discreto numero di ouverture e variazioni strumentali, alcune delle quali riemergono in opere come *Il Signor Bruschino* e *L'inganno felice*. In quegli anni Rossini non perse occasione di ascoltare i divi del belcanto, anche gli ultimi grandi castrati, che si esibivano regolarmente a Bologna. Si trovava allora in città anche il soprano spagnolo Isabella Colbran, acclamata per l'agilità della voce e l'eccezionale estensione vocale. Il padre Juan (chiamato più tardi Gianni o Giovanni) era trombettiere, ma anziché essere un modesto trombettiere municipale come Giuseppe Rossini, faceva parte della guardia reale di Carlo IV, re di Spagna.

Ammessi entrambi all'Accademia della Filarmonica, era impossibile che Rossini e la Colbran, che gli era maggiore di sette anni, non si incontrassero. La cantante, ricca ed esperta, dovette affascinare il giovane maestro, che non perdeva l'occasione di corteggiare una donna e portarsela a letto. Fu proprio in quell'occasione che Juan, padre di Isabella, acquistò una villa neoclassica circondata da un buon terreno agricolo nei dintorni di Bologna, a Castenaso. Un'occasione, perché il precedente proprietario, il Collegium Ispanicum, istituzione clericale, era stato costretto dalle nuove leggi napoleoniche a vendere in tutta fretta parte dei propri possedimenti. La casa sarebbe stata la dote perfetta per sua figlia, era la villa adatta per un soprano come Isabella.

Diventato Maestro dell'Accademia bolognese – il che significava uno stipendio assicurato –, il giovane compositore scrive:

> Regno d'Italia
> Bologna 4 Nov 1809
> Il Maestro Rossini
> All'Accademia dei Concordi
>
> Ricevo con la dovuta riconoscenza l'onore che l'Accademia mi ha fatto nominandomi a Maestro Direttore della Musica de' Serali suoi Intrattenimenti. Accetto il posto a cui mi chiama. Sebbene per la tenuità delle mie forze, e del mio scarso ingegno dovessi [*sic*] ricusarlo, io farò di tutto per corrispondere alla buona opinione che si ha di me; solo mi è grave il pensare quanta sollecitudine io dovrò avere per riempire un posto già con tanta lode e così degnamente occupato dal mio Antecessore. Mi conforta però il riflesso che quella stessa

bontà che ha fatto risolvere i sig. accademici a far la scelta di me fra tanti più degni Professori mi perdonerà anco gli errori, che involontariamente io facessi [*sic*] nel disimpegno delle cure a me affidate. Pieno di rispetto e di stimma o [*sic*] l'honore di dichiararmi dell'Accademia Suddetta Umill.mo Obbligatissimo Servo.

Con questo titolo in tasca, Gioachino Rossini poteva infischiarsene delle tediose lezioni di padre Mattei.

Convenzionale e noioso, padre Stanislao Mattei non era l'insegnante ideale per Rossini, che più tardi avrebbe confessato: "Le regole mi spaventavano. Sentivo troppo bene che la mia natura, così esuberante, non era fatta per piegarsi a un regolare e paziente lavoro; e per questo, anche più tardi, il buon P. Mattei lanciò contro di me anatemi su anatemi, chiamandomi il disonore della sua scuola". E più avanti rivelava all'amico Edmond Michotte, che scriveva qualche memoria del compositore ormai invecchiato: "Quando ebbi ormai studiato a fondo il contrappunto e la fuga, chiesi a Mattei cosa mi avrebbe ancora fatto fare. Il canto piano e il canone, fu la risposta. Quanto tempo avrei dovuto dedicarvi? Circa due anni. Ma non potevo più sostenermi per tanto tempo ancora, e lo dissi al buon Padre, che comprese molto bene la cosa e mi rimase sempre affezionato".

Padre Mattei capì che il suo alunno diciottenne non aveva di che pagare i corsi per altri due anni, ma non comprese quanto Gioachino scalpitasse per entrare nel gran palcoscenico della vita; comunque, l'inventiva del giovanissimo correva il rischio di venire schiacciata dalle convenzioni musicali imposte con pugno di ferro, musicale ma pur sempre di ferro.

I teatri di Venezia

Avendo abbandonato padre Mattei, la grande fortuna di Rossini fu di imbattersi in Giovanni Morandi, compositore e direttore d'orchestra. Passando da Bologna, Giovanni e sua moglie, il mezzosoprano Rosa, si fermarono per fare una visita all'amica Anna. I Morandi erano sulla strada di Venezia, dove avrebbero incontrato l'impresario marchese Cavalli per una stagione di farsa al piccolo Teatro San Moisè. Generalmente composta da un solo atto, che durava un'ora o poco più, la farsa era popolare a Venezia nel tardo diciottesimo e primo diciannovesimo secolo. Un tipico programma del San Moisè includeva di solito due farse e due balletti. L'operetta viennese avrebbe raggiunto più tardi una popolarità simile, offrendo al pubblico le sue trame zuccherose, mentre Gilbert e Sullivan avrebbero nello stesso modo nutrito un più ironico pubblico londinese. Fu suggerito che, data la continua richiesta di nuove farse, un giovane compositore avrebbe forse avuto la possibilità di seguire i Morandi a Venezia, e non ci fu bisogno di insistere: Gioachino era pronto. Per di più, Venezia era la città del Carnevale, delle donne belle e annoiate.

Da quando la Serenissima era stata occupata dagli austriaci, i veneziani avevano provato a dimenticare le migliaia di anni d'indipendenza perduta in un'orgia di musica, balli e mascherate. La Fenice, il San Benedetto, il San Cassiano e il San Moisè non erano i soli teatri d'opera che distraevano Venezia dalla sua tristezza.

Il successo delle farse sembrava assicurato se le melodie venivano suonate al Caffè Florian e al Caffè Quadri di piazza San Marco, i quali tuttora offrono musica a turisti e piccioni. Il Quadri era il ritrovo degli ufficiali austriaci, ma al tempo di Napoleone divenne il ritrovo degli ufficiali francesi nell'ovvio ripetersi della prepotenza del potere. Il Florian invece era frequentato dai cospiratori e dai nobili veneziani. Quale dei due caffè avrebbe scelto Rossini? Se Napoleone, l'incarnazione stessa della Rivoluzione francese, aveva deluso gli italiani, a chi potevano rivolgersi? Per un breve periodo, Venezia fu di nuovo sotto il controllo napoleonico e i francesi si comportarono da occupanti; partirono per il Louvre più tele del Veronese e di Tiziano di quante i veneziani potessero contarne.

Durante la permanenza a Venezia, Rossini scriveva spesso alla madre, lettere in inchiostro marrone piene di errori di ortografia. Desiderava ardentemente darle buone notizie. Era come un cane da punta che aspetta la sua occasione. Arrivò. Quando la stagione del marchese Cavalli incontrò difficoltà – un compositore tedesco si era ritirato e c'era immediato bisogno di una nuova partitura –, l'impresario fu facilmente persuaso dai Morandi a ingaggiare il giovane maestro per comporre una nuova farsa per la stagione: Rossini, che divideva l'alloggio con il compositore Stefano Pavesi – un tipo un po' folle, con capelli neri neri e un volto sorridente – non avrebbe potuto chiedere di meglio.

Il San Moisè era non solo un teatro ma anche un luogo d'incontro dove le famiglie giocavano a tombola e d'azzardo e la compagnia del teatro era di buon livello. L'orchestra era ridotta al minimo indispensabile, una media di venti musicisti. In breve, Rossini poteva sentirsi ottimista per il suo debutto operistico, dando sfoggio di talento e fantasia in un luogo senza troppe pretese.

Il libretto, scritto in fretta e furia da Gaetano Rossi, era *La cambiale di matrimonio*, precoce esempio delle opere che si prendono gioco degli americani in Europa, sebbene il ricco semplicione sia preso in giro con benevolenza. Parla di Mr Slook, la cui intenzione è di comprare una moglie da un mercante inglese di nome Thomas Mill. L'inglese (un tocco di propaganda napoleonica antibritannica) non pensa ad altro che al commercio; sua figlia Fanny, per lui, non è che mercanzia. Ma la furba Fanny e il suo squattrinato amante Edoardo, un protagonista tipico della farsa convenzionale, vincono in astuzia il generoso e innocente Slook in un prevedibile lieto fine. La musica è caratterizzata dall'energia e dall'acume di Rossini; e sfiora con levità la realtà della vita e il lato triste dell'esistenza. In Rossini la donna diviene la furba protagonista che seduce fingendo di non farlo. "Ci ho tutti i mali delle donne, non mi manca che l'utero," avrebbe detto più tardi. De *La cambiale di matri-*

monio, messa in scena per la prima volta il 3 novembre 1810, Herbert Weinstock scrisse:

> L'originalità di Rossini come compositore di farse musicali sta per prima cosa nel suo brio melodico e ritmico, nella disincantata mancanza di sentimentalismo con cui sceglieva da un libretto quegli elementi della storia che erano insensati, assurdi, irragionevoli, e dava loro poi una vera rivelazione musicale. Nulla di paragonabile allo scatto, al flusso propulsivo ritmico e melodico di *La cambiale di matrimonio* si era mai sentito prima. In essa, come nelle sue opere comiche più tarde, Rossini si aggrappava a ogni possibilità di sviluppi frenetici, di rapide illustrazioni puramente musicali.

Per questa farsa, un enorme successo, Rossini ricevette quaranta scudi: non aveva mai visto tanti soldi in vita sua.

Nella stagione 1811 lavorò come maestro al cembalo e cioè direttore d'orchestra e direttore del coro, preparando l'orchestra dell'Accademia per *Die Jahres Zeiten* di Haydn. In quel periodo compose *In morte di Didone* per Ester Mombelli, la sua nuova innamorata. Ma la Mombelli non la cantò che sette anni più tardi.

Il diciannovenne Rossini ottenne poi un secondo contratto, per il Teatro del Corso di Bologna.

Scandalo

Gli si chiese di comporre *L'equivoco stravagante*, dramma giocoso in due atti, su un impianto mozartiano di ensemble piuttosto che di assolo come si usava nella lirica italiana. Il librettista era un fiorentino, Gaetano Gasparri, noto per i suoi intrecci complessi, libretti zeppi di donnine pretenziose e poeti spiantati, il tutto espresso in un linguaggio stravagante pieno di doppi sensi e allusioni erotiche, oltre a giochi di parole che, se certo non mancheranno nei futuri libretti di Angelo Anelli (*L'Italiana in Algeri*) e Luigi Romanelli (*La pietra del paragone*), non avevano l'elegante comicità di questi ultimi.

Rossini era ancora troppo giovane per potersi imporre sul librettista, ma dalla musica che compose su un libretto certamente arduo attingerà idee per il futuro. Nel grande rondò scritto per Maria Marcolini, focosa e stupenda primadonna, mette alla prova le sue risorse, ecco che per la prima volta tornano melodia, cadenza, armonia e coro tutti assieme. *L'equivoco stravagante* andò in scena il 26 ottobre e scandalizzò. Ai bolognesi piacque la novità, ma il libretto non andò giù al clero. In effetti, era talmente offensivo che la Santa Sede fece chiudere il teatro dalla polizia dopo sole tre repliche. L'opera racconta la storia surreale del povero tutore Ermanno, innamorato della sua studentessa, Ernestina. Figlia di Gamberotto, Ernestina, un'intellettualoide, viene raggirata da Buralicchio, uno stupidone. Per scoraggiarlo, Ermanno convince Buralicchio che Ernestina è un castrato travestito e, peggio (specialmente nel 1812), un disertore dell'esercito. Il libretto è pieno di doppi sensi ed espressioni piccanti, sottolineati dalla musica. Una recensione contemporanea afferma che la musica de *L'equivoco stravagante* risultò molto gradita al pubblico, che il signor Rossini fu chiamato alla ribalta e alcune arie vennero anche bissate. Era stata la polizia a proibire ulteriori repliche:

> Al Sig. Conte Consigliere di Stato Diretto
> della Polizia Generale
> Bologna 31 Ottobre 1811
>
> Col paragrafo 30 del mio bollettino politico 28, spirante n 159 le addussi, Sig. Conte Consigliere Direttore, i motivi che mi consigliarono a non permettere ulteriormente la rappresentazione dell'opera buffa intitolata *L'equivoco stravagante* che fu prodotta sulle scene di questo teatro del Corso nella sera del dì 26 detto.
> A termini ora della riserva espressa nel paragrafo succitato mi faccio un dovere di compiegarle un esemplare del libretto dell'opera in discorso, onde qualora, previo l'esame del medesimo, Ella convenga nel subordinato mio parere possa annoverarlo nell'elenco delle rappresentazioni proibite.

Gioachino, percorrendo le orme del padre, fu arrestato; probabilmente pro forma, dato che in una nota del prefetto della polizia si parla, appunto, del rilascio di Rossini.

Quanto andava bene a Venezia non era invece accettabile a Bologna, di nuovo in mani vaticane. Pare comunque che certe parole e alcune scene censurate prima della recita venissero poi pian piano reintrodotte.

La primadonna che cantava la parte di Ernestina era Maria Marcolini, una procace giovane con capelli biondo ramato e una meravigliosa presenza scenica, specie nei ruoli "en travesti". Contralto di coloratura con un'ampia gamma, ed ex amante di Lucien Bonaparte, fratello di Napoleone, Maria era pronta a cadere nelle braccia di Rossini, e lui in quelle di lei. Diva di un'opera intitolata *Il trionfo*, Maria cantò un'aria che Rossini aveva composto per lei, facendo un'entrata spettacolare sul palco in sella a un cavallo bianco.

Con la progressiva scomparsa dei castrati, la Marcolini con la sua bella voce da contralto suppliva al vuoto, una specie di Marilyn Horne *ante litteram*.

L'inganno felice

Rossini tornò a Venezia, città destinata a diventare teatro del suo più grande successo. Messa in scena per la prima volta l'8 gennaio 1812, la sua nuova farsa si chiamava *L'inganno felice* e andò in tournée a Bologna, Firenze, Verona e Trieste; in seguito, avrebbe viaggiato ben più lontano, fino a Parigi, cosa che fece riflettere Rossini sulla possibilità di lavorare all'estero. Sebbene etichettata come farsa, l'opera è più vicina a un dramma semiserio. Il libretto di Giuseppe Foppa era già stato musicato da Paisiello, come poi *Il barbiere di Siviglia*, con risultati molto differenti. *L'inganno felice* racconta la storia della duchessa Isabella, che ha subìto un torto da due uomini la cui riabilitazione avviene sullo sfondo di strane gallerie di miniera. Come ha notato Richard Osborne, "questo è un primo eccellente esempio dei duetti buffi cospiratori in cui le parole sono soggette a ripetizioni maniacali e in cui la musica riproduce la demenza del pettegolezzo ('oh che ciarle, che pazzie') con ripetizioni e allitterazioni tutte proprie".

Il successo de *L'inganno felice* fu salutato liberando fagiani, canarini e colombe dai palchi dei teatri. In una lettera alla "carissima madre", datata 10 gennaio 1812, Rossini scrisse:

> Prima di andare a letto vi do la relazione della mia farsa. Furore in grande mentre dalla sinfonia sino all'ultima nota del Finale non sono stati che gran applausi. Fui chiamato sulle scene tanto ier sera che stasera, in conclusione sono l'Idolo dei Veneziani, sono trattato per scrivere l'Opera seria alla Fenice e forse domani faccio la scrittura.

(Per scrittura s'intende il contratto.)

Qui traspare la gioia del giovane Gioachino. *L'inganno felice* sarà destinato a diffondere il suo nome in mezza Europa e tale fu la fortuna di questa farsa che un editore di Lipsia ne pubblicò lo spartito, cosa rarissima a quei tempi (1819).

Anche l'impresario de *L'inganno felice* decise di congratularsi con Anna per il successo del figlio.

> Venezia 9 Gennaio 1812
> Stima.ma Sig.ra
>
> Con la maggior compiacenza m'affretto d'annunziarle che ieri sera andò in scena il suo diletto figlio con la farsa *L'inganno felice*; non fu un incontro ma un vero furore, mentre il pubblico si entusiasmò dalla Sinfonia fino alla fine del finale, gridando sempre "oh, che bella musica!". Finita la farsa chiamato sul palco a ricever li sinceri applausi non soliti a dispensar che di rado. Con tutta sincerità le dico che da qui a pochi anni sarà un ornamento dell'Italia e si sentirà che Cimarosa non è morto, ma il suo estro passato su Rossini. Le annunzio pure che l'ho scritturato per tre farse, una in Primavera, una in Autunno, ed una in Carnevale. Desidero l'occasione di venire a Bologna per poterla conoscere di persona per rallegrarmene più sincero della mia stima.

Un ornamento dell'Italia

Mentre era a Venezia e si godeva non solo il successo de *L'inganno felice* ma anche il Carnevale veneziano, Rossini venne raggiunto dal libretto di *Ciro in Babilonia*, dramma di soggetto biblico, "un drama per cori", vale a dire un oratorio da dare a Ferrara per la Quaresima. Era uno di quei lavori quaresimali che consentivano di tenere aperti i teatri anche dopo la fine del Carnevale.

La storia di *Ciro in Babilonia*, sulla festa biblica di Belshazzar forse ispirata all'allora famosissima tela di John Martin, non fu "uno dei miei fiaschi" come Rossini ebbe a dire più tardi. La musica contiene momenti bellissimi che dimostrano come Rossini stesse maturando; tra questi, la scena della prigione di Ciro nel secondo atto, che inizia con un preludio strumentale. *Ciro in Babilonia* venne bissato una decina di volte e prelude ai capolavori *Mosè in Egitto* e *Moïse et Pharaon*. Rossini affidò al tirannico re Ciro arie incredibilmente difficili, con le quali esprimeva la sua rabbia furente, minacciando l'infelice Amira. C'era però il fatto che la parte della comprimaria era affidata a una cantante scadentissima. Lasciamo la descrizione a Rossini:

> Non soltanto era brutta oltre il lecito, ma anche la voce era al di sotto di ogni decenza. Dopo l'esame più scrupoloso scoprii che possedeva soltanto un'unica nota che non suonasse tremendamente, il Si bemolle dell'ottava centrale. Dunque scrissi per lei un'aria nella quale non dovesse cantare nient'altro che questa nota, misi tutto il discorso musicale in orchestra, e poiché il pezzo piacque e fu applaudito, la mia monotona cantante fu felicissima del suo trionfo.

Tornato a Bologna, Rossini organizzò una cena soprattutto per divertire Maria Marcolini, primadonna assoluta del *Ciro*. Da pasticcieri prodigiosi si fece confezionare una torta che rappresentava un vascello semidistrutto, simbolo del naufragio di Ciro.

I due ormai vivevano insieme, un legame che divenne l'argomento di conversazione dell'Italia musicale. "Fu al suo fianco, e sul piano di Maria e fra le mura della sua casa di campagna a Bologna, che Rossini, ispirato dalla sua voce, scrisse le partiture migliori," scriveva Stendhal, aggiungendo che Rossini fece di lei "la migliore musicista che si possa sperare di trovare nell'intera Italia".

La Scala

È anche probabile che, senza Maria Marcolini, Gioachino non avrebbe potuto debuttare alla Scala così presto nella sua carriera. In effetti, insieme al baritono Filippo Galli (che aveva cantato ne *L'inganno felice*), Maria raccomandò il suo protetto all'impresario della Scala Domenico Barbaja, personaggio che da solo richiederebbe un libro, un film, un poema, una serie televisiva. Di lui scriveremo più avanti, ma molte più pagine meriterebbe questo astuto protagonista della storia dell'opera italiana.

Rossini sapeva che quell'opera a Milano era per lui importantissima. La partitura richiedeva una voce sviluppata e una grande abilità tecnica, proprio quella del mezzosoprano Maria Marcolini. Tenuto conto che il modello era Anna, sua madre, soprano, è strano che le preferenze di Rossini si indirizzassero verso le sfumature più cupe del contralto e del mezzosoprano. Con un libretto esilarante di Luigi Romanelli, *La pietra del paragone* (1812), ancora oggi in repertorio, include musica che Stendhal giudicò la più divertente che Rossini avesse mai composto.

Milano, centocinquantamila abitanti, era allora la capitale del Regno di Lombardia che Napoleone aveva creato nel 1805. Il viceré Eugène de Beauharnais, suo figliastro, l'aveva trasformata: si deve a lui il completamento del duomo, la costruzione di canali, la fondazione della Borsa Valori, nuove strade, fognature e l'istituzione dei licei, scuole superiori aperte a tutti. La Scala era una sorta di società per azioni e un centro fondamentale di attività sociale; oltre all'opera, fra le sue mura si giocava d'azzardo ma anche si filosofava, si progettava, si seduceva e, naturalmente, si cospirava.

Il poeta e collezionista d'arte Samuel Rogers, che la visitò nel 1814, così la descriveva: "La sala è vasta e di disegno semplice: i palchi la attorniano dal pavimento al soffitto in ordini paralleli ricoperti alternativamente di seta blu e gialla e tutto riceve luce soltanto dal palco, eccetto pochi casi, come quando, essendo le sagome illuminate dall'interno, le luci parziali e scintillanti avevano un effetto visivo veramente magnifico".

Le osservazioni di Stendhal sulla Scala si concentrano invece sulle persone che chiacchierano nei palchi, uomini e donne che si chiamano gli uni con gli altri ad alta voce, e sul fatto che c'erano più persone nel foyer che nell'auditorio ad ascoltare la musica – il tutto condito da urla improvvise quando un'aria famosa veniva richiesta a gran voce o la presenza sul palcoscenico del divo o della diva veniva salutata con clamore.

Le scenografie della Scala erano superbe, grandiose e famose nel mondo operistico, specie quelle di Alessandro Sanquirico, che ai monumentali disegni neoclassici legava una minuziosa attenzione ai dettagli. Fu Sanquirico a introdurre l'usanza di abbassare le luci nell'auditorio durante gli spettacoli, e non Wagner come si crede. Un'altra personalità che portò la Scala a eccellere fu il coreografo Salvatore Viganò. Ma il cuore del teatro e la ragione del suo successo mondiale era Alessandro Rolla, direttore, violista, compositore e violinista, che fu in carica alla Scala dal 1803 al 1833. Era Rolla che si occupava dell'orchestra, in modo che potesse suonare le partiture correttamente e all'unisono, cosa che a quel tempo era assolutamente fuori del comune. In Rossini, Rolla riconobbe subito l'orchestratore brillante, il virtuoso e il compositore innovativo.

La Scala era il teatro più importante per il quale il ventenne Rossini si fosse mai cimentato e dovette tenere in considerazione la particolare acustica dell'auditorio. Ci furono anche degli intoppi, perché Gioachino si era ammalato e non aveva terminato la partitura de *La pietra del para-*

gone. Difatti, l'11 settembre 1812 il ministro dell'Interno Luigi Vaccari dovette scrivere una lettera, contrassegnata come "urgente", che spiegava come si esagerasse con i pettegolezzi su arie mancanti dall'opera che il maestro Rossini stava scrivendo. Che addirittura un ministro dovesse giustificare le chiacchiere mostra l'importanza attribuita al completamento di un'opera per la Scala e l'attenzione che si concentrava sul giovane maestro.

La pietra del paragone replicò ben cinquantatré volte nella prima stagione, record rimasto imbattuto fino al 1842, quando il *Nabucco* di Verdi ne segnò cinquantotto. Il pubblico cominciava ad accorrere a ogni spettacolo di Rossini, il quale per quest'opera ricevette finalmente un compenso degno di tale nome: Gioachino Rossini era l'astro della nuova musica italiana.

Alla madre, scrisse: "Io sono l'idolo di Milano, sto scrivendo come un disperato e spero col frutto delle mie fatiche che compreremo un casino di Campagna".

Il successo del giovane gli garantì l'esonero dal servizio militare in un momento nel quale la maggior parte dei novantamila coscritti italiani persero la vita nella campagna di Russia di Napoleone. Ma questo provvidenziale esonero fu davvero dovuto al suo talento musicale? Probabilmente vi era coinvolta Maria Marcolini, in grado di chiedere questo favore a Lucien Bonaparte per le ragioni che abbiamo citato. Esiste una lettera, che adesso si dice apocrifa, nella quale Bonaparte chiede di esonerare un uomo che, a vent'anni, avrebbe potuto essere un mediocre soldato, ma – in quanto compositore di qualità – doveva essere tutelato in ogni modo.

Prima di Milano, Rossini si fermò a Venezia per *La scala di seta* (9 maggio), farsa che venne ben accolta, pur se senza eccessivo entusiasmo.

I violini picchiavano con l'archetto sulla latta del leggio – era uno scherzo di Rossini (che rifarà ne *Il Signor Bruschino*).

Stando al gioco, scriveva all'impresario:

> Mio caro: Dandomi da musicista il libretto intitolato *La scala di seta* voi mi trattate da ragazzo;
> Facendovi fare un fiasco, io vi resi pure la focaccia. Adesso siamo pari.

In effetti, se è vero che il libretto de *La scala di seta* è debole, la musica la dice lunga su un compositore che contravveniva a ogni cliché musicale.

Quasi sorpreso dal proprio successo, con l'euforia del giovanissimo, scriveva alla madre che durante le ovazioni era rimasto sul palco e ogni tanto chinava la testa: "Urlavano bravo Maestro, adesso si fanno tutte e due le mie farse".

È difficile immaginare – e quasi impossibile descrivere – l'attività musicale di Rossini in questo periodo. Non solo componeva con grande velocità, ma dirigeva, dopo essere stato avviato da Rolla in quest'arte. Sfortunatamente ci sono poche testimonianze su Rossini direttore d'orchestra, salvo alcune scarne descrizioni e le famose minacce di prendere a bastonate quei musicisti che non seguivano le sue indicazioni (un po' alla Toscanini). Metteva insieme cartelloni per vari impresari di Bologna, scriveva un'aria per ravvivare una partitura debole o per far brillare Maria Marcolini e leggeva storie per eventuali libretti, nei quali riscriveva intere sezioni e suggeriva cambiamenti perché si adattassero alla sua musica e al suo temperamento. In tutto questo, trovava sempre il tempo per la sua intensissima vita amorosa.

Il successo de *La pietra del paragone* lanciò Rossini e la fama, come al solito, si trasformò in successo sociale. I salotti di Milano aprirono le porte all'affascinante giovane, la cui presenza di spirito e le cui maniere incantevoli erano ormai leggendarie. Già noto per la sua voce straordinaria, che si estendeva a parti di tenore e di baritono, spesso gli si chiedeva di cantare. Il suo aspetto dandy, i suoi motti di spirito, il suo modo di fare divennero moda. La gente lo seguiva e le ragazze volevano cogliere una fugace visione della nuova stella, come poi succederà con i divi di Hollywood, le pop star e i calciatori.

"Quest'opera," scrisse Stendhal a proposito de *La pietra*

del paragone, "creò alla Scala un periodo di entusiasmo e di gioia. La folla si gettò su Milano da Parma, Piacenza, Bergamo, Brescia e da tutte le città in un raggio di venti leghe. Rossini era diventato il cittadino più importante della zona. Tutti erano ansiosi di vederlo. L'amore si prese cura di ricompensarlo." Stendhal era sempre attento all'aspetto galante e in questo passaggio accenna a una nuova fiamma di Rossini, la principessa Amalia Belgiojoso d'Este, alla quale il compositore dedicò *Egle e Irene*. Mentre si trovava in intimo connubio con la principessa, Rossini scriveva alla madre: "Veramente passo una vita beata [...] la Sig. Amelia Belgiojoso, che è la Mia Cara, vi rende i saluti che voi gentilmente gli avete per mia parte inviato".

Da Milano, Rossini tornò a Venezia, dove aveva due nuove farse per il San Moisè: *L'occasione fa il ladro* (24 novembre 1812), che lui chiamava "la mia musica degl'undici giorni", dato che impiegò meno di due settimane per comporla, e *Il Signor Bruschino* (gennaio 1813). Ma il confronto con l'opera seria era la grande prova che Rossini doveva ancora sostenere. Fu alla Fenice che debuttò nel melodramma.

L'opera seria

La scelta della tragedia *Tancrède* (1760) di Voltaire per la sua prima opera seria è significativa. Nello stile e nella tradizione neoclassica, questo testo – una tra le molte derivazioni da *La Gerusalemme liberata* di Tasso – cela una punta di patriottismo che non sarebbe sfuggita agli umiliati veneziani. La prima versione di *Tancredi* fu trasposta in versi da Gaetano Rossi, il cui libretto non è così brutto come è stato detto. Il protagonista dell'opera è un cavaliere di Siracusa (contralto "en travesti") che fa la sua entrata di notte, a bordo di una barca. Approda in incognito per visitare il suo amore segreto. L'ingresso recitativo di *Tancredi* saluta la sua patria e si sviluppa poi in una cavatina, nella quale i suoi pensieri si rivolgono all'amata. Poi, una gioiosa cabaletta introduce l'anticipazione al pensiero che presto poserà i suoi occhi su di lei che ama, e lei su di lui: "Mi rivedrai, ti rivedrò". Risparmierò ai lettori i molti aneddoti che hanno accompagnato le discussioni su questa famosissima aria, alcuni dei quali Rossini avallava, ma che suonano tutti ugualmente falsi. Pochi compositori conoscevano l'amore come il giovane Rossini, cosicché l'appassionata anticipazione del giovane, le cui speranze presto avranno slancio, è tradotta nel vibrante palpito ("Di tanti palpiti"). Con quest'opera, e quest'aria in particolare, Rossini divenne "il riluttante architetto dell'opera romantica italiana", come scrisse Julian Budden. La cabaletta diventò così famosa, canticchiata e fischiettata da tutti, che Byron nel *Don Juan* vi allude, sicuro che i suoi lettori avrebbero recepito.

> Oh! Le lunghe serate di duetti e trio!
> L'ammirazione e le speculazioni;
> I "Mamma mia"! E gli "Amore mio"!
> I "Tanti palpiti" in queste occasioni.

Anche Balzac fece scendere le scale al suo marchese Raphaël de Valentin in *La Peau de chagrin* (1832) fischiettando *Di tanti palpiti*.

Tancredi segna uno stadio importante nello sviluppo dell'opera seria. Con sicurezza, Rossini introdusse cambiamenti che adesso vengono dati per scontati: i recitativi sono brevi e collegati al contesto delle arie; c'è un nuovo equilibrio tra il drammatico, il lirico e il musicale. Il coro fa la sua prima apparizione importante in un'opera seria (il cast, infatti, include nobili, guerrieri, paggi, cavalieri, guardie, scudieri, popolo, damigelle e saraceni – una bella folla!).

Rossini dedicò *Tancredi* alle sorelle Mombelli, Ester e Anna, allora le sue interpreti favorite. Una delle sorelle Mombelli fu per un periodo l'amante di Rossini, o forse una delle varie che Rossini aveva contemporaneamente.

La versione del *Tancredi* andata in scena alla Fenice il 6 febbraio 1813 prevedeva la sopravvivenza del protagonista riunito alla sua amata. Per la Quaresima dello stesso anno, a Ferrara se ne mise in scena una seconda versione. Questa volta, Rossini chiese a Luigi Lechi – le cui simpatie progressiste gli avevano fatto accentuare il lato patriottico e disperato implicito nella musica del *Tancredi* – di ripristinare l'epilogo tragico di Voltaire. Bruno Cagli usa la similitudine di un bassorilievo di marmo per la versione di Ferrara in cui Tancredi, mortalmente ferito, entra accompagnato da un coro piangente. In altre parole, l'opera rispecchiava il Neoclassico, era un'immagine del Canova. Richard Osborne ha commentato che l'epilogo di Ferrara "è una soluzione sobria e ben giudicata a questo triste, toccante, squisitamente costruito idillio eroico".

Ma la soluzione protoromantica non piacque al pubblico: concludere un'opera in modo tragico non faceva parte della convenzione, pur se il *Tancredi* era definito dallo stesso autore del libretto "opera seria o melodramma eroico". Più tardi, nel 1813, al nuovo Teatro Re di Milano, all'opera furono apportati ulteriori cambiamenti, però la versione del *Tancredi* che si ascolta oggi ha mantenuto il lieto fine.

Per la prima, le due protagoniste del *Tancredi* si ammalarono. La "Gazzetta dell'Adriatico" notò che era difficile giudicare l'opera di Rossini per via di un "fatale disagio di salute sopravvenuto ad entrambe le valentissime Sigg Malanotte e Manfredini che rese siffattamente incerta l'esecuzione che fu forza in ambo le due sere in cui si diede fin ad ora quest'opera, interromperne il corso a metà del second'atto".

L'opera è ambientata a Siracusa al tempo della prima Crociata. Un coro di cavalieri celebra la fine di una faida interna, Amenaide ha inviato una lettera anonima al suo amato Tancredi, che si trova in esilio, chiedendogli di tornare, non sapendo che Tancredi ha deciso di venirsene a Siracusa in ogni caso. Nel frattempo, il padre ha promesso la mano di Amenaide al guerriero Orbazzano. Fraintendimenti, carcere, tradimenti, amore fatale e amanti condannati: c'è tutto. Nelle parole di Arthur Schopenhauer:

> L'intima essenza di ogni pezzo musicale si dipana davanti a noi come un paradiso che ci sembra familiare e tuttavia rimane eternamente distante, e ciò si può capire ma non comprendere, riflettendo tutti gli impulsi del più intimo io segreto, ma senza il realismo e mantenendo la distanza da ogni tormento.

Se Rossini avesse sviluppato la sua vena romantica, si sarebbe attenuto all'epilogo tragico, ma come neoclassico voleva compiacere, non provocare o scioccare. Per di più, le platee italiane non erano ancora mature per l'ondata romantica che aveva già cominciato a spazzare il Nord Europa.

Rossini divenne leggendario per la velocità con la quale completava un'opera: due settimane, undici giorni, diciotto giorni. Accumulava una gran quantità di idee musicali e cominciava a prendere spunti dai suoi stessi lavori, trasferendo un'aria da un'opera all'altra, cambiando orchestrazione e chiave. La stampa degli spartiti musicali era riservata a pochi; le partiture autografe venivano generalmente conservate dall'impresario, vendute e poi distrutte.

Il diritto d'autore non esisteva e i primi editori musicali nascevano proprio allora. Uno di questi era Giovanni Ricordi, che aveva lavorato come copista alla Scala e aveva conosciuto Rossini a Milano. Proprio in quei giorni, Ricordi aveva ricevuto una lettera da Isabella Colbran e suo padre che gli chiedevano di passare una nota a "il maestro Rossini".

Isabella, contralto amatissimo, sperava di attirare Rossini nella capitale partenopea; certamente scriveva per conto del suo amante, l'impresario Domenico Barbaja.

Ma Rossini aveva altri impegni. Dopo Ferrara, infatti, se ne tornò a Venezia per *L'Italiana in Algeri*, richiesta per la stagione del Carnevale, il periodo più importante per la musica, le feste e gli amori clandestini. Il libretto riecheggiava il gusto contemporaneo per le cose orientali e il fascino per Roselana, la moglie dalmata di Solimano, la cui biografia era stata appena pubblicata. La Repubblica veneziana aveva un lungo rapporto commerciale con l'Oriente e con gli ottomani, molti dei quali avevano casa presso il Rialto e si vestivano con le stoffe e i gioielli che vediamo nei quadri, dal Tiziano al Veronese. Ma quella opulenta Venezia aveva sofferto. Napoleone aveva voluto piegarla: "Non sopporterò alcun Senato, alcuna inquisizione; diventerò un Attila per lo stato veneziano," aveva dichiarato nel 1797, e così era stato. Il doge fu costretto a dimettersi e il governo oligarchico che aveva amministrato la Serenissima per un migliaio di anni era stato smantellato. Quando anche i quattro cavalli di San Marco divennero bottino napoleonico, Samuel Rogers commentò: "Fu inumano derubarli degli unici quattro cavalli che possedevano". Poi Napoleone consegnò Venezia agli austriaci, e la città passò dalla padella alla brace. Visitando di nuovo la città sotto il governo austriaco, Shelley osservò: "Gli austriaci prendono il sessanta per cento di tasse e pretendono l'alloggio gratuito dagli abitanti. Un'orda di soldati germanici, viziosi e più disgustosi dei veneziani stessi, insultano questo popolo miserabile".

Il miracolo de *L'Italiana in Algeri*

L'opera *L'Italiana in Algeri* era già stata musicata nel 1808 da Luigi Mosca per la Scala, mentre la versione del libretto che Anelli scrisse per Rossini era destinata al Carnevale veneziano, quando i teatri rimanevano sempre aperti e le rappresentazioni erano ininterrotte; ai gondolieri era consentito l'ingresso libero. Quando Rossini arrivò per *L'Italiana*, le cose erano cambiate rispetto a quando, ancora sconosciuto, aveva vissuto rintanato in una stamberga, aspettando il proprio turno per comporre una farsa. Adesso tutti volevano conoscerlo e in suo onore si organizzavano banchetti in palazzi di marmo che si specchiavano con le loro luci tremule nelle acque del Canal Grande. Come accadeva spesso, Rossini era stato chiamato in tutta fretta perché il Teatro San Benedetto si era trovato con un repertorio afflosciato dai fischi e dai fiaschi. Chiese settecento lire, una somma ingente che fu accordata senza discussioni.

Il giovanotto da Pesaro ormai era considerato un toccasana, un compositore che con la sua musica innovativa, devastante, rivoluzionaria, poteva salvare la stagione, persino quella del San Benedetto. Quanto tempo Rossini abbia impiegato per comporre la nuova opera non è noto: alcune fonti dicono ventisette giorni, altre diciotto. "Forse ho impiegato pochi minuti a comporla, ma sono anni che ci penso," avrebbe detto lui. E questo è vero di tutte le sue opere, e anche del lavoro artistico in generale. Angelo Anelli modificò considerevolmente il libretto originale, seguendo le indicazioni di Rossini che vi aggiunse quei geniali giochi di parole che ci stupiscono e divertono. Alla prima, posticipata per via della malattia di Maria Marcolini – l'italiana del titolo –, Rossini fu ricoperto da mazzi di fiori che fluttuavano verso la buca dell'orchestra e da foglietti di carta, versi in lode, confessioni d'amore, un'usanza riservata in genere alla primadonna. Ma al suo fianco, anzi nel suo letto, allora c'era la Marcolini, la diva del momento.

L'Italiana in Algeri fu rappresentata per tutto giugno e salvò il San Benedetto dalla bancarotta. "Credevo che il giorno dopo aver ascoltato la mia opera i veneziani mi avrebbero trattato da pazzo, adesso sono tranquillo, i veneziani sono più pazzi di me."

Dopo l'ouverture, *L'Italiana in Algeri* si apre con un coro di eunuchi che tentano di consolare Elvira, moglie del Bey Mustafà. Le donne, in un luogo come Algeri, nascono per soffrire, canta Elvira, che sta per essere ripudiata, perché annoia il marito: "Mia cara, mi hai rotto i timpani", che sta ovviamente per un'altra parte del corpo del Bey. Comunque Mustafà decide di dare in moglie Elvira a Lindoro, uno schiavo italiano che vive nel Serraglio. In cambio, Lindoro potrà tornare in Italia e riguadagnarsi la libertà. Allo stesso tempo, Mustafà chiede al capitano Haly di trovargli una ragazza italiana, e Haly risponde lamentandosi che i suoi pirati, negli ultimi tempi, hanno racimolato un magro bottino. Lindoro è l'amante segreto di Isabella, la quale lo sta cercando in ogni dove ed è stata appena catturata dai pirati. Accompagnata da Taddeo, il suo cicisbeo, Isabella dimostra che può dominare non solo i turchi e i pirati, ma anche i suoi Taddeo e Lindoro con la forza della propria femminilità. In Rossini c'è sempre un'esaltazione della donna, l'eroina forte, persino nel vittimismo de *La gazza ladra*. E nelle molte comiche sui turchi, l'Oriente, il mondo che tanto andava di moda allora, la presa in giro è benevola... Nel frattempo, Haly apprende che Taddeo e Isabella sono zio e nipote, una parentela che lei ha appena inventato. I due prigionieri rispondono alle domande del capitano-pirata Haly:

> HALY: Da dove vengono Isabella e Taddeo?
> TADDEO: Di Livorno ambedue.
> HALY: Dunque italiani?
> [...]
> Ah non so dal piacer dov'io mi stia.
> Prescelta da Mustafà sarete,
> se io non sbaglio.
> La stella e lo splendor del suo serraglio.

Una volta nel serraglio, Isabella dirige l'azione, comanda, seduce e imbroglia un po' tutti. Dimostra anche un amor patrio *ante litteram*.

Quando Taddeo viene insignito con il titolo di Kaimakan e Mustafà si unisce al Grande Ordine dei Pappataci, la musica e le parole si intrecciano in un nodo esilarante. Stendhal, che definì questo capolavoro comico un'opera "di completa e organizzata follia", percepì l'ironia con la quale ci si beffava del formalismo e della pomposità del potere, mostrando la vacuità dei nuovi titoli napoleonici. "La musa comica di Rossini sfiora da vicino gli aspetti più sgradevoli della monarchia," commentò. Sebbene Rossini prima de *L'Italiana* avesse giocato con il suono delle parole, non si era mai scatenato come in quest'opera. I tre corteggiatori di Isabella (il Bey, Taddeo e Lindoro), che alla fine del primo atto sono sotto il suo totale controllo, la fissano incantati mentre finisce di vestirsi. Lei canta "per lui che adoro", spingendo ognuno di loro a credere di essere l'innamorato in questione. Il finale dell'atto esplode in una "follia organizzata", mentre ogni cantante paragona i propri sentimenti a un suono, che corrisponde a uno strumento a percussione:

> ELVIRA: Nella testa ho un campanello che suonando fa din din.
> ISABELLA E ZULMA: La mia testa è un campanello che suonando fa din din.
> LINDORO E HALY: Nella testa un gran martello mi percuote e fa tac tac.
> TADDEO: Sono come una cornacchia che spennata fa cra cra.
> MUSTAFÀ: Come scoppio di cannone la mia testa fa bum bum.

La forza di Isabella non sta solo nel fatto che salverà la situazione, ma anche nell'essere una patriota: cosa che, come dicevamo, non sfuggì ai veneziani. "Pensa alla patria," canta agli italiani diventati schiavi in un rondò giudicato così sovversivo da essere modificato oppure omesso ogni volta che l'opera si rappresentava fuori da Venezia. Raggira gli altri ma ricorda "quanto valgano gli italiani...". L'orecchio del censore non era abbastanza raffinato da cogliere il coretto che precede l'aria, una breve melodia suonata dai violini e dai flauti che riecheggia le note della *Marsigliese*. E fioccano i doppi sensi e le battute un po' sconce – come del resto nei libretti di Da Ponte per Mozart –, che oggi ci sfuggono ma che allora venivano accolti da lazzi e risate.

Rossini, seguendo le orme del padre, era consapevole dei cambiamenti politici. Aveva conosciuto troppo bene il governo clericale a Pesaro e a Bologna per non rendersi conto dei vantaggi che i francesi offrivano a Milano. Anche se gli austriaci, i Borbone e il papato erano tornati, quello che gli italiani avevano intravisto – libera educazione, libera stampa (o quasi) e persino libero amore – non poteva essere dimenticato tanto facilmente. Una nuova ondata liberale stava spazzando i canali di Venezia, così come i portici di Bologna, e Rossini, attento allo spirito dei tempi, espresse il nuovo anelito musicalmente (come fece più avanti Giuseppe Verdi). Comunque, le due commissioni successive riportarono Gioachino a Milano.

L'ordine napoleonico e il melodramma

Proprio mentre gli austriaci si apprestavano a tornare in Lombardia dopo aver sconfitto i francesi a Lipsia, arrivò la notizia che Napoleone aveva abdicato (aprile del 1814). Gli italiani, per quanto stanchi di essere sfruttati dai francesi, continuavano a preferire i loro cugini latini all'orda germanica che si stava preparando a invadere nuovamente la penisola. Ne *La certosa di Parma,* Stendhal descrive questo "rientro" non solo degli austriaci ma anche del clero a Milano e il modo in cui il vecchio regime ristabilì l'autorità con un'onnipresente polizia segreta.

Gli italiani "contaminati" dagli ideali bonapartisti e dal liberalismo si riunivano nei caffè e nei salotti mondani e le società segrete guadagnavano nuovi adepti, specie nella classe dei professionisti, la borghesia napoleonica appena nata. Avendo lasciato il teatro di corte, l'opera esprimeva questo cambiamento e poteva essere utilizzata per dar voce ai sogni e alle aspirazioni di questa nuova borghesia. La musica si trasformò addirittura in un'arma politica: le opere potevano diventare manifesti politici, scatenando rivolte, se non rivoluzioni.

Mentre Rossini si trovava a Milano, la Scala dovette sottomettersi e ricevere l'imperatore d'Austria e il principe Metternich; gli spettatori che appartenevano alla borghesia e alcuni aristocratici protestarono non levandosi il cappello in presenza di Francesco II, cosa che scatenò un applauso generale dal loggione.

Non solo l'opera cominciava a esprimere le vocazioni liberali della borghesia, ma anche le masse si sentivano unite dalla passionalità della musica – e dei libretti – contro gli invasori stranieri, le monarchie assolute e i governi dittatoriali. E se non era il teatro dell'opera luogo che i più poveri potessero frequentare, è risaputo come la musica uscisse dagli auditori, cantata e fischiettata, quasi all'unisono con le prime di uno spettacolo.

Rossini era a Milano perché la Scala gli aveva commissionato una seconda opera seria.

Aureliano in Palmira avrebbe aperto la stagione del Carnevale 1813-1814 e deliziò i cantanti, ma non il pubblico. Nello stesso periodo, il *Tancredi* stava riscuotendo enorme successo al vicino Teatro Re. In una lettera alla madre, Rossini raccontava che, sebbene *Aureliano* fosse stato un fallimento, "tutti dicono Musica divina Cantanti Infami in conseguenza non perdo nell'Opinioni. Il *Tancredi* fa un'Irruzione al Nuovo Teatro qui Apperto io sono contentissimo mentre tutti si divertono colla mia musica poco importa se è uno o nell'altro Teatro [*sic*]".

Rossini parla di cantanti infami perché uno degli interpreti principali, il celebre castrato Giovanni Battista Velluti, si prese tali libertà con lo spartito da scatenare le furie sia di Alessandro Rolla sia dello stesso Rossini.

Milano fu felice di rivedere Rossini e festeggiò il compositore sebbene questi non avesse quasi il tempo di respirare. Nell'aprile 1814, in contemporanea con la prima milanese de *L'Italiana in Algeri* al Teatro Re, apriva la stagione della Scala un'altra sua opera buffa, *Il Turco in Italia*.

Ma, mentre *L'Italiana* faceva faville anche a Milano, il secondo lavoro fu accolto con freddezza. Sia la storia che la musica de *Il Turco in Italia* hanno un carattere del tutto surreale. Prosdocimo, un "buffo" triste, è il poeta che cerca l'ispirazione mentre cammina su "una spiaggia solitaria vicino a Napoli" (mi piace pensare che Rossini stesse inserendo in questo personaggio alcuni elementi autobiografici). Nei suoi vagabondaggi incontra alcuni zingari e s'imbatte in Zaida, che è stata abbandonata da un turco, e in Fiorilla, una tipica giovane sposa scalpitante, una pariolina di oggi, decisamente infedele e ansiosa di vivere nuove avventure amorose.

"Un marito scimunito? Una sposa capricciosa? No, di meglio non si dà." Infine il poeta incontra Geronio, marito tradito di Fiorilla, un gentiluomo. C'è anche un cicisbeo, e naturalmente Selim, il turco in questione. Il quale, come approda a Mergellina, esclama:

Cara Italia, alfin ti miro
vi saluto amiche sponde
l'aria, il suolo, i fiori, l'onde
tutto ride e parla al cor.
Ah, del cielo e della terra
bella Italia sei l'amor!

Siamo in epoca di pre-unificazione, ma da Rossini non si direbbe anche se, dobbiamo confessarlo, i suoi sono libretti di opera buffa (ma non farsa!). Quando il poeta scopre che Selim è stato l'amante di Zaida, capisce che ha una storia da mettere in rima per un'opera lirica, che non sia proprio per il turco?

Esclama: "È un bel colpo di scena, il dramma è fatto!".

POETA: Un galante supplantato da un bel Turco innamorato! Oh, che intreccio che si fa.
NARCISO: Per chi intende di parlare, non ci venga ad insultare o con me da far l'avrà.
POETA: Ma signor, perché si scalda? Ma signor, perché s'infiamma? Sceglier voglio per un dramma l'argomento che mi par.
GERONIO: Scelga pure un argomento che ai miei pari non si adatti e i mariti non maltratti che san farsi rispettar.
NARCISO: Lasci vivere i galanti e non badi al loro stato; o un poeta bastonato io farò nel dramma entrar.
POETA: Atto primo, scena prima. Il marito con l'amico... moglie... turco... grida... intrico... No, di meglio non si dà.
GERONIO E NARCISO: Il poeta, per l'intrico dal marito e dall'amico bastonate prenderà.

Fiorilla si fa corteggiare dal turco, mentre il marito, il cicisbeo Narciso e Zaida assistono furibondi. Ma il gioco di Fiorilla finisce male. Don Geronio non rivuole indietro la moglie, Selim giudica la seduzione troppo facile e, quando si trova solo con Fiorilla, l'imbarazzo reciproco è ciò che li unisce. La giovane, inoltre, non è come Isabella ne

L'Italiana. È sfacciata e leggera. Al ballo mascherato, Fiorilla, che ha progettato di fuggire con il turco, viene avvicinata da altri due turchi identici (Geronio e il cicisbeo in maschera). Nessuno riconosce l'altro e si formano coppie sbagliate. È significativo che il poeta non abbia arie; i trio e i quintetti mostrano la crescente confidenza di Rossini con la scrittura d'insieme, talvolta arguta, talvolta seria. Il personaggio del turco è la metafora della diversità, un tema moderno. Maria Callas, pur non essendo l'interprete ideale, insistette per avere il ruolo di Fiorilla, con la quale forse sentiva un'affinità. Il suo "turco", l'uomo diverso, era Onassis; il suo Don Geronio era Meneghini, il marito gentiluomo. E c'era Zaida, ovviamente, la zingara di New York (la Callas la chiamava strega) che le portò via il turco. Troppi poeti erano all'erta, pronti a raccontare la storia della Callas, sebbene nessuno fosse del calibro di Rossini. Comunque le due opere buffe, non più farse, *L'Italiana* e *Il Turco*, sono capolavori unici, palpitanti d'inventiva musicale e umana, anche se – cercateli sul molo di Mergellina o nel serraglio di Algeri – quei protagonisti lì non li troverete. Non li avreste trovati, allora, neanche nella fantasia. Appartengono a una follia organizzata.

Moto perpetuo

Nel novembre 1814 Rossini era di nuovo a Venezia per un'altra opera seria con un libretto di Giuseppe Foppa. *Sigismondo* è poco più che un guazzabuglio di pezzi delle sue opere precedenti: la Fenice glielo pagò seicento lire. Dopo la prima del 26 dicembre, il "Nuovo Osservatore" scriveva: "Nel dare ai miei lettori ragguaglio di questo spettacolo, premettere mi conviene il dispiacevole annunzio del suo esito poco felice [...]. La sua musica ha del merito, che scritta da un altro compositore degna sarebbe d'encomio, ma scritta da lui vantar deve un merito superiore, per domandare un esito fortunato".

Il 16 maggio 1815, circa due mesi dopo la fuga di Napoleone dall'Elba, Rossini inviò una lettera da Bologna ad Angelo Anelli: "Questo Carnevale vado a scrivere a Roma e voglio un tuo buffo pieno di capricci, intendi? Galli, Remorini, Donzelli come tenore e una buona primadonna potranno sicuramente migliorare il nostro lavoro". Scriveva di cantanti famosi. Donzelli, poi, era un tenore alto e intelligente. Un mese dopo, ancora a Bologna, un Rossini leggermente impaziente scrisse di nuovo ad Anelli:

> Carissimo Amico.
> Io devo comporre un'opera nuova e tu mi offri un libro vecchio; dov'è ito il tuo genio e la tua bella fantasia? [...] Senti: Donzelli tenore ha gran polmoni, gioventù e una bella figura. Galli lo conosci. Remorini ha una buona voce ma non si picca col senso comune. La donna la ignoro.
> Scegli tu qualche bel argomento antico oppure cercane uno il quale si uniformi al mio bisogno.
> Cioè: per il tenore una parte eroicomica, per Galli un carattere esagerato, per Remorini il contrapposto del secondo.
> E per la donna un Cazzo il quale possa adattarsi alla cosiddetta pelosa di quella donna la quale dovrà prestarsi per i nostri Parti.

Ecco che qui constatiamo come le primedonne servissero, non solo per cantare, anche ai compositori, ai cantanti, ai librettisti, per poi passare agli impresari.

Ma il libretto di Anelli non arrivò mai e Rossini ripiegò su Cesare Sterbini.

A Bologna, Rossini dava lezioni di musica alla nipote di Napoleone, figlia di Elisa, granduchessa di Toscana. La quale più avanti si servì del tenore Domenico Donzelli: Elisa Baciocchi era una donna di cultura.

Con la fuga dall'Elba e i primi successi militari, l'Italia provò "un peu d'espoir et beaucoup de désespoir" (un po' di speranza e molta disperazione), così commentò il ministro delle Finanze napoletano. Il principe Murat, che aveva mantenuto il trono, attese. Quando ebbe notizia delle vittorie di Napoleone, Murat, che aveva cercato di cooperare con gli inglesi, voltò gabbana e, senza aspettare di dichiarare guerra all'Austria, diede inizio alle ostilità. Nel marzo 1815 si mise in marcia verso Milano, e non trovando opposizione dichiarò: "L'alto destino dell'Italia si compia". Ma del suo regno e di quello di Bonaparte gli italiani erano stufi.

Quando Murat raggiunse Rimini, a Bologna scoppiò una rivolta popolare contro gli austriaci. Dato che Rossini era il compositore de *L'Italiana in Algeri*, l'opera che aveva scosso molti italiani, gli fu chiesto di comporre un inno per dare il benvenuto al re guascone. L'*Inno di indipendenza* che ne risultò fu cantato per la prima volta a Bologna il 15 aprile 1815, alla presenza di Murat. I due uomini si incontrarono: il bel sergente di cavalleria che era diventato re di Napoli e il compositore che stava diventando il re della musica. Rossini scrisse di questo lavoro: "È stato eseguito con la mia direzione al Teatro Contavalli. In quest'inno si trova la parola indipendenza che, sebbene poco poetica e intonata da me con la mia canora voce di quell'epoca!, è stata ripetuta dal popolo, dal coro ecc., e ha destato vivo entusiasmo". In effetti, come notò Raffaello Monterosso, quell'inno accompagnato dal grido: "Viva l'Italia!" divenne quasi una *Marsigliese* italiana. Il testo è stato ritrovato solo di recente:

Sorgi Italia, venuta è già
l'ora: l'alto fato compir
si dovrà dallo stretto
di Scilla alla Dora un sol
regno d'Italia sarà.

Del nemico alla
presenza quando
l'armi impugnerà un
sol regno e indipendenza
gridi Italia, e vincerà.

Quando gli austriaci passarono all'offensiva a Carpi, Gioacchino Murat sollecitò gli italiani alla riscossa, ma nessuno lo seguì. Poi, a Tolentino, nelle Marche, il 3 maggio, Murat perse l'artiglieria e quattromila uomini vennero fatti prigionieri. Non ebbe altra scelta se non quella di ritirarsi a Napoli. Così, pochi giorni dopo, usando lo stesso motivo, il popolo cantava:Tra Macerata e Tolentino

è finito il re Gioacchino.
Tra Chieti e Potenza
è finita l'indipendenza.

Il cinismo dell'adattamento evidenziava lo stanco disappunto del pubblico nei confronti del patriottismo di marca bonapartista. Il giorno dopo la prima esecuzione dell'inno di indipendenza, gli austriaci rientrarono a Bologna. Rossini fu immediatamente segnalato come rivoluzionario e il suo nome rimase sulla lista dei sovversivi per almeno vent'anni.

Con gli Asburgo e la Curia di nuovo al potere, Rossini aveva bisogno di cambiare aria. Aveva nel frattempo ricevuto l'invito dal più reazionario ma anche soporifero dei regnanti italiani, Ferdinando di Napoli, il re Nasone. Consigliato dal suo "umile servitore", l'impresario Domenico Barbaja – e probabilmente ancor più da Isabella Colbran –, il re Borbone voleva garantirsi i servigi di un genio come Rossini. Un regno come quello borbonico doveva essere in grado di avvalersi di un grande teatro e il San Carlo era il fiore all'occhiello di Napoli, benché re Nasone durante gli spettacoli si addormentasse tra le capaci tettone della moglie morganatica. Insomma, anche se la cultura non era una loro prerogativa, i potenti dovevano servirsene.

Comunque, se Rossini non avesse accettato il contratto napoletano, per quanto misero, non c'è dubbio che sarebbe finito in galera, come il padre, e per le stesse ragioni. "Io parto per Napoli, colà mi risponderai," scrisse ad Anelli.

A giugno, un mese dopo l'arrivo di Rossini nel regno dei Borbone, Napoleone fu sconfitto a Waterloo. Napoli a quel tempo era una grande capitale, la seconda città d'Europa, la più densamente popolata e anche una delle più retrograde. Rossini avrebbe dunque lavorato in una città governata dai nemici acerrimi di Murat, cosa che gli avrebbe valso il perdono per le sue simpatie bonapartiste. Il re Ferdinando Borbone aveva garantito che, al suo ritorno dall'esilio, non si sarebbe vendicato di quanti avevano lavorato per l'abominevole regime del suo predecessore, ma gli austriaci e la Santa Sede la pensavano diversamente. Rossini vedeva Napoli come una città di terrazze soleggiate su un porto blu, il Vesuvio sullo sfondo – l'immagine epitomizzata da Mozart in *Così fan tutte* quando Dorabella e Fiordiligi sognano l'amore guardando i ritratti dei loro amanti. Goethe, che nel 1787 vi si trovava, fu sopraffatto dalla bellezza della città. Il 14 maggio scrisse:

> Dal promontorio la costiera piena di luce si dispiegava sino a Sorrento; nel fondo era visibile il Vesuvio sormontato da un enorme pennacchio, dal quale una lunga striscia si dirigeva verso levante così da far presagire una violenta eruzione. Sotto un cielo purissimo, senza una nuvola, il mare risplendeva calmo increspandosi appena, finché nella più completa bonaccia, appariva come un lucido stagno.

Anche il tempestoso mare dell'Europa sembrava essersi placato dopo il Congresso di Vienna; i viaggiatori – specialmente gli aristocratici del Grand Tour – accorrevano a Napoli, attratti dal cielo azzurro, dalle rovine di Pompei e Ercolano, dalla brezza gentile ma anche dalla galante vita sociale e dalla musica del San Carlo. Il più intellettuale e ambito dei salotti era quello del marchese Berio, un affascinante scapolo anglofilo; un altro era quello dell'arcivescovo di Taranto. Sorseggiando vino ghiacciato sulla terrazza dell'arcivescovo, Gabriele Rossetti *père* chiacchierava con Lady Morgan. "C'era tutta Londra," notò Stendhal con ironia, quando fu al Teatro San Carlo. I francesi, sconfitti, erano amareggiati a causa dell'ondata di viaggiatori britannici che si stava impossessando del loro territorio culturale. Conti inglesi e avide nobildonne scrittrici di diari erano invece deliziati dalle meraviglie architettoniche, da Castel dell'Ovo, che si affaccia su Marechiaro, al monastero merlato di San Martino, dal quale si dominavano le mille chiese e il labirinto di stradine piene di vita e fantasia. Il grande Palazzo Reale, con i giardini sul mare, era stato appena rinnovato in stile neoclassico da Giuseppe Bonaparte e Maria Carolina Murat, la quale aveva depredato Versailles di mobili per il palazzo napoletano. Il Teatro San Carlo, nato come teatro di corte, sorgeva nelle adiacenze e, quando Rossini arrivò, la piazza veniva delimitata dalla nuova e pesante sagoma della basilica di San Francesco di Paola. Il restaurato re Borbone fornì il denaro per il progetto a opera di Niccolini, concependo la chiesa come un ex voto al suo protettore per aver nuovamente accolto la dinastia borbonica dopo le peripezie napoleoniche. Ormai vedovo, il re si era ribattezzato Ferdinando I delle Due Sicilie. Poche furono le lacrime versate per la morte di Maria Carolina.

Talleyrand aveva scritto a Luigi XVIII: "La regina di Napoli è poco rimpianta. La sua morte sembra aver messo più a suo agio M. de Metternich. La questione di Napoli non è risolta. L'Austria vuole porre Napoli e la Sassonia sullo stesso piano e la Russia intende farne oggetto di compensazione". Finalmente Ferdinando poteva non solo vivere apertamente con la propria amante, ma anche sposarla, conferendole il titolo un po' operistico di duchessa di Floridia. Per quanto non particolarmente appassionato di musica, Ferdinando sapeva che con la lirica avrebbe potuto mantenere i suoi sudditi felici, o quasi.

Così, Napoli divenne la capitale della lirica europea. I teatri principali erano il San Carlo, il Fondo (più tardi noto come Mercadante) e il Nuovo. Alle opere, messe in scena senza badare a spese, si poteva assistere anche al Teatro dei Fiorentini e al San Carlino. L'orchestra del San Carlo era considerata la migliore d'Europa; e la città divenne nota anche per il suo Conservatorio, che formò musicisti come Bellini e Spontini e, molto più tardi, Riccardo Muti. Avendo un'alta opinione di se stessa, la scuola napoletana condannava senza appello tutto ciò che veniva da fuori. (Oggi non è molto cambiata, per esempio è inutile chiedere di consultare la corrispondenza rossiniana o altra documentazione al Conservatorio – a meno che sia sparita e non abbia fatto la stessa fine dei manoscritti dei geronimini.) Rossini però arrivava in un mondo ostile. I compositori che regnavano a Napoli, come Simon Mayr, Valentino Fioravanti, Luigi Mosca, Domenico Cimarosa e Giovanni Paisiello, fecero in modo che Rossini non fosse a suo agio. Del resto, la vecchia scuola napoletana era troppo conservatrice per le invenzioni rossiniane: avrebbe certamente fatto obiezioni all'ouverture de *Il Signor Bruschino*, in cui lo spartito richiede che gli archi picchiettino l'archetto sui leggii. Paisiello aveva già attaccato la musica di Rossini definendola "licenziosa".

E così Rossini non ebbe voce in capitolo nella scelta dell'argomento della sua prima opera napoletana. Il libretto dell'*Elisabetta regina d'Inghilterra* era pronto. Nella storia, Elisabetta è la sovrana benevola e saggia che sa voltar pagina, dimenticare, perdonare e continuare a regnare. Il personaggio ricorda Tito ne *La clemenza di Tito* di Mozart e la metafora era chiara: re Ferdinando, tornando a Napoli, aveva perdonato coloro che avevano seguito Murat, Rossini compreso.

Il libretto andava bene a Rossini, che voleva che la sua prima opera napoletana piacesse ai visitatori inglesi e soprattutto ai Borbone. La storia ruota attorno all'amore della regina Elisabetta per il conte di Leicester e il ruolo principale era stato pensato tenendo conto dell'eccezionale abilità vocale di Isabella Colbran. Dopo la prima, il 4 ottobre 1815, anche Stendhal lodò la diva, che per altri versi disprezzava a causa dei suoi legami con i Borbone: "La musica era una sorta di catalogo di tutte le risorse di questa voce magnifica, e potemmo quindi giudicare che interpretazione impeccabile ella potesse raggiungere nella musica".

Felice del successo dell'opera, Rossini scrisse a suo padre, affermando: "Sarò stato otto minuti per ricevere gli evviva", e poi a sua madre:

FURORE
OH! che musica oh! Che musica dice Napoli non è possibile che io vi spieghi qual sia l'entusiasmo prodotto dalla mia musica [...]. Però sappiate che sono stato Toujours [*sic*] chiamato sul palco per ricever i naranci in faccia.

Mentre *Elisabetta* veniva acclamata al San Carlo, Rossini aveva fatto in modo che i napoletani potessero ascoltare anche i suoi successi precedenti: *L'Italiana in Algeri* era in scena al popolarissimo Teatro dei Fiorentini. Gioachino cominciò a deliziare i salotti napoletani, cantando e accompagnandosi al piano. Fuori c'erano musicisti di strada, prestigiatori, venditori di ghiaccio, teatri di burattini applauditi giorno e notte dalla folla. Era una città di eterno spettacolo. Meno entusiasta era la scuola napoletana di compositori, che si vedeva superare da un giovane pesarese; il successo infastidisce, anzi ingelosisce: gli anziani compositori si vedevano esclusi anche dal San Carlo e cominciarono a provare un vero odio per Rossini, che sarebbe poi scoppiato alla prima de *Il barbiere di Siviglia*.

Cantastorie e "filosofi" recitavano le storie di Tasso e Ariosto a ogni angolo dell'elegante riviera di Chiaia e Mergellina. Lady Blessington notò che "la gaiezza delle strade di Napoli di notte è incomparabile, si possono vedere gruppi di tre o quattro persone con le chitarre sedute su una terrazza o su una panchina, davanti alle loro case, a cantare arie napoletane e barcarole con una bravura che non offenderebbe le orecchie dello stesso Rossini". A Napoli gli inglesi trovavano ciò che il puritano Nord negava loro. Ma ci volle Dickens per ammonire gli "amanti del pittoresco" che dietro lo schermo delle canzoni c'erano "la depravazione, il degrado e la miseria, alle quali l'allegra vita napoletana va inevitabilmente associata".

Il Neoclassicismo era lo stile del regime bonapartista: Murat aveva usato anche i simboli dell'Impero romano, cari a Napoleone, e la Napoli che Rossini vide era costellata di edifici neoclassici sorti all'indomani della riscoperta di Pompei e Ercolano.

L'ordine e la chiarezza del Neoclassicismo influenzarono la poesia dei contemporanei Vincenzo Monti e Ugo Foscolo, la musica di Cherubini e Paisiello, la scultura di Canova, i dipinti storico-retorici del giovane David. A pensarci bene, il tentativo di Metternich al Congresso di Vienna d'imporre ordine e chiarezza alla geografia europea era una forma di politica neoclassica e faceva parte dello stesso movimento. Ma era una filosofia, un modo di essere e di vedere, quello del Neoclassicismo, che stava andando fuori moda, nel senso che l'individualismo romantico già avanzava tra le righe della letteratura, e presto avrebbe influenzato l'architettura e la musica.

Tutti i teatri napoletani lavoravano grazie a Barbaja. Persino Hector Berlioz, un protoromantico, dovette riconoscere che a Napoli "per la prima volta da quando sono arrivato in Italia, ho ascoltato musica". Il compositore francese amava "il sapore piccante, il fuoco e il brio" dell'opera buffa napoletana e fu conquistato dalla qualità delle voci.

Nel mondo della musica si aggiravano veri e propri personaggi della commedia dell'arte.

L'impresario Barbaja era un individuo astuto, che aveva accumulato una fortuna gestendo tavoli da gioco nel foyer della Scala. Aveva anche inventato una mistura brevettata di caffè caldo e cioccolato ricoperta di panna, la *barbajada*, che veniva servita nel suo caffè milanese, ma la sua ricchezza derivava soprattutto dagli approvvigionamenti per le truppe napoleoniche di stanza a Milano. Arrivato a Napoli nel 1809, avrebbe dominato la scena musicale della città per trentun anni. Con Isabella Colbran viveva in un palazzo neoclassico a Posillipo, dove teneva cavalli da corsa e dipinti antichi. Presto vi ospitò anche Rossini, il tesoro più importante della sua collezione. Barbaja assumeva così tanti cantanti e compositori che spesso dimenticava chi aveva ingaggiato. Gli capitò, infatti, di offrire un contratto a un famoso tenore (la sua compagnia abbondava di tenori, e per questa ragione Rossini ne doveva fare grande uso nelle opere che scrisse per Napoli) e il cantante gli ricordò che era già sotto contratto con lui.

Quando il compositore non si trovava a Napoli, Barbaja non era tenuto a pagarlo. Ma quando era in città, faceva in modo che Rossini facesse di tutto, dalla direzione alla composizione e alla selezione di cantanti e disegnatori, e anche molta vita sociale. "Se avesse potuto, Barbaja mi avrebbe messo a capo della sua cucina!" ironizzava Rossini. Ma non era della cucina che Rossini avrebbe dovuto occuparsi: Barbaja sperava persino che il giovane tenesse d'occhio la sua capricciosa amante prendendo il suo posto, e così avvenne.

Presto, Napoli cominciò a spettegolare: non solo la figlia di Barbaja aveva avuto un alterco in pubblico con la Colbran, ma Barbaja, la Colbran e Rossini sembravano aver messo su un *ménage à trois*. Isabella si era innamorata del focoso Gioachino, che componeva per lei con più devozione che passione. Quanto a Barbaja, a lui non mancavano certo altre distrazioni, dato che poteva disporre di stelle e stelline, e certamente esercitò questo *droit de seigneur* fin troppo spesso. Non avrebbe certo rinunciato a Isabella come star e *agent provocateur* soltanto perché lei si era innamorata di Rossini. D'altronde, Barbaja l'aveva già ceduta a molti, ivi compreso Niccolò Paganini, e forse anche al re. In una lettera del primo luglio 1818 a un amico, Paganini – che era stato invitato da Barbaja a suonare in tutti i teatri napoletani – descrisse quanto era bella la Colbran e come l'impresario la usasse.

Maltrattata non solo dai biografi di Rossini, ma negli ultimi anni di matrimonio anche dal marito, Isabella Colbran era allora una superstar: prendeva un cachet molto più elevato di Rossini. Era alta e bella, gli occhi castani e i lineamenti marcati, si muoveva in modo maestoso sul palcoscenico ed era, a detta di tutti, un'ottima attrice drammatica. Di fatto, Gioachino doveva essere grato per le attenzioni di una primadonna di così gran successo. Poteva dire di aver conquistato Napoli, e la Colbran.

Da Napoli, scriveva a Luigi Achilli il 26 marzo 1818:

Gentilissimo Signore,
la convulsione in cui si trova la Patria, gli epiteti di poltrone, e di Pigro che lei gentilmente mi accorda, non saranno mai i mezzi necessari per completare una compagnia. Ho scritto al signor Antaldi e l'ho pregato dirmi qual'era la somma sulla quale potevo contare per prendere le necessarie misure: esso mi rispose una gentile sì ma inconcludente lettera, per cui nulla ho potuto conchiudere. Io non posso pretendere che i cantanti siano a mia disposizione sei mesi per la pazienza di cantare in un Paese dove posso pagare ben poco...
Suo Gioachino Rossini

Agli inizi di questa nuova fase della sua vita, il giovane Rossini non faceva che entrare e uscire da una vettura, sudato e impolverato, le ossa a pezzi. Il viaggio da Napoli a Bologna era notoriamente pericoloso: la frontiera fra il regno napoletano e lo Stato della Chiesa era presidiata da ufficiali corrotti, bisognava presentare diversi passaporti e lettere.

Lo scrittore russo Aleksandr Herzen bene illustrò queste esperienze:

Un carabiniere napoletano venne alla diligenza quattro volte, chiedendoci ogni volta i nostri visti. Io gli mostrai quello napoletano che, assieme a un mezzo carlino, non gli fu sufficiente; portò i passaporti nell'ufficio e tornò venti minuti più tardi, chiedendo che io e il mio compagno entrassimo e parlassimo con il brigadiere. Quest'ultimo, un vecchio sottufficiale ubriaco, mi chiese in modo piuttosto villano:
"Qual è il vostro cognome e da dove venite?".
"C'è tutto sul mio passaporto."
"Non so leggere."
Immaginammo che la lettura non fosse il punto forte del brigadiere.
"In virtù di quale legge," chiese il mio compagno, "siamo tenuti a leggervi a voce alta i nostri passaporti? Siamo tenuti ad averli e a mostrarveli, ma non a dettarli; potremmo dire qualsiasi cosa."
"Accidenti!" mormorò il vecchio, "va ben, va ben!" e ci restituì i passaporti senza scrivere alcunché.

Le esperienze di chi, in quel periodo, si avventurava sul tratto Napoli-Roma erano simili. La frontiera di Terracina era controllata da ufficiali corrotti, la campagna da banditi, e le carrozze erano infestate dalle pulci.

Roma

Nel mese di novembre 1815 Rossini si trovava a Roma, della quale Stendhal così scriveva: "Qui tutto è decadenza, tutto è memoria, tutto è morto; la fatica è sconosciuta, l'energia senza scopo, niente si muove". Insomma, *plus ça change*...

Napoleone aveva cercato di fare di Roma una nuova capitale quando aveva restaurato il Pantheon e creato piazza del Popolo, quest'ultima apertamente ispirata a una piazza parigina. Shelley, che fu tra gli innumerevoli visitatori inglesi arrivati a Roma all'inizio del diciannovesimo secolo, rimase incantato dal Colosseo, "sopraffatto dagli olivi selvatici, il mirto e i fichi", mentre il diario di Lady Morgan riferisce che la strada che portava a San Giovanni in Laterano era in tale stato di degrado da far paura e che "i corridoi del Teatro Argentina venivano usati come pisciatoi pubblici". Roma era un grande villaggio di palazzi costruiti con le macerie del passato, templi ed edifici antichi venivano usati come cave di materiale da costruzione. "Quel che non fecero i barbari, fecero i Barberini," erano soliti dire i romani. I Barberini erano una famiglia papale di nuovi ricchi che distrusse un intero anello del Colosseo per costruire il proprio palazzo.

Ma Roma era anche una città bellissima dal clima dolce: i pittori inglesi, tedeschi e francesi approdavano negli studi di via Condotti e di mattina si ritrovavano sulla scalinata di Trinità dei Monti a scegliere come modella, e forse qualcosa di più, una giovane ciociara – all'alba le ciociare scendevano dai Castelli nei loro pittoreschi costumi per rientrare la sera con qualche lira in tasca.

Sono rimaste molte canzonette sui pittori e le modelle, come *E levate 'a cammisella*. Gli artisti stranieri, tra i quali anche poeti e scrittori come Shelley, Keats, Byron, Goethe, andavano a Roma e scoprivano la storia, la luce e anche la musica italiana. Lo stesso Rossini era già sinonimo di vitalità e inventiva, e anche di un umorismo e di una vivacità prettamente italiani.

Nel 1815 Roma era la capitale di uno stato governato da papa Pio VII (1742-1823), che, esiliato nel 1809, aveva subìto l'ignominia di essere messo in prigione da Napoleone. Sotto il suo regime, la censura papale divenne oppressiva. Quando la sua copia delle memorie di Montesquieu fu confiscata alla frontiera, Stendhal andò su tutte le furie. Fortunatamente, il vero governatore dello Stato della Chiesa era il cardinale Consalvi, segretario di Stato, uomo che non aveva mai preso i voti, cosa che del resto non è richiesta ai principi della Chiesa. In quello stesso anno, il cardinale Consalvi aveva rappresentato il papato al Congresso di Vienna. Sebbene nessuno potesse accusare Consalvi di essere un liberale, il cardinale sapeva che la politica napoleonica di liberalizzazione non poteva essere ignorata: sfidando l'opposizione degli altri cardinali, cercava di instaurare quindi una forma di governo più flessibile. Di fatto, la presenza stessa di Rossini a Roma non sarebbe stata possibile senza l'atteggiamento relativamente illuminato di Consalvi nei confronti delle arti in genere e della musica in particolare. A Rossini, l'uomo che ormai tutti gli impresari si contendevano, era stata commissionata la scrittura di *Torvaldo e Dorlinska* per il Teatro Valle, "un pessimo piccolo teatro" secondo Lady Morgan, noto per la sua scadentissima orchestra.

Rossini aveva affittato alcune stanze in via del Leutario, vicino al Pantheon, e come d'abitudine ogni mattina un barbiere andava a casa sua e chiacchierava con lui mentre lo radeva (esattamente come Figaro fa a casa di Don Bartolo). Durante una di queste visite, il barbiere disse che si sarebbero incontrati di nuovo nel corso di quella giornata. Rossini rimase perplesso, fino a quando il barbiere non gli disse che non solo radeva il mento alla gente, ma che nel tempo libero lavorava come primo clarinetto dell'orchestra che avrebbe eseguito il *Torvaldo e Dorlinska* di lì a poco. Rossini si allarmò: come poteva un barbiere essere anche un primo clarinettista? Come poteva un'orchestra decente impiegare gente cui il lavoro quotidiano impediva l'esercizio continuo e lo studio della musica? Inoltre, se Rossini si fosse azzardato a correggere il clarinettista durante le prove, avrebbe rischiato di offendere l'uomo che ogni giorno gli puntava una lama alla gola. Il compositore capì presto che tutti i membri di quell'orchestra erano dilettanti. Non era l'unico caso. Donizetti, per esempio, scriveva a un amico che nell'orchestra del Teatro Valle suonavano gioiellieri, imbianchini e carpentieri: tutti, meno che musicisti. In effetti poi quest'episodio mi ricorda un racconto di Gioacchino Lanza Tomasi, che quando si occupava del Teatro Massimo di Palermo negli anni sessanta notò che il primo violino non era lo stesso che vedeva seduto presso il direttore d'orchestra alla prova. "Sono suo fratello!" si scusò l'uomo.

Il barbiere

Rossini cominciò a temere per la riuscita di *Torvaldo e Dorlinska*, dramma semiserio di Cesare Sterbini, librettista romano, uomo colto e simpaticissimo. La prima, il 26 dicembre 1815, fu accolta con freddezza: "L'esito dell'opera [...] non ha corrisposto alle speranze che, con ragione, se n'erano concepite. Convien dire che il soggetto del dramma molto tetro e poco interessante, non abbia risvegliato Omero dal suo sonno per cui nella sola introduzione e terzetto ci è riuscito riconoscere il celebre autore del *Tancredi*, della *Pietra del paragone* ecc..." ("Notizie del giorno", gennaio 1816). In una lettera alla madre, scritta subito dopo la prima, compare una sorta di messaggio in codice: sulla busta Rossini disegnò un fiasco, che non necessitava di commenti, e dato che il recipiente era di misura media intendeva suggerire che non riteneva l'opera un disastro totale. D'altra parte, stava già lavorando a quella che sarebbe invece diventata la sua opera più celebre e amata, ma non per questo di immediato successo: *Il barbiere di Siviglia.*

Nel novembre 1815 il duca Francesco Sforza Cesarini, proprietario e impresario del Teatro Argentina, aveva chiesto a Rossini di scrivere un'opera buffa per il suo cartellone e il contratto venne firmato.

La Roma papale considerava i teatri luoghi di perdizione, che non potevano esistere nella città santa. Però c'era un modo di aggirare l'ostacolo: i teatri si costruivano in modo precario, come se fossero strutture temporanee; a questa forma d'ipocrisia si aggiungeva il fatto che i proprietari dei teatri erano laici, generalmente aristocratici, e mai membri del clero, i quali però erano ben felici di presenziare alle recite. Anche a Roma gli spettacoli erano legati al gioco d'azzardo (che era ufficialmente proibito) e alla prostituzione (che invece era ammessa).

I termini del contratto per *Il barbiere* erano piuttosto generosi. Rossini acconsentì a presentare lo spartito per la metà di gennaio, sebbene il soggetto dell'opera non fosse stato ancora discusso. Il contratto è uno dei pochi documenti di questo tipo che ci sono pervenuti.

> Nobil Teatro di Torre Argentina
> Roma 15 dicembre 1815
> Col presente atto, fatto in privata scrittura ma che avrà forza e valore come contratto pubblico, viene stipulato tra le parti contraenti quanto qui appresso:
> Il Signor Sforza-Cesarini, impresario del suddetto teatro, scrittura il Maestro Gioachino Rossini per la prossima stagione del Carnevale anno 1816; il quale Rossini promette e si obbliga di comporre e di mettere in scena la seconda opera buffa che sarà rappresentata nella suddetta stagione al teatro indicato, e su quel libretto, sia nuovo che vecchio, che gli sarà dato dal suddetto Duca impresario.
> Il Maestro Rossini si obbliga a consegnare la partitura alla metà del mese di gennaio e a adattarla alla voce dei cantanti; si obbliga di più a farvi tutti quei cambiamenti che si crederanno necessari tanto per la buona riuscita della musica come per la convenienza dei signori cantori. [...]
> Il Maestro Rossini sarà inoltre obbligato a dirigere la sua opera secondo l'uso e di assistere personalmente a tutte le

prove di canto e di orchestra tutte le volte che sarà necessario e si obbliga anche di assistere alle prime rappresentazioni che saranno date consecutivamente e di dirigere l'esecuzione al cembalo ecc. perché deve essere così e non altrimenti.
In ricompensa delle sue fatiche il Duca Sforza-Cesarini si obbliga a pagargli la somma in quantità di scudi quattrocento romani, terminate le prime tre rappresentazioni che dovrà dirigere al cembalo.
[...]
Di più l'impresario accorda l'abitazione al Maestro Rossini per tutto il tempo della durata del contratto.

La scelta di un argomento per un'opera buffa (il genere che più si prestava a essere sovversivo) a Roma presentava maggiori difficoltà che a Napoli. E questo malgrado l'influenza del cardinale Consalvi. Ciononostante, Rossini chiese a Cesare Sterbini di scrivere un libretto tratto da un testo di Beaumarchais, una scelta probabilmente ispirata da *Le nozze di Figaro* di Mozart, seconda nella trilogia delle commedie socialmente incendiarie del francese. Per evitare confronti con altre riduzioni della commedia, Rossini e Sterbini diedero all'opera il titolo di *Almaviva, ossia L'inutil precauzione*, e nell'introduzione Rossini esagerava il rispetto a Paisiello, il cui *Barbiere di Siviglia* veniva ancora rappresentato. In un "Avvertimento al pubblico" si legge che Rossini "onde non incorrere nella taccia di una temeraria rivalità coll'immortale autore che lo ha preceduto, ha chiesto che il libretto fosse interamente versificato", nota che fa intravedere come il compositore si aspettasse la vendetta, la calunnia, il risentimento del vecchio Paisiello e della scuola napoletana, eclissata dalla continua ascesa di Rossini. Il problema era che la vecchia guardia non temeva tanto un nuovo *Barbiere* (ce n'erano stati a bizzeffe), quanto l'impatto della nuova arma che Rossini stava mettendo a punto – la musica di Paisiello era l'antitesi delle scatenate innovazioni rossiniane. Dopo averlo chiamato "tedeschino" – secondo loro, quanto di peggio –, gli ammiratori di Paisiello soprannominarono Rossini Signor Baccano, Signor Crescendo, Signor Chiassoni. Fingendo indifferenza, la risposta di Rossini fu: "Infatti è così. Faccio un tale fracasso che nessuno si addormenta durante le mie opere".

La storia del *Barbiere* è quasi troppo nota perché io la racconti; si narra del conte Almaviva che, infatuato della bella Rosina e avendo incontrato qualche difficoltà a entrare nella casa del di lei guardiano-tutore Bartolo, ingaggia il barbiere della città. Figaro, come tutti i barbieri dell'epoca, si avvantaggia del fatto di conoscere tutto e tutti. È Figaro che suggerisce cosa fare per conquistare Rosina e vincere le pretese del suo tutore; così, tutto in un modo o nell'altro finisce bene.

Rossini disse di aver composto *Il barbiere* in tredici giorni; contraddicendosi, un'altra volta sostenne che i giorni erano stati diciannove. L'opera gli era probabilmente in testa da più tempo. L'ouverture la trasse dalla recente *Elisabetta, regina d'Inghilterra* e anche dall'*Aureliano*, vi si possono ravvisare altri brani presi a prestito da se stesso, quasi una consuetudine in un'epoca in cui le opere non viaggiavano e gli spartiti rimanevano agli impresari. Rossini voleva offrire al pubblico romano una commedia brillante con musica superba. Aveva a disposizione un'orchestra competente – non buona come quella del San Carlo, ma nemmeno pessima come quella del Valle – e anche eccellenti cantanti, fra i quali il famoso tenore Manuel García, padre di Maria Malibran. La prima de *Il barbiere di Siviglia* di Rossini, il 20 febbraio 1816, si trasformò invece in una sorta di rissa calcistica. Geltrude Righetti-Giorgi, nella parte di Rosina, fu fischiata sin dalla prima nota. García, che interpretava Almaviva – un ruolo per il quale le voci spagnole sembrano particolarmente adatte –, dimostrò tutta la sua furia. Un gatto si mise a passeggiare sul palcoscenico, senza dubbio incoraggiato dall'"opposizione" paisiellesca. Luigi Zamboni, il baritono che interpretava Figaro, tentò di cacciare il gatto dal palcoscenico con scarso successo, e il pubblico cominciò a imitare i miagolii del felino. Uno dei cantanti cadde su una tavola allentata – non per caso, anche questo – e si ferì in malo modo. Dal clavicembalo, Rossini, splendente nella sua zimarra nuova color nocciola con i bottoni d'oro, provava a incoraggiare i cantanti. Povero giovane compositore, che si era permesso di farsi fare una bella zimarra per un'occasione che attendeva da anni! Venne preso in giro per il suo abbigliamento sgargiante. Ovviamente, molte prime erano affollate di claque pagate in genere dai cantanti stessi, non tanto per applaudire, ma per cercare di distruggere l'esecuzione di un rivale; in quest'occasione però erano i partigiani di Paisiello, che rappresentava la vecchia guardia, avversa a Rossini, a dar voce al risentimento del napoletano. L'opposizione organizzata voleva rovinare l'opera: erano così rumorosi che durante tutto il primo atto fu praticamente impossibile ascoltare alcunché.

I personaggi che Rossini aveva sviluppato ne *Il barbiere* erano quelli che aveva incontrato e osservato in tutta Italia: il prete briccone, il notaio ciarlatano, l'avaro che parla dei vecchi tempi e l'impertinente e astuta Rosina, che sa sempre cosa fare (simile a Isabella de *L'Italiana in Algeri*). Non appartenevano a Siviglia, ma alla commedia dell'arte, che sopravvive nella popolazione che affolla le strade di Napoli e i dintorni del Pantheon di Roma, gente irritante e pericolosa, ma anche amabile e piena di fantasia. E, ovviamente, anche *Il barbiere di Siviglia* sopravvisse alla catastrofe della sua prima per rimanere una delle opere più popolari del repertorio lirico mondiale. Scegliendo la cavatina di Figaro *Largo al factotum* per una lode particolare, Stendhal scrisse: "Che ricchezza di acume, fuoco e delicatezza nel passaggio 'per un barbiere di qualità'; che grandezza di espressione nel fraseggio: 'con la donnetta, col cavaliere'". Figaro è un personaggio che persegue i propri scopi con determinazione. Don Basilio, il prete, suggerisce che cosa può distruggere meglio un uomo: l'arma è la calunnia, un serpente che striscia nelle strade cittadine (le parole sono suggestivamente onomatopeiche) e poi esplode "come un uragano, un colpo di cannone". La grancassa sulle parole "un colpo di cannone" fa fare un salto sulle poltrone agli spettatori oggi come allora. Quando il simbolo della calunnia viene distrutto, la musica si calma: dal tempestoso mare della distruzione emerge un placido orizzonte, pronto però a incresparsi di nuovo, con onde che si alzeranno ingigantendosi nello tsunami della calunnia. Si può persino provare compassione per il Dottor Bartolo, mentre il conte Almaviva si prende gioco di lui chiamandolo ripetutamente con il nome sbagliato. Anche Berta, la stanca e sottopagata serva di Bartolo, invenzione di Rossini e del suo librettista, è una figura quasi tragica. Nell'"aria del sorbetto", così chiamata perché cantata da un'interprete minore mentre il pubblico lasciava il palco per un rinfresco, Berta si lamenta della propria vecchiaia, e dice che nonostante il pavimento bagnato dalla pioggia, l'amore sta incendiando la casa.

Temendo un'altra rissa per la seconda serata, Rossini si barricò nella sua modesta stanza d'affitto rifiutandosi di tornare a teatro. Il suo impresario, che lo cercava per fargli sapere del successo che aveva arriso quella seconda serata, lo trovò addormentato. Insistette affinché Rossini si vestisse e si precipitasse al Teatro Argentina – a pochi passi dal suo alloggio –, perché il pubblico entusiasta voleva ringraziarlo. "Al diavolo il pubblico!" dichiarò il compositore, e fu forse l'unica occasione della sua vita in cui espresse i suoi veri sentimenti. Contrariamente all'impressione che voleva dare, quella di chi affronta un'esperienza umiliante con totale nonchalance, Rossini soffriva. Il fatto che la disastrosa prima fosse stata immediatamente seguita da un trionfo non mitigò la sua amarezza. Che sfogò in questa lettera alla madre:

> Ieri sera andò in scena la mia opera, e fu solennemente fischiata o che pazzie che cose straordinarie si vedono in questo paese [...]. Vi dirò che in mezzo a questo la musica è bella assai e nascono di già sfide per la seconda recita dove si sentirà la musica, cosa che non accadde ieri sera mentre dal principio alla fine non fu che un immenso sussurro che accompagnò lo spettacolo...

A questo punto la lettera si interrompe. Il compositore non la completò fino a quando non fu in grado di aggiungervi notizie migliori:

> Io vi scrissi che la mia opera fu fischiata, ora vi scrivo che la suddetta ha avuto un esito il più fortunato mentre a la seconda sera e a tutte le altre recite date non hanno che applaudita questa mia produzione con un fanatismo sudicibile facendomi sortire cinque e sei volte a ricevere applausi di un genere tutto novo e che mi fece piangere di soddisfazione.

In realtà, con l'attacco a *Il barbiere*, lavoro in cui aveva messo il meglio di sé, la stima che Rossini poteva aver riposto nel pubblico se ne andò per sempre. Negli anni successivi avrebbe confessato ad Angelo Catelani, un compositore che soffriva di depressione, di aver sempre nascosto il proprio stato d'animo dietro una maschera. Rossini fingeva di accettare i fallimenti senza scomporsi, ma in realtà aveva imparato a nascondere la rabbia. Doveva comporre per sopravvivere, i suoi genitori e la nonna dipendevano da lui, e il suo più grande desiderio era farli vivere bene e diventare ricco. Voleva ingannare il pubblico presentando un'immagine bonaria di sé, e sia il pubblico che alcuni dei suoi biografi caddero nel trabocchetto.

Napoli rivisitata

Al suo ritorno napoletano, i primi di marzo del 1816, Rossini trovò il Teatro San Carlo sventrato: era stato distrutto da un incendio poche settimane prima del suo arrivo. Sebbene il popolo avesse dato la colpa ai giacobini e alle truppe fosse stato ordinato di stare all'erta, l'incendio – come tanti incendi nei teatri costruiti in legno – aveva avuto origine dalle scintille di una lampada. Ma lo spazio vuoto fu immediatamente affollato da costruttori e artigiani. Il San Carlo venne ricostruito a un ritmo febbrile, in modo da riaprire in tempo per il compleanno di re Nasone, in gennaio, come il sovrano desiderava. Quel desiderio divenne realtà soprattutto grazie a Barbaja, che fornì il denaro per la ricostruzione.

Il teatro fu pronto nel giro di un anno. Ricostruito in

stile neoclassico, il San Carlo riaprì le porte al pubblico in delirio. Stendhal scrisse: "I miei occhi sono abbagliati, la mia anima rapita. Niente è più fresco e tuttavia niente è più maestoso, due qualità non facili a mescolarsi".

L'auditorio, argento e blu, i palchi tappezzati in azzurro scuro e le balconate adorne di torce dorate intrecciate ai gigli borbonici, destarono meraviglia allora come la destano oggi. A Giuseppe Cammarrano, definito da Harold Acton "un greve esponente del Neoclassicismo", era stato commissionato un affresco di Apollo che presentava Minerva ai poeti, da Omero ad Alfieri, i quali ancora ci guardano dal greve soffitto.

Faceva parte del contratto napoletano di Rossini la composizione di cantate per celebrare matrimoni e nascite reali; la prima fu *Le nozze di Teti e Peleo*, cantata neoclassica scritta per il matrimonio della figlia maggiore del principe ereditario con il duca di Berry, matrimonio dinastico che avrebbe riunito le due casate borboniche, quella francese e quella napoletana. Maria Carolina, figlia del principe Francesco, si sarebbe sposata il 24 aprile 1816 con il secondo figlio del conte di Artois, fratello di Luigi XVIII di Francia (poiché Luigi non aveva discendenza, essendo notoriamente impotente, suo fratello era primo in linea di successione al trono di Francia). Più avanti, Rossini sarebbe stato invitato a scrivere un'altra cantata per l'incoronazione di questo stesso re. La cerimonia religiosa fu celebrata per procura, ma la famiglia reale e l'intera corte napoletana erano riuniti per *Le nozze di Teti e Peleo* data al Teatro del Fondo, protagonista Isabella Colbran; una litografia contemporanea di G. Carloni la mostra in tutta la sua bellezza neoclassica e splendida nel suo vestito Impero scollato, con uno scialle pudicamente avvolto intorno alle spalle. Isabella aveva allora trent'anni.

Rossini attribuiva molta importanza a *Le nozze di Teti e Peleo*, perché quella composizione rappresentava il suo esordio come compositore di corte. Ma poiché era stata scritta per essere messa in scena una sola volta, egli vi incorporò il rondò de *Il barbiere* e in seguito traspose in altre opere anche diversi numeri di quella cantata.

Ho avuto la fortuna di vedere *Le nozze di Teti e Peleo* in scena in un auditorio costruito appositamente nei giardini della neoclassica Villa Caprile nel 2001, in un'ambientazione ideale, fra i cipressi e i pampini. Il palcoscenico era affollato di graziosi seguaci di Venere, Amore e Imene, come se ancora una volta si preparassero per le nozze reali. Quando Peleo invocava l'aiuto degli dèi per trovare Teti, la dea marina arrivava scortata da divinità oceaniche. Rossini inserì quest'ultimo dettaglio per sottolineare che la casa reale napoletana derivava la propria gloria dal mare. Le divinità apparivano una dopo l'altra e Cerere, patrona del Regno delle Due Sicilie, prevedeva la gloria del regno nuovamente unito – profezia che presto sarebbe stata smentita.

L'*Otello*

Durante il 1816-1817 Rossini si spostò tra Napoli, Roma, Milano e Bologna con un'energia inesauribile, sebbene la sua base rimanesse a Napoli. Furono anni di lavoro incessante e viaggi pericolosi; correva di qua e di là come se sapesse che la sua vita creativa stava per ridimensionarsi.

La successiva opera buffa di Rossini fu *La gazzetta*, rappresentata a Napoli per la prima volta al Teatro dei Fiorentini il 26 settembre 1816. Basata su *Il matrimonio per concorso* (1763) di Carlo Goldoni, concepito per il pubblico francese, la versione messa in musica da Rossini era stata scritta in dialetto napoletano e si faceva beffe della nuova borghesia partenopea e del potere della stampa. "Non troppo capisco la forma, il dialogo e lo sviluppo di questa azione," scrisse Rossini alla madre. Aveva difficoltà con il dialetto. Il personaggio principale, Don Pomponio Storione, era interpretato dal cantante-attore Carlo Casaccia, una sorta di Eduardo De Filippo di allora. Ma *La gazzetta* non fu tra le opere più gradite ai napoletani e, a parte il contributo di Casaccia, il pubblico restò deluso dall'azione lenta e dalla lunghezza dei recitativi. Rossini rimase però la superstar di Napoli e le ragazze compravano riproduzioni delle litografie e delle acqueforti che lo ritraevano, urlavano al solo vederlo: era diventato una specie di Elvis Presley. Una litografia su un disegno contemporaneo di Jausse raffigurava un Rossini spavaldo, un giovane Werther, altre immagini lo consacravano come l'icona del dandy napoletano.

La successiva commissione napoletana fu per un'opera seria e Rossini decise per la storia di Otello il Moro. Sebbene avesse soltanto ventiquattro anni, aveva già scritto diciannove opere e quella scelta ardita rappresentava il suo guanto di sfida al movimento neoclassico in un periodo in cui l'*Otello* di Shakespeare era quasi sconosciuto in Italia. Rossini chiese al marchese Berio di Salsa di scrivere il libretto. Secondo Stendhal, Berio era "un compagno affascinante in società, ma sfortunato e abominevole poeta". Quest'ultima affermazione è avvalorata dagli stessi versi di Berio, mentre i diari di Lady Morgan confermano la prima: a Palazzo Berio, "una congrega di spiriti eleganti e raffinati" formava il suo salotto intellettuale. Rossini frequentava quel luogo non più per intrattenere l'élite con la propria musica, ma da pari. Era questa una componente fondamentale dell'era post-napoleonica e dell'incalzante Romanticismo. L'artista veniva accolto nei salotti, si sarebbe vestito e comportato in maniera eccentrica. Byron aveva aperto quella strada, sfoggiando costumi albanesi e turbanti che confondevano la società convenzionale che si era lasciato alle spalle in Inghilterra; ma Byron era un aristocratico. L'artista, nell'era romantica, era considerato unico, se non avesse avuto successo sarebbe diventato un disperato, un incompreso, e proprio per questo persino più ricercato. L'artista di successo sarebbe stato considerato presto uno schiavo del regime, esattamente come accadde in seguito a Rossini.

Byron rimase scioccato dall'*Otello*, e specialmente dal fatto che, nell'opera, una lettera d'amore sostituisce il fazzoletto. In una missiva a Samuel Rogers, scrisse:

> Hanno crocifisso Otello in un'opera [...] musica buona, ma lugubre – e le parole! – tutte le scene con Iago tagliate – e l'enorme sciocchezza – il fazzoletto tramutato in un *billet doux*, e il protagonista non si è annerito la faccia – per una qualche squisita ragione stabilita nella prefazione. Scenografia – costumi – e musica molto buoni [...] ma l'autore (del libretto) non sa il suo lavoro.

Stendhal fu stregato dalla musica: "Nell'*Otello* siamo così abbagliati dalle magnifiche qualità musicali delle canzoni [...], così sopraffatti dall'incomparabile bellezza del tema, che ognuno inventa il proprio libretto per adattarvelo".

La protagonista dell'*Otello* di Rossini è indubbiamente Desdemona, la fragile vittima, mentre per Verdi è Iago, e per Shakespeare è, ovviamente, Otello. La Desdemona di Rossini è particolarmente commovente nel terzo atto, e il suo ultimo lamento, pronunciato nella consapevolezza della morte imminente, scioglie in lacrime chi l'ascolta. Dato l'affollamento di tenori della scuderia Barbaja, il colore delle voci maschili in questo Otello rossiniano è alquanto monotono; Rossini insistette nel mantenere una canzone, quella del gondoliere. È una delle melodie più toccanti dell'opera, fuori scena. In una Venezia nebbiosa e cupa, il barcaiolo cita le parole di dolore di Francesca da Rimini nell'*Inferno* di Dante, "nessun maggior dolore che ricordarsi del tempo felice nella miseria". Nonostante le insistenze di Berio, il quale obiettava che nessun gondoliere poteva conoscere a memoria la *Divina Commedia*, Rossini volle mantenere quelle parole per lui profetiche.

Fra i compositori che si innamorarono dell'*Otello*, figurano Schubert – che si riferisce allo "straordinario genio" di Rossini (1819) – e Meyerbeer, che Rossini allora tanto vituperava e che così scrive:

> Il terzo atto dell'*Otello* affermò la sua fama così saldamente che mille errori non hanno potuto intaccarla; il terzo atto è veramente divino, è straordinario che le sue bellezze non siano nello stile tipico di Rossini. Linguaggio di primordine, un recitativo continuamente appassionato, accompagnamenti

pieni di colore, in particolare lo stile delle vecchie romanze portato al suo punto di più alta perfezione.

Shakespeare aveva tratto la sua versione da una cronaca di Cinzio Giraldi (1504-1573), ferrarese, segretario particolare di Ercole II e Alfonso II d'Este; nella sua storia Otello era designato come "il Moro" e Iago, anche lui innominato, era "un alfiero di bellissima presenza" ma cattivissimo. La vittima, Disdemona [*sic*], veniva uccisa con uno stratagemma da entrambi, il Moro e l'alfiero, facendole cadere una trave in testa, ma il piano non funzionava e gli assassini venivano condannati e giustiziati dalla Serenissima.

Alfred de Musset, che scrisse nel 1839, giudicò l'*Otello* di Rossini un capolavoro:

> Impossibile lodarlo più del dovuto. L'*Otello* di Shakespeare è un ritratto animato della gelosia, una vivisezione orrorifica del cuore umano. Quella di Rossini è [...] la triste storia di una ragazza calunniata che muore innocente.

Rossini ebbe poco tempo per gioire del successo dell'*Otello*, perché dovette ripartire per Roma.

È a questo punto che incontra Stendhal a Terracina.

Come già detto, quelli erano viaggi pericolosi; pochi anni prima, il padre di Isabella, Juan Colbran, aveva scritto a Giovanni Ricordi dicendo che lui e sua figlia non volevano muoversi da Napoli pur di evitare le strade infestate di banditi. Un altro viaggiatore, l'inglese Henry Sass, sulla stessa rotta si imbatté in "una scena scioccante per l'umanità e disgraziata per il governo nel cui territorio era occorsa. Proprio sul nostro cammino e stirato nelle mani della morte, giaceva il cadavere di un viaggiatore, vittima di un assassinio".

Al momento dell'incontro con Stendhal, Rossini si dirigeva a Roma, per *La Cenerentola*. Nel giro di poche settimane sarebbe poi stato atteso alla Scala per *La gazza ladra*; prima della fine del 1817 doveva tornare a Napoli per un'opera seria, e poi di nuovo a Roma per *Adelaide di Borgogna*: abbastanza da stroncare un cavallo.

Cosa disse Rossini a Stendhal? Come resisteva la sua tempra a questo ritmo frenetico?

Politica

Fra i commensali della locanda sul confine tra Stato della Chiesa e Regno delle Due Sicilie c'erano probabilmente una o due spie – più probabilmente due, visto che ogni carrozza ne ospitava almeno una.

Forse Rossini disse a Stendhal che non era il re che lo pagava, ma Domenico Barbaja, l'appaltatore dei Real Teatri di Napoli, semianalfabeta e geniale. Stendhal sapeva chi fosse Barbaja. E chi non lo conosceva? Barbaja era più famoso di qualsiasi cantante e più ricco di Creso e del re Borbone messi assieme.

Mentre discuteva di Rossini, e inconsapevole di rivolgersi proprio a lui, Stendhal evidentemente non parlò della "pigrizia di quel bellissimo genio, né dei suoi numerosi plagi". Già all'epoca Rossini aveva scritto più opere di quante non ne abbia scritte Bellini in tutta la sua vita: nessuno poteva accusarlo di pigrizia nel 1816-1817. L'accenno di Stendhal al plagio è strano, prima di tutto perché Rossini "rubava" soltanto a se stesso, e poi perché lo faceva quasi sempre da opere che pensava non sarebbero state mai più ascoltate. Comunque lo facevano tutti.

Stendhal non aveva motivo di inventare la dettagliata descrizione di quell'incontro, anche se si sbagliava sulle date; la cena non può avere avuto luogo nel febbraio 1817, visto che in quella data Rossini aveva già raggiunto Roma. Per di più, in seguito Rossini si scontrò con Stendhal a proposito della cosa che più lo irritava, ossia essere preso per reazionario. Non solo nella musica ma anche nella politica. Lui, tacciato di tedeschino perché si era incamminato sulla strada tracciata dai grandi tedeschi! Lui, che aveva composto un inno a Murat! Lui, il cui padre era stato in prigione per la causa bonapartista! Eppure lo stava diventando, reazionario, alla scuola dei Borbone non potevi diventar altro...

Nella *Vita di Rossini* di Stendhal c'è un intero capitolo, trattato come digressione apologetica, sulla "guerra" fra l'armonia e la melodia. In sostanza, Stendhal preferiva la melodia, che definiva "la succulenza della pesca". È uno scritto che trasmette l'immagine di un Illuminismo che scivolava via da un mondo minacciato dalle nubi del Romanticismo. La musica di Rossini stava con reticenza tracciando la strada a quel movimento che avrebbe cambiato il secolo. Il Romanticismo combatteva la vittoriosa borghesia, mentre il Neoclassico esprimeva la nuova borghesia. Con il Romanticismo, i libretti d'opera abbandonarono la mitologia e le storie di grandi regine per seguire invece le vicende di poverette contro le quali si era accanita la sorte, vittime della cattiveria di potenti. Il Romanticismo si sviluppò anche come una esasperazione dell'ego, dell'io, dei valori dell'individuo e anche della nazione, della Patria, arrendendosi alla violenza delle passioni che era impossibile domare, e al Fato.

Quando Rossini e Stendhal s'incontrarono, erano passati due anni da Waterloo e tutto era cambiato in Europa. L'Italia era ancora divisa tra gli austriaci, la Chiesa e i Borbone, con staterelli che comprendevano gli avanzi del banchetto napoleonico. Il sogno di unificazione nazionale era lontano, lontanissimo, sempre di più. Napoleone aveva dato all'Italia una bandiera nazionale, un codice di leggi e l'istruzione per tutti, donne incluse. Aveva abbattuto i muri dei ghetti, un atto che sarebbe stato annullato dagli austriaci; e anche se aveva compiuto saccheggi e mandato a morire migliaia di giovani italiani durante le sue campagne belliche, aveva seminato il Dna della libertà, un'idea contagiosa, l'unica utopia che attirava studenti, intellettuali e donne. Ci fu chi trasformò quell'idea iconoclasta in religione. Alcuni si unirono alle società segrete che proliferavano nella classe media e il cui scopo era l'unificazione dell'Italia e la liberazione dall'ingiustizia, argomenti ampiamente discussi in vari salotti, visto che i caffè erano diventati ormai covi di spie. Il salotto, per i liberali, divenne un luogo sicuro in cui confrontare le proprie idee, sia a Napoli sia a Milano, e offriva anche spazio e un'inedita rilevanza sociale alle donne istruite e benestanti.

La voce della libertà non si trovava nelle riviste e nei giornali, severamente censurati, bensì nella musica, che introduceva i nuovi concetti romantici: i diritti dell'individuo, l'idea di patria, di nazione, di un'unica causa comune. Mentre la Chiesa romana poteva ancora convincere alcuni che più soffrivano in questa vita, più sarebbero stati felici nell'altra, la promessa cominciava a perdere credibilità tra le persone colte. Stendhal e Byron sostenevano che l'opera fosse diventata l'oppio dell'inventiva italiana. Il "genio" italiano, come lo chiamavano, non poteva essere profuso nella maggior parte delle arti letterarie a causa della repressione e della censura, e pertanto si volgeva alla musica. Ecco perché la musica – e a quel tempo musica, in Italia, significava opera lirica – era dominata dagli italiani. Non c'era bisogno che fiorisse il romanzo, come nella Francia e nell'Inghilterra del diciannovesimo secolo: era l'opera l'intrattenimento per le classi medie.

Ma Stendhal e Byron si sbagliavano, l'opera italiana, come il romanzo francese e inglese che spesso la ispirava, seminava idee che le dittature giudicavano pericolose perché lo erano: era la vittoria della cultura, l'eutanasia della prepotenza, o almeno così avrebbe dovuto essere.

Arrivato che fu a Roma, Rossini scoprì che le autorità ecclesiastiche avevano censurato il libretto della sua prossima opera, proposto dall'impresario Piero Cartoni. Si vide costretto a trovare un altro testo e si rivolse a Jacopo Ferretti, persona straordinaria e simpaticissima, che scrisse un resoconto – probabilmente non del tutto accurato – di come si arrivò alla scelta del soggetto.

Una notte, poco prima di Natale, intirizziti dal freddo, tre uomini – Cartoni, Rossini e il poeta – sedevano e bevevano tè, sgomenti di trovarsi senza libretto per un'opera che avrebbe dovuto andare in scena il mese successivo. Cominciarono a pensare a "venti o trenta soggetti da melodramma [...], stanco e mezzo cascante dal sonno, sillabai in mezzo a uno sbadiglio: Cendrillon," ricorda Ferretti. "Rossini, che per esser meglio concentrato si era posto in letto, rizzandosi su come il Farinata dell'Alighieri: 'Avresti tu core di scrivermi Cendrillon?' mi disse; ed io a lui di rimando: 'E tu di metterla in musica?'. Ed egli: 'Quando il programma?'. Ed io: 'A dispetto del sonno dimani mattina', e Rossini: 'Buona notte'. Si ravvolse nella coltre, protese le membra e cadde in bellissimo sonno, simile al sonno degli dèi d'Omero; ed io presi un'altra tazza di thè, combinai il prezzo, scrollai la mano al Cartoni e corsi a casa."

La Cenerentola sarebbe diventata la più popolare opera buffa di Rossini, ancor più de *Il barbiere*. I ricordi di Ferretti avrebbero mitizzato Rossini come un compositore distante e noncurante, ma di fatto Ferretti non stava creando un nuovo libretto, prendeva spunto da libretti esistenti tratti dalla favola di Perrault. La sensibile e remissiva Cenerentola, nella quale si intravedono tracce di Anna, la madre di Rossini, era in gran parte una creazione del compositore. *La Cenerentola*, in effetti, si distacca dalle norme dell'opera buffa, perché il personaggio principale, Angelina, è una persona che soffre, che si dispera quando si innamora, incapace di proferire parola perché è confusa; al contrario delle sue sorellastre o di Dandini, il valletto del principe, Angelina è un personaggio reale e umano. È una derelitta; è favorita dal principe in maschera non perché lo prescriva la morale, ma perché tutto è sottosopra in questa folle versione della storia. Il patrigno, Don Magnifico è, sì, un "cattivo", ma è comico. Poiché la comicità è tale in quanto si avvicina alla realtà, le nomine, i titoli vacui, l'altezzosità del piccolo potere fanno di Don Magnifico un personaggio meschino ma anche patetico. Nominato "cantiniere", "grande intendente", "gran presidente", e comunque "duca e barone dell'antichissimo Montefiascone" – titoli ridicoli come del resto sono tutti i titoli –, Don Magnifico crede che il cameriere sia il re.

Il coro commenta:

Conciosiacosacché
Trenta botti già gustò
E bevuto ha già per tre
E finor non barcollò!
È piaciuto a Sua Maestà
Nominarlo cantinier
Intendente dei bicchier
Con estesa autorità
Presidente al vendemmiar
Direttor dell'evoè
Onde tutti intorno a te
C'affolliamo qui a ballar.

Don Magnifico: Intendente! Direttor!
Presidente! Cantinier!
Grazie, grazie, che piacer!
Che girandola ho nel cor.
Si venga a scrivere
ciò che dettiamo
Sei mila copie
poi ne vogliamo.

Coro: Già pronti a scrivere
Tutti siam qui.

Don Magnifico: Noi Don Magnifico...
Questo in maiuscole!
Bestie! Maiuscole!
Bravi! Così.
Noi don Magnifico
Duca e Barone
Dell'antichissimo
Montefiascone;
grande intendente;
gran presidente,
con gli altri titoli
con venti eccetera,
in splenitudine d'autorità
riceva l'ordine chi leggerà.

Come ne *L'Italiana in Algeri*, il vero tema de *La Cenerentola* è la pazzia, come dirà Rossini stesso. Nel delirio che muove i personaggi, il pubblico accetta il surrealismo di diverse situazioni dell'opera, scrive Bruno Cagli. Per esempio, al ballo di corte non ci chiediamo perché sono state invitate soltanto due giovani signore, mentre una terza e inattesa apparirà più tardi, fatale arrivo che ruberà il cuore del principe. Accettiamo parole inventate come "dindolar" per la loro onomatopeica evocazione di campane che suonano a distesa; le due sorellastre potrebbero "imprincipparsi"; invece di spettegolare, le sorellastre emettono un ripetuto "ci-ciu ci-ciu". Don Magnifico è saggio per una volta quando dice: "Ma quell'asino son io. Chi vi guarda vede chiaro che il somaro è il genitor".

Nella sua brillante analisi dell'opera, Bruno Cagli continua:

> Si trattava infatti della vicenda di un'umile ragazza che, vittima dei soprusi, finiva per veder riconosciuta la propria virtù da parte di un potente e benefico principe e poteva così convolare a giuste nozze. Erano gli ingredienti di quello che si definiva "dramma sentimentale". La vicenda resta apparentemente quasi intatta in Rossini. Ma cambiano alcuni connotati così profondamente che ci si trova di fronte a un'opera buffa o comica in piena regola, con la quasi totale emarginazione del versante *larmoyant* e di quelle mezze tinte che, dall'epoca della *Buona figliola* di Goldoni-Piccinni, avevano costituito il colore tipico di quel genere nel quale, peraltro, Rossini aveva già dato ottimi prodotti e che avrebbe portato al culmine, di lì a qualche mese, con *La gazza ladra*.

La Cenerentola fu accolta, il 25 gennaio 1817, da applausi scroscianti. Seguita da venti rappresentazioni consecutive a Roma, fu poi replicata in tutta Europa. Di fatto, fu la prima opera a girare il mondo, ovviamente senza diritti d'autore, e soggetta ai cambiamenti che i cantanti e l'orchestra imponevano. Cagli continua:

> Ciò che volutamente manca nella *Cenerentola* sono quelle scene seriose che fornivano il tono moralistico dell'opera sentimentale e la vicenda scorre veloce con un accumulo di beffe, inganni, esibizioni fin troppo smaccate di stupidità per fermarsi, nei grandi concertati, non già nello smarrimento dell'anima, ma in quello della mente [...].

Angelina è un personaggio a tutto tondo che non esce da una fiaba ma da un secondo piano di una casa di Pesaro o di Lugo per ritrovarsi omaggiata e amata a Castenaso, esce dal formato dell'opera buffa. *La Cenerentola* sarebbe stata l'ultima opera buffa italiana di Rossini: dopo quel *tour de force* non si poté fare di più. Le successive opere comiche francesi del compositore avrebbero seguito un cammino ben diverso.

Adesso la fama di Rossini in Italia era salda e l'11 febbraio 1817 lasciò Roma per Bologna: un altro viaggio molto lungo, ma non pericoloso come quello tra Napoli e Roma. Sebbene scrivesse spesso ai suoi genitori (che non dividevano più lo stesso tetto), Rossini non li vedeva da due anni e, del resto, Isabella Colbran aveva una magnifica villa appena fuori Bologna. Rossini divideva ancora Isabella con altri, e lei faceva altrettanto con lui, il sesso era libero, specie nell'ambiente teatrale. Bisognava aspettare il tardo diciannovesimo secolo perché i soprani sposassero duchi e marchesi. A quel tempo i cantanti erano cortigiani, maschi o femmine che fossero. Innamorarsi, fare l'amore e corteggiare erano al centro di qualsiasi aspirazione sociale e artistica. E si dava per scontato che il corpo del cantante fosse in vendita non solo sulla scena ma anche nei salotti, in cene e nottate alle quali le mogli non erano presenti, ma qualche avventurosa viaggiatrice sì.

Rossini non aveva nemmeno presentato Isabella ai genitori.

Non che si vergognasse di lei, una donna che, sebbene fosse una stella del palcoscenico, una vera e propria diva, era nota come "traviata": si vergognava della semplicità della propria famiglia. Rossini sapeva che Anna non aveva né gli abiti, né la raffinatezza, per uscire nel bel mondo; per esempio, non si sarebbe mai sognato di condurla nel salotto di Berio o alle prime delle sue opere, alle quali presenziavano il re, la corte e Isabella stessa. Anna non aveva avuto alcuna opportunità di imparare i modi della buona società: aveva passato gran parte della sua vita accanto a quel sempliciotto di Vivazza.

La prospettiva di tornare a Bologna, per Rossini, significava anche ristabilire i contatti con gli amici d'infanzia. Scrisse a uno di loro, domandando se una certa Clementina lo avrebbe ancora ricevuto. A parte Clementina, chiunque fosse, nella vita di Rossini c'era una schiera infinita di prostitute: evitare l'attaccamento a un'unica donna è un atteggiamento tipico del figlio adorante nei confronti della madre assente. Rossini di certo preferiva le prostitute alle dame, sebbene alcuni episodi suggeriscano che *les grandes dames* perdevano la testa per lui. La gonorrea che lo avrebbe afflitto fra il 1830 e il 1840 probabilmente risale al periodo godereccio bolognese.

I cospiratori al caffè

Questa breve visita bolognese fu solo una sosta. Rossini era diretto a Milano. Quando vi approdò, le istituzioni, i palazzi e le scuole di Bonaparte venivano demoliti dagli austriaci; ciononostante, Milano rimase la città italiana più marcata dal breve periodo napoleonico. La borghesia, nata da poco, si modellò non su quella austroungarica, come si suol dire, bensì su quella francese: cosmopolita, ricca e culturalmente attenta.

Ostili al governo austriaco, la maggior parte degli intellettuali lombardi divennero cospiratori. "Nei caffè, vari *habitués* della rivoluzione sedevano con dignità a una dozzina di piccoli tavoli, guardando cupi e pieni di sé da sotto i cappelli di feltro a tesa larga e dai berretti con piccole piume," osservava Aleksandr Herzen. Al suo arrivo, Byron fu presentato a Ludovico di Breme, cappellano ed ex consigliere di Stato del viceré Beauharnais. Illuminista, figlio di un ex ministro degli Interni del Regno di Sardegna, Di Breme, scrivendo a Madame de Staël, commentò: "Lord Byron è l'amabilità fatta persona". Il loro era un mondo cosmopolita, elegante, colto e musicale.

Attorno ai tavolini dei caffè sedevano cospiratori, a portata d'orecchio degli informatori della polizia, i quali fingevano a loro volta di essere cospiratori per captare congiure e complotti. Le spie erano disseminate anche nei palchi della Scala e tentavano di entrare nel palco di Di Breme, noto per essere il punto focale dell'opposizione agli austriaci. Stendhal era spesso suo ospite. In quel famoso palco s'incontravano Vincenzo Monti, Byron, Silvio Pellico e altri intellettuali. "Porto a questi gentiluomini notizie della Francia, della ritirata da Mosca, di Napoleone, dei Borbone," scrive Stendhal, "loro mi ripagano con notizie dall'Italia." Le società segrete avevano i loro punti di ritrovo al Caffè degli Artisti, all'Osteria della Scala, al Teatro Grande, al vicino Caffè Cova e al Martini. Secondo il conte Hubner, un diplomatico austriaco che scriveva nel 1840, "il Caffè Cova è un posto dove si allevano cospiratori, e non abbiamo ancora il coraggio di chiuderlo". Il successo dei caffè era una conseguenza diretta del successo della borghesia.

Ma bisogna aggiungere che Milano, con Maria Teresa e suo figlio Giuseppe (1765-1790), se l'era passata benissimo; diventata seconda città dell'Impero, i due sovrani avevano incoraggiato l'Illuminismo e quindi l'architettura neoclassica che ne era una derivazione (o è il Neoclassico che deriva dall'Illuminismo?). Era stato il Piermarini che aveva avuto la prima commissione per il Palazzo Reale, un edificio abbastanza lineare ma grandioso per sottolineare l'importanza della città e degli Asburgo (il Vanvitelli aveva passato l'incarico al suo giovane allievo neoclassico). Giuseppe II poi aveva smantellato gli ordini religiosi, abolito l'Inquisizione e confiscato i beni dei gesuiti. Ma la scossa napoleonica aveva convinto gli austriaci che ci voleva la repressione per Milano, per gli italiani, per tenere in ordine quella città in fermento. Rossini vide quest'ultimo modello: i tempi politici scorrevano tanto velocemente e con altrettanto vigore che in una delle sue opere.

I salotti milanesi ormai riproducevano il modello francese poiché appartenevano non soltanto ad aristocratiche, come la principessa Belgiojoso, la contessa Carcano e la contessa Samoyloff, ma anche a ricche borghesi con simpatie radicali, come Elena Viganò e Clarina Maffei. La Viganò teneva il suo salotto il mercoledì, fra le undici di sera e le due del mattino. Rossini e Stendhal vi si incontravano per cena, occasione che il compositore non poteva negare perché c'erano testimoni. La contessa Samoyloff, una bellezza russa che era stata amante dello zar, si era sposata più volte ed era nota perché faceva il bagno nel latte, come Poppea. Il latte che aveva toccato il suo corpo veniva poi portato al Caffè Martini e avidamente bevuto dai suoi ammiratori. Esotica e promiscua, Giulia Samoyloff era quasi l'unica a tenere un salotto diciamo di destra: "di simpatie tedesche" la definivano i milanesi. Non era invece di simpatie tedesche Giuseppina Visconti, una bellezza bruna che durante la Repubblica Cisalpina di Napoleone era stata amante del maresciallo Berthier e aveva vissuto fra Parigi e Milano. La Visconti manteneva la tradizione familiare fedele al Bonaparte. Clarina Maffei aprì il proprio salotto intorno al 1825, era decisamente favorevole alla rivoluzione e le sue *soirées* erano musicali. La musica era una scusa per riunirsi, e siccome gli austriaci censuravano le gazzette, quelle musicali divennero veicolo dello scontento. Leggendo fra le righe, la gente poteva seguire le notizie internazionali e raccogliere informazioni proibite. La società milanese, in quel periodo, ruotava intorno a Stendhal, il campione delle idee neoclassiche, a Byron, il poeta della ribellione romantica, e a Rossini, il musicista del futuro.

Mentre godeva dei piaceri di Milano, evitando però i pericolosi caffè di sinistra, Rossini stava componendo *La gazza ladra*, lavoro che avrebbe attirato l'attenzione della sofisticata città francofila. Rossini non voleva rischiare la mediocrità, e quindi in questo spartito non ci sono autoprestiti, né voleva rischiare l'accusa di ripetersi, com'era accaduto con *Il Turco in Italia*. Voleva stupire, e ci riuscì. Tagliata su misura per un pubblico milanese, su un testo che proveniva da Oltralpe, *La gazza ladra* non era né un'opera seria, né un'opera buffa, ma piuttosto quella che allora si chiamava opera semiseria (il dramma giocoso *Don Giovanni* di Mozart, per esempio, appartiene allo stesso genere). La protagonista de *La gazza ladra* è una modesta servetta ingiustamente accusata di furto. La storia tende alla tragedia perché la serva Ninetta rischia l'impiccagione (nella realtà fu così che si concluse la vicenda, realmente accaduta a Palaiseau, a cui il testo era ispirato), accusata del furto commesso in realtà da una gazza. Ma all'ultimo momento viene salvata. Il libretto di Giovanni Gherardini, rifiutato da Ferdinando Paër, entusiasmò invece Rossini e gli offrì la possibilità di introdurre nello spartito strumenti da banda militare e questa particolarità provocò un tumulto. L'ouverture – allora chiamata "sinfonia" – è ancora capace di intimorire con i suoi tamburi minacciosi, come a dirci che in ogni momento la forca è pronta per i deboli e per i poveri.

Stendhal assistette alla prima rappresentazione de *La gazza ladra*.

> [...] ed è stato uno dei più scintillanti, inequivocabili trionfi che abbia mai visto, proseguito per tre mesi ininterrotti! [...] Cosa dire dell'ouverture de *La gazza ladra*? Mi domando se ci sia qualcuno cui non sia già totalmente familiare questa piccola sinfonia assai pittoresca. L'innovazione di Rossini nello scrivere la partitura per i tamburi quale parte principale della sua struttura strumentale crea un'atmosfera di realismo, se posso azzardare il termine [...]. Di nuovo, sarebbe quasi impossibile descrivere l'entusiasmo e il delirio del pubblico milanese al primo ascolto di questo capolavoro.

Rossini stesso scrisse che l'opera iniziava con una sinfonia, e cioè con una ouverture che era "intossicata con due tamburi", un'assoluta novità nella storia dell'opera – i cui suoni "dalle estremità del teatro si rispondevano come l'eco".

Rossini si tenne a distanza dalla politica e dai discorsi sovversivi e c'era chi cominciò a criticarlo definendolo un cinico, venne soprannominato "le Voltaire de la musique". Ma Rossini sapeva che a Napoli i suoi datori di lavoro appartenevano a un regime che lo aveva protetto da grossi guai, e sarebbe stato più saggio tenersi lontano dall'opera buffa che lo prendeva in giro schiettamente – troppo, per i tempi che correvano.

L'opera seria parlava d'amore, di gelosia, di tragedia, non scotennava i potenti: meglio attenersi a quella. Ed era lì che la sua successiva commissione lo avrebbe portato.

Le opere napoletane

Sebbene il San Carlo fosse stato ricostruito in soli undici mesi e fosse più grande e splendido di prima, per i napoletani non era ancora abbastanza. Il dissenso politico stava sopraffacendo il regno. Come tutti coloro che hanno avuto successo, Rossini era grato al regime che aveva riconosciuto le sue qualità al punto da rinnovargli il contratto, non auspicava certo un cambio ma manteneva una sua protesta nella musica. Probabilmente avrebbe concordato con la descrizione di Herzen:

> In aggiunta al popolo ingenuo e ai teorici rivoluzionari, gli artisti non apprezzati, gli uomini di lettere senza successo, gli studenti che non hanno completato gli studi, gli avvocati senza arringhe, gli attori senza talento, tutte le persone di grande vanità ma poche capacità, con enormi pretese ma nessuna perseveranza o potere, tutti costoro diventano automaticamente rivoluzionari.

Ormai i carbonari prosperavano anche nei salotti e, secondo Harold Acton, a Napoli ce n'erano trentamila: "L'obiettivo dei capi 'ribelli' era imporre una costituzione e ottenere l'indipendenza dell'Italia, o perlomeno questo era l'obiettivo dei leader colti, perché la maggior parte era costituita come scrisse Herzen da ribelli frustrati con la passione per la rivolta". Le "botteghe" dei carbonari erano divise in gradi: *apprendisti*, *maestri* e *gran maestri*, e i membri clandestini appartenevano principalmente alla nuova classe media. La destra napoletana non poteva tollerare l'interferenza britannica, i siciliani volevano la separazione da Napoli, mentre gli stessi napoletani speravano in una costituzione che garantisse più potere al popolo e indebolisse la monarchia assolutista dei Borbone. La repressiva

Santa Alleanza di Metternich (cui l'Inghilterra si rifiutò di partecipare) aveva coinvolto la maggior parte d'Europa in ulteriori agitazioni. Come risultato, le prime ondate rivoluzionarie in Spagna, Portogallo, Valacchia e Italia stavano minacciando lo status quo.

Rossini era tornato a Napoli per lavorare all'*Armida*, con la quale il San Carlo avrebbe riaperto l'11 novembre 1817. Molti criticavano l'edificio restaurato, e fra questi il compositore Louis Spohr. "La platea è troppo grande," scrisse, e "se il teatro era davvero così sonoro prima dell'incendio, i miglioramenti tentati nella nuova costruzione non sono stati realizzati." Isabella Colbran, che era ormai a fianco di Gioachino (nel luglio 1817 erano insieme sull'isola di Ischia, che trovarono "un posto noiosissimo"), partecipò alla stesura dell'*Armida*, la terza opera napoletana di Rossini. Infatti scrisse sullo spartito il proprio nome, per enfatizzare il ruolo avuto nella composizione di un'opera che trasuda sensualità e nella quale, naturalmente, cantò la parte principale. "Il suo smisurato potere, gli eventi importanti che potevano diventare realtà a un suo semplice cenno, erano riflessi nei suoi occhi spagnoli, così belli e, in certi momenti, così terrificanti," annotava Stendhal, che fino a poco tempo prima non era stato un entusiasta ammiratore della Colbran. Preso da un episodio della *Gerusalemme liberata* di Torquato Tasso, il libretto di Giovanni Schmidt era già pronto quando Rossini arrivò a Napoli. Isabella era perfetta per il ruolo della maga che ammalia il cristiano Rinaldo e gli altri paladini. Unico ruolo femminile nell'intera opera, Armida è la vamp, antesignana della *femme fatale*, e infatti il personaggio di Armida aveva già affascinato compositori come Jommelli, Lully, Händel, Gluck e Haydn, fino più tardi a Dvořák. In una lettera al "suocero" Giuseppe Rossini, Isabella descrisse l'opera dicendo che conteneva "musica angelica"; Gioachino aggiunse un post scriptum in cui affermava di essere "immerso nella gloria". Era consapevole di stare scrivendo un ruolo superbo per la Colbran, ma forse non capiva che quel ruolo le sarebbe costato la voce. I due erano ormai così intimi che mentre Isabella era trascinata da questa musica, le lettere di Rossini cominciavano a parlare di lei frequentemente, come se il compositore volesse abituare la sua "carissima" madre al nome dell'amata. E Isabella comincia a scrivere ad Anna, chiamandola "Mia buona Mamma". Ispirata dall'amore, compose anche lei, ma è sopravvissuta solo una canzone dedicata al padre Juan.

La supremazia di Isabella al San Carlo divenne una questione politica un po' come Tebaldi e Callas (Tebaldi famosa democristiana, Callas orientata alla sinistra). Il re e la corte erano suoi entusiasti sostenitori, ma l'ala liberale le era ostile, il che significava che anche Rossini perdeva punti. Come tanti altri della sua generazione, il giovane Gioachino, un tempo fervente liberale, si stava unendo al partito sempre più vasto del cinismo. Era molto vicino a non credere in niente, salvo che nella buona musica.

L'*Armida* è la storia di una maga d'amore; il sogno sessuale di Rinaldo viene spezzato quando gli si porge lo specchio nel quale vede il guerriero tramutato in cicisbeo, né le lacrime e le furie della maga innamorata avranno su di lui alcun effetto.

Alla catena delle note languidissime di *Armida* seguì un'*Adelaide di Borgogna* (dramma per musica in due atti) messa in scena all'Argentina di Roma (dicembre 1817) che non funzionò. Ma quell'anno Rossini aveva esagerato, era esausto. *La Cenerentola*, *La gazza ladra*, *Armida*... abbastanza da uccidere un cavallo da corsa – e nell'*Adelaide* aveva abbandonato il suo recitativo accompagnato per il più pigro e consueto recitativo secco. Insomma, quell'*Adelaide* l'aveva tirata via. Il successivo lavoro di Rossini fu *Mosè in Egitto*, rappresentato per la prima volta al San Carlo il 5 marzo 1818. Quando Stendhal ascoltò l'opera, vi si avvicinò "con un'accentuata mancanza di interesse per le piaghe d'Egitto," scrisse, ma ancora "prima di ascoltare venti righe di questa superba introduzione, non riuscivo a immaginare niente di più profondamente commovente di un'intera popolazione in cattività". Il libretto di Andrea Leone Tottola tratta dei contrasti fra gli ebrei e il faraone, che culminano nell'Esodo; naturalmente sboccia una storia d'amore. Il tema centrale – la terra promessa – stimolava la sinistra italiana, mentre il faraone divenne un simbolo del re Borbone o di qualsiasi altro tiranno. Come il *Nabucco* di Verdi, il lamento biblico del *Mosè* toccava una corda nel cuore dell'Italia asservita. Era infatti, quella di Rossini, una nota nuova, una storia sulla liberazione dalla tirannia e sull'aspirazione nazionale. "La gente si alzava in piedi e si sporgeva dalle balconate, urlando al punto da infrangere la volta del cielo," scrisse Stendhal. "Non ho mai udito un tale trionfo, ancor più tremendo visto che tutti erano venuti aspettandosi di ridere o insultare. Le pagine più grandiose di quest'opera (San Carlo) sono quelle sacre; non più elegante, il Rossini del *Mosè* è rapito dalla grandiosità del suo soggetto. Domina la figura del Mosè seguito dal personaggio-coro, e cioè la preghiera e le invocazioni dantesche di Mosè riecheggiano nel coro come ne 'Dal tuo stellato soglio'. Mentre 'Mi manca la voce' è costruito con un passaggio della melodia da una voce all'altra in un vortice di disperazione."

"Questo 'Mi manca la voce'," scriveva Balzac, "è uno di quei capolavori che resisteranno a tutto, e persino al tempo, quel gran distruttore delle mode musicali, perché viene dal linguaggio dell'anima che non varia mai."

Nel giugno 1818 Rossini era di nuovo in viaggio, diretto questa volta a Pesaro, dove era stato nominato membro onorario dell'Accademia dal suo vicepresidente, il conte Giulio Perticari (il nobiluomo che si mormorava fosse suo fratello). Il sindaco di Pesaro gli aveva chiesto di onorare la città mettendo in scena al Teatro del Sole qualsiasi cosa suggerisse. Scelse *La gazza ladra*, e curò la rappresentazione dell'opera nella sua città natale assumendo la responsabilità della direzione artistica; rivide persino la disposizione dell'orchestra per adattarla alla complessità della partitura. La rappresentazione avrebbe dovuto tenersi nel mese di maggio dell'anno successivo. Ma i guai erano in arrivo.

Il conte Perticari aveva sposato Costanza, la bella figlia del poeta Vincenzo Monti. Rossini la trovò "uno strano personaggio", incline a esplodere in scenate terribili, a seguito delle quali il conte pregava Rossini di placarla. A Pesaro si spettegolò presto su una storia d'amore fra la padrona di casa e l'ospite. In effetti, quello era il desiderio della contessa, ma non di Rossini. Costanza (che chiaramente non faceva giustizia al proprio nome) si distendeva nuda sul letto sfatto di lui e lo faceva tener d'occhio dalla servitù. Il palazzo del conte Perticari era vicino alla casa in cui Rossini era nato; ma le stanze nelle quali la famiglia Rossini era vissuta erano piccole e spoglie. Una vita fatta, fino ad allora, di lavoro, di studio e di impegno, accoppiata a un talento travolgente, resero il ritorno di Rossini a Pesaro un trionfo. Ma anche un dolore.

Pesaro ritrovata

I Perticari, a ogni modo, lo misero in guardia: Carolina di Brunswick, moglie separata (ma non ancora divorziata) del principe reggente d'Inghilterra, in seguito Giorgio IV, era una chiassosa e volgare principessa di Galles, una specie di Fergie. Aveva preso in affitto Villa Caprile, splendida dimora neoclassica (dove venne eseguita la cantata *Teti e Peleo*), per viverci con il suo amante, Bartolomeo Pergami. Lei aveva cinquantasei anni e lui, molto più giovane, si era attribuito un titolo nobiliare. L'insistenza di Carolina nell'essere trattata come altezza reale rese ostile la coppia ai pesaresi. Naturalmente al famoso Rossini, appena arrivato, fu chiesto di partecipare alle serate musicali della principessa, ma declinando uno degli inviti Rossini si prese gioco di lei, rispondendo: "Certe afflizioni reumatiche alla schiena mi trattengono dall'inchinarmi come prescritto dall'etichetta di corte". Era un affronto che non sarebbe stato dimenticato facilmente.

Ormai esausto per i viaggi e il troppo lavoro, Rossini si ammalò, circolarono storie sulla sua presunta morte: le voci arrivarono anche a varie riviste milanesi. Queste notizie causarono un tale cordoglio che Rossini si vide costretto a pubblicare una lettera per informare i suoi ammiratori che non aveva alcuna intenzione di morire così presto. Si rimise in salute in tempo per partecipare a un grande banchetto dato dai Perticari, al quale né la semi-obesa Carolina, né il suo sgradevole amante erano stati invitati. Allo stesso tempo, cominciò a lavorare per la rappresentazione de *La gazza ladra* per la "sua" Pesaro. È interessante vedere Rossini lavorare come direttore artistico e impresario della propria opera e notare come l'impegnatissimo compositore non risparmiasse le energie e curasse ogni dettaglio. Dopo aver discusso le voci e gli stipendi per la rappresentazione, Rossini scrisse a Giulio Perticari (nel 1818):

> In così breve tempo non potevamo essere più fortunati perché abbiamo combinata una eccellente compagnia e la più adatta alla musica ed ai caratteri che avranno a rappresentare. Mi lusingo che i suoi soci troveranno bene tutto ciò che ho fatto, tanto più per l'onor mio e della mia Patria.

L'estate del 1818 trovò Rossini a Bologna, dove trascorse un po' di tempo con i genitori e ricevette una commissione da un mecenate portoghese per la sua ultima farsa, che si sarebbe chiamata *Adina*. Giacomo Leopardi, il più grande poeta italiano del secolo, che stava abbandonando il Neoclassicismo e si orientava velocemente e tragicamente verso il Romanticismo, lamentava l'asservimento dell'Italia: "O patria mia, vedo le mura e gli archi [...] ma la gloria non vedo". Chissà se i due si incontrarono mai, certo Leopardi apprezzava la musica di Rossini.

Come tutte le correnti di massa, parte filosofia, parte moda, il Neoclassicismo è strettamente legato alla politica e cioè al modo nel quale gli uomini si autogovernano. Ma essendo uno di quei grandi movimenti globali, il Neoclassicismo cambia appena si sposta, un po' come l'arcobaleno che non si sa dove tiene i piedi. Rossini ci capitò dentro, non per disegno ma perché c'era nato.

Il Neoclassicismo è la reazione al Barocco, al rococò, al disordine, non solo nell'estetica architettonica e pittorica, ma anche nel pensiero e nella musica.

Se lo incontri a Napoli ti imbatti sia nello strascico bonapartista, nelle manie di Murat e nell'ammirazione per la Repubblica Romana, sia nella riscoperta di Pompei, di Ercolano, di quanto emergeva in ogni angolo della Campania, marmi magnifici oltre a testi storici, poemi, pitture. Virgilio, quanto di più classico, morì a Napoli.

Bologna, ma non Napoli, era fuori dai coinvolgimenti del pensiero internazionale perché soffocata dalla Chiesa. A Milano, però, Rossini troverà il Neoclassicismo bonapartista.

A Parma Maria Luigia, gelida e bianca, si fa ritrarre dal Canova e fa costruire teatri e palazzi in perfetto stile neoclassico. Quella città emiliana, appena fuori dai confini dello Stato della Chiesa, riusciva così a diventare una capitale.

Rossini a Napoli cominciò a lavorare sia a *Ricciardo e Zoraide*, la cui prima si sarebbe tenuta il 3 dicembre 1818, sia a *Ermione* (27 marzo 1819). Da novembre di quell'anno, Rossini e Isabella Colbran facevano coppia fissa, malgrado le infedeltà di lui; egli arrivò persino ad ammettere un tradimento in una lettera che descriveva come avesse composto un famoso pezzo del *Mosè* mentre faceva l'amore con una certa signora. Si trovò a dover scrivere una cantata per la guarigione del re dalla terzana (*Omaggio umiliato a Sua Maestà*) e una ennesima cantata per la visita dell'imperatore.

Di *Ricciardo e Zoraide* Stendhal scrisse: "Lo stile, nel complesso, è appassionato e pieno di magnificenza orientale". Lo spartito è concepito per risorse vocali e orchestrali talmente ampie che l'opera fu rappresentata di rado. Malgrado l'insuccesso, Rossini conosceva le qualità di *Ricciardo e Zoraide* e, d'accordo con Léon e Marie Escudier – gli editori musicali francesi che ritroveremo a fianco di Giuseppe Verdi –, strappò lo spartito dalle mani di Barbaja con queste parole: "Vi imbatterete in esso presto o tardi e forse allora il pubblico napoletano riconoscerà il suo errore".

Ermione, l'unica opera napoletana di Rossini che peschi nel calderone omerico tanto amato dai neoclassici, venne liquidata da Stendhal come "un esperimento in cui

Rossini provò a esplorare il genere dell'opera francese". Ma Rossini dimostrò sempre un particolare affetto verso questa partitura, il cui soggetto era tratto da una tragedia di Jean Racine.

Dopo queste delusioni, il compositore era a Venezia per l'opera *Edoardo e Cristina* (24 aprile 1819), in realtà un guazzabuglio di autoprestiti. I veneziani, però, non lo sapevano e in una lettera, datata 17 maggio 1819, Byron fu prodigo di lodi:

> C'è stata una splendida opera di Rossini, che è venuto di persona a suonare il clavicembalo. La gente lo ha seguito, incoronato, gli ha tagliato ciocche di capelli per ricordo, lo ha acclamato e gli ha dedicato sonetti, lo ha festeggiato e reso immortale.

Il dolore del successo

Questo periodo della vita di Rossini è fatto di viaggi frettolosi, di opere scritte alzandosi all'alba, un andare e venire tra le capitali dell'opera – ma non ancora di cene, frequentazioni, e momenti di pausa per pensare e capire: gli incontri con i grandi uomini del pensiero appartengono al futuro, eppure Rossini ormai era il personaggio più celebrato d'Europa: lui, praticamente un autodidatta, era riuscito a coniare la nuova voce della lirica.

Pesaro era pronta per la rappresentazione de *La gazza ladra* e, come stabilito, Rossini tornò al Teatro del Sole a maggio. Questo diede alla principessa di Galles, Carolina di Brunswick, l'opportunità di assicurarsi che i suoi scagnozzi la vendicassero dell'umiliazione che Rossini le aveva inflitto l'anno precedente. Rossini risiedeva all'Hotel Posta perché il conte Perticari era a Roma e il compositore non voleva ritrovarsi solo in casa con la di lui moglie Costanza. Il giorno stabilito, quando Gioachino Rossini arrivò al teatro dell'opera, l'atmosfera era così tesa e i delinquenti così aggressivi che la direzione dovette farlo uscire di nascosto e salire su una carrozza per fuggire nel cuore della notte. I cittadini, che per Rossini nutrivano un vero e proprio culto, erano sconvolti e scortarono il compositore con torce e parole d'incoraggiamento. Ma lui – che cominciava a essere soggetto a profonde crisi nervose per qualsiasi manifestazione di violenza – non avrebbe più messo piede a Pesaro. Quello fu il primo segno di una forma di panico patologico che lo avrebbe afflitto, degenerando poi in una grave malattia nervosa.

Una lettera ricevuta dal conte Perticari descrive gli eventi:

> Ma la sera del 24 maggio fu tristissima pel teatro di Pesaro e il popolo, che ivi era accorso in gran folla per festeggiare l'arrivo di questo illustre concittadino, dovette soffrire la vergogna che il Rossini fosse atteso al varco nel di lui entrare alla porta della platea del teatro dai masnadieri della Principessa di Galles, i quali essendo stati i primi a vedere il Rossini poterono prevenire i plausi dei cittadini, e lo accolsero con orrendissimi fischi, che misero un gran scompiglio nella gente, e gittarono in tutti un qualche senso di terrore, giacché costoro erano anche sparsi in varie parti del teatro e facevano segno di essere ancora presti ad adoperare i loro coltelli e le loro pistole, delle quali, come tu sai, non vanno mai sprovveduti.

Rossini aveva dato tutto se stesso nell'offrire una superba rappresentazione di una delle sue opere migliori, e tuttavia i fischi dei delinquenti prezzolati avevano sommerso ogni singola nota del suo spartito, così com'era accaduto per la prima de *Il barbiere*. I cittadini di Pesaro avrebbero dovuto aspettarselo, il compositore era offeso, ferito, anche se Perticari sostenne che solo un mese più tardi, quando a Roma si tornò a parlare di quell'incidente, "come al solito [Rossini] ne rideva".

Di ritorno a Napoli, che gli era ormai diventata cara non solo per il clima e la popolarità di cui godeva ma anche per la sempre più intima vita che conduceva con Isabella Colbran, il compositore scoprì che il libretto che stava aspettando non era ancora stato scritto, così dovette sostituirlo. Un giovane vincitore del Prix de Rome gli parlò del poema *La signora del lago* di Walter Scott: "Prestatemi il libriccino," chiese Rossini, "voglio vedere se fa al caso mio". Due giorni dopo, annunciò che i sei canti pieni di nebbia e d'amore non corrisposto, di descrizioni rurali e di venti che soffiavano sulle gelide acque dei laghi scozzesi, sarebbero serviti perfettamente al suo scopo.

Nessun romanziere o poeta si era adoperato più di Scott per "lanciare" la romantica Scozia: le sue evocative descrizioni dei castelli stregati catturarono l'immaginazione di un'intera generazione ed ebbero un'influenza decisiva sul movimento romantico. Rossini fu il primo a musicare Walter Scott e il suo esempio fu seguito da Donizetti, Pacini e Berlioz. *La donna del lago* di Rossini (24 settembre 1819) ricevette un'accoglienza tiepida. Eppure è una delle più belle opere mai scritte; Rossini disegna una protagonista – Elena – che tra barcarole e colline scozzesi si muove con grande dignità, con la statura di una persona degna e rispettata. Leopardi scrisse che la musica de *La donna del lago*, eseguita da voci stupefacenti, era meravigliosa, "e potrei piangere ancor io, se il dono delle lacrime non mi fosse stato sospeso". Oggi l'opera rimane "fra le creazioni più visionarie di Rossini", come scrive Giovanni Carli Ballola in *Un'utopia di felicità*, e rappresenta "un momento unico e irripetibile di un romanticismo assoluto, tanto più inquietante nella sua solitudine storica, che la condannerà all'incomprensione e all'esilio".

Nel programma che accompagnava una splendida edizione messa in scena a Pesaro da Luca Ronconi nel 2001, Alberto Zedda scrisse:

> *La donna del lago* è opera bellissima, affascinante e misteriosa, fra le migliori di un compositore che non conosce la mediocrità. È percorsa da fremiti protoromantici, cari ai cultori dello Sturm und Drang, e fecondata da passioni affrancate dalla banalità. L'opera ribolle d'amore, ma l'incontro amoroso mai si realizza [...].

Una strana, nuova nebbia sembrava essere caduta sulle note di Rossini.

Un distacco nelle pupille, generalmente scintillanti, del giovane compositore, esprimeva una certa indifferenza e la gente cominciava a parlare di indolenza – strana cosa da dire a proposito di un giovane che aveva composto una quantità sorprendente di opere, che aveva percorso la penisola su e giù e si era occupato di messe in scena, scenografie, orchestre, non solo per le proprie opere, ma anche per quelle di altri compositori. Per sottolinearne la pigrizia, persino Stendhal descrisse un episodio in cui Rossini, componendo a letto, non volle alzarsi da quelle trine morbide per raccogliere da terra un foglio di spartito già composto e preferì farne uno nuovo – del resto, di questo episodio si è già parlato. Era il classico comportamento del depresso che si rifiuta di alzarsi per affrontare la giornata.

Presto Rossini avrebbe lasciato Napoli. L'abbandono, l'isolamento, la lunga permanenza a letto: la depressione era alle porte. Ma adesso doveva precipitarsi di nuovo a Milano.

I giorni nei quali Milano poteva vantarsi di essere la capitale della Repubblica Cisalpina, meta preferita degli uomini di cultura, erano ormai lontani. Gli austriaci e il clero si erano stabiliti in città, il vecchio regime aveva ristabilito la propria supremazia per mezzo di una polizia segreta onnipresente.

La nuova opera di Rossini per la Scala era *Bianca e Falliero* (26 dicembre 1819). I quattro personaggi principali abitano una Venezia politicamente tempestosa. Padre, figlia, amante e pretendente erano la formula-base dell'opera seria e Rossini costruì una rete di melodie e colorature che avrebbero dovuto piacere ai milanesi; le scene erano del grande Alessandro Sanquirico. Malgrado questi ingredienti e alcune delle migliori melodie rossiniane, il critico della "Gazzetta di Milano" lanciò un feroce attacco al linguaggio musicale del compositore. Il pubblico, invece, decise diversamente e *Bianca e Falliero* rimase in scena per trentanove rappresentazioni.

Ormai Stendhal, anch'egli a Milano, disprezzava Rossini come uomo, ma ammirava il compositore: Rossini era diventato non solo di destra ma, peggio ancora, fingeva di non conoscerlo.

Scriveva Stendhal: "Barbaja sostiene che a questo grande uomo fornisce una vettura, una stanza, una mensa e un'amante. La divina Colbran che ha, credo, soltanto quaranta o cinquant'anni, è la delizia del principe Jablonowsky, del milionario Barbaja e del maestro". Non era un commento delicato da farsi a proposito delle attività amorose di Isabella, né sulla sua età, che Stendhal esagera. Lo chiamavano "il cinese", non era una bellezza, povero Stendhal, ma era sempre innamorato, dell'Italia, dell'opera e di tante belle signore. Le donne gli cedevano per la sua tenacia e la sua disponibilità. Rossini, dal canto suo, sebbene le donne gli piacessero molto, si innamorava di rado – forse si innamorò una volta sola, di Isabella –, non conosceva le fiamme che accendevano Stendhal in ogni palco della Scala.

Elena Viganò, detta Nina, figlia del coreografo Salvatore, animava un salotto musicale e letterario ed era l'innamorata di turno di Stendhal, il quale soffriva al pensiero che Rossini avrebbe cenato dai Viganò quasi ogni sera mentre lui non era stato invitato neanche una volta.

Stendhal però si vantava: "Passo le mie serate con Rossini e Monti; tutto sommato, preferisco gli uomini straordinari a quelli ordinari". Poteva anche disprezzare Rossini, ma desiderava ancora farsi vedere con lui.

Romanticismo

Anche l'atteggiamento in Europa cambiava. Il movimento romantico era alle porte: Byron aveva pubblicato *Don Giovanni* (1819-1824) e Walter Scott *La sposa di Lammermoor* (1819). Géricault, superando i suoi contemporanei con un salto di decenni, svelò a un pubblico meravigliato *La zattera della Medusa* (1819). Quei nudi disperati erano ben diversi dalle gelide bellezze di un Canova. Goethe e i tedeschi avevano scoperto la grandezza del passato classico della Grecia, per i francesi la fonte di ispirazione estetica era l'Italia.

Il termine "romantico", usato da Madame de Staël nel

suo *De l'Allemagne* (1810), diventava quasi sinonimo di "contemporaneo".

Definire il Romanticismo è una contraddizione, o meglio, trovare una sua definizione è antiromantico. Molti hanno cercato di farlo, con esiti diversi. Lo storico dell'Ottocento Asa Briggs, per esempio, descrisse così il movimento:

> Rigetto del razionalismo; preoccupazione per l'interiorità; coltivazione dei sentimenti; paura dell'età; fuga dall'artificiale e ricerca del primitivo e del semplice, di ciò che è avventato e strano, del pittoresco e del grottesco; aspirazione alla libertà individuale senza limitazioni; tensione fra il desiderio e la conquista o la circostanza; aspirazione all'inottenibile; delizia nel genio, non ultimo il genio incompreso, come forza della natura e nella Natura come forza di sollievo e ispirazione [...]. Questi aspetti differenti, intrecciati e tuttavia incompatibili, fiori selvatici e di serra, acquistarono quell'eredità che possedevano non attraverso la mente, ma attraverso il cuore e l'anima.

Ma per Isaiah Berlin:

> L'importanza del Romanticismo è di essere il più vasto movimento recente a trasformare la vita e i pensieri del mondo occidentale. A me sembra che sia il più grande passaggio che sia mai occorso nella conoscenza dell'Occidente [...]. Gli altri passaggi che sono avvenuti nel corso del diciannovesimo e ventesimo secolo mi appaiono meno importanti al paragone, e in ogni caso profondamente influenzati da esso.

Quanto a Friedrich von Gentz (rappresentante di Metternich), il Romanticismo era una delle teste dell'Idra: le altre due erano rappresentate dalla riforma e dalla rivoluzione.

Rossini stava lavorando sodo. Fisicamente era cambiato: molto ingrassato, la sua fronte era più alta o, per meglio dire, l'attaccatura dei capelli era arretrata, insomma era precocemente stempiato. Aveva una pancia così grossa che i primi bottoni dei pantaloni dovevano spesso essere spostati. Ma non era un fatto negativo: l'aumento di peso era segno di opulenza e quindi di bellezza; la magrezza era indice di povertà e malattia, ed era considerata antiestetica. Rossini ormai desiderava rallentare il ritmo, non essere più angustiato dal bisogno di consegnare composizioni, arrangiamenti e orchestrazioni. E tuttavia si divertiva a incontrare amici e nemici, che si contendevano la sua compagnia. Era un meraviglioso conversatore, pronto a superare chiunque in arguzia.

Non ancora ventottenne, stava perdendo l'aspetto giovanile, la sua energia esplodeva con scoppi meno violenti che nel passato, anche se le cose andavano per il meglio. Tuttavia, come scrisse Stendhal al suo amico Adolphe de Mareste il 2 novembre 1819, "Rossini si vuole ritirare a trent'anni". Questa affermazione suona come una decisione definitiva. Non è possibile stabilire se Rossini ne avesse parlato con Stendhal o se fosse una diceria che circolava nei salotti milanesi (anche Meyerbeer accennò al fatto che Rossini desiderava ritirarsi così precocemente). Una nota di Giuseppe Rossini datata 4 gennaio 1820 – con un insolito riferimento a suo figlio come al "maestro Rossini" – dimostra che in quel periodo il compositore sulla strada di ritorno a Napoli si fermò a Bologna, dove mise in scena il 12 gennaio il *Fernando Cortez* di Spontini. Gli era stato chiesto di posare per lo scultore Adamo Tadolini, un busto commissionato dall'Accademia pesarese nella speranza che la città natale venisse perdonata. Non lo fu.

Città elisea

"Napoli! Tu cuore degli uomini," scrisse Shelley, "nuda, sotto l'occhio senza palpebre del cielo! Città elisea, che incanti per calmarli l'aria ribelle e il mare... Metropoli di un paradiso in rovina. Il terrore misto all'incanto ancora leva il fiato alla vista di quell'occhio senza palpebre, quel paradiso in rovina." Tuttavia, l'abitudine aveva ridotto l'incanto della città agli occhi di Rossini. L'atmosfera di rivoluzione, furia e scontento si percepiva non solo nei quartieri più miseri, ma stava montando a tal punto da includere l'élite. Nonostante cercasse di evitare la politica, Rossini si rese conto di essere criticato sia dalla destra che dalla sinistra per il suo disimpegno e per il suo successo in altre sedi. Era sempre molto richiesto. Il 9 maggio 1819 il re diede il benvenuto all'imperatore d'Austria e al principe Metternich con una cantata scritta da Rossini e interpretata dalla Colbran, da Rubini e da David, le tre superstar del palcoscenico. L'imperatore restò incantato dalla scenografia sontuosa e Metternich scrisse al compositore: "Siete stato l'autore di una nuova scienza, piuttosto che il riformatore di una vecchia scuola". Finalmente qualcuno che comprendeva la sua musica, avrà pensato Rossini.

La nuova commissione napoletana di Rossini, da parte dell'Arciconfraternita di San Luigi, fu una messa. Consapevole che non avrebbe avuto il tempo di completarla, il compositore chiese all'amico Pietro Raimondi di lavorare con lui e per lui. La *Messa di gloria* fu eseguita nella chiesa di San Ferdinando il 24 marzo 1820. Stendhal, che sosteneva di essere stato presente, riferì che alla fine della rappresentazione un sacerdote gridò: "Rossini, se voi busserete alle porte del cielo con questa messa, San Pietro non potrà rifiutarsi di aprirvi malgrado tutti i vostri peccati!". E i peccati di Rossini erano molti ma invidiabili. Tutte quelle donne! Fossero vere soltanto la metà delle sue storie amorose, Rossini dev'essere stato il più indaffarato fra i peccatori. Ormai aveva intrecciato una vera relazione con Isabella, e lavorava sempre, troppo, ma non gli mancava mai il tempo per gli amorazzi, anche se cominciava a non stare tanto bene in salute.

Nell'aprile 1820 il padre di Isabella, suo principale ammiratore e protettore, e anche fonte della sua sicurezza, moriva a Castenaso. Le lasciò una somma sostanziosa, oltre ad alcuni appezzamenti in Sicilia e la proprietà bolognese, con terre e fattorie. Adesso toccava a Rossini prendersi cura di Isabella e di Castenaso. Il compositore scrisse a Tadolini, lo scultore per il quale aveva posato poche settimane prima, per chiedergli di progettare un monumento funebre per la tomba di Giovanni Colbran che mostrasse "la figlia ai piedi del mausoleo mentre piange la perdita di suo padre; sull'altro lato una cantante che ne intona le glorie". Questa immagine neoclassica richiama i mausolei di Canova per gli Asburgo, ma il monumento probabilmente non fu mai realizzato. O almeno non si sa dove sia finito e chi l'abbia pagato.

Il 1820 vide la fine del sodalizio Rossini-Barbaja-Colbran-Borbone – e questo per ragioni politiche.

A Napoli erano scoppiati i moti carbonari.

Nel luglio del 1820, alcuni disertori si unirono ai capi del movimento carbonaro marciando su Avellino. Cinque di loro si spinsero fino a Napoli e il generale Guglielmo Pepe pretese di essere ricevuto dal re. A Ferdinando fu chiesto di garantire una costituzione come quella concessa alla Spagna nel 1812, altrimenti: la rivoluzione, la grande paura.

Il generale Pepe, padre Luigi Minichini – un prete rivoluzionario – e le loro truppe, con un talento tutto napoletano per la commedia involontaria, impaurirono il re Nasone, che voleva soltanto essere lasciato in pace tra le accoglienti braccia della sua duchessa. Quest'ultima era talmente terrorizzata da fare appello ai britannici. Ma il sovrano, a tempo debito, accettò la sconfitta, così il 6 luglio del 1820 i napoletani si svegliarono sudditi di una monarchia costituzionale invece che assolutista. A migliaia si riversarono per le strade, senza avere idea di che cosa fosse una costituzione; ringraziarono san Gennaro e tornarono ai loro miseri bassi con lo stomaco vuoto come prima. Gli aristocratici rimasero nei loro palazzi, tremanti. Ma Barbaja senza il gioco d'azzardo non poteva allestire i suoi stravaganti spettacoli, non solo a Napoli ma anche nelle altre sedi liriche. La borghesia – avvocati, studenti e banchieri – si unì ai carbonari e decise di cambiare il mondo. Avendo dato le dimissioni da comandante dell'armata ribelle, il generale Pepe divenne ispettore generale della milizia e della guardia civile. Sir William à Court, l'inviato britannico a Napoli, descrisse Pepe che andava in giro per la città "alla testa di un'immensa folla di gente armata di pistole, coltelli, bastoni, mazze, spade ecc., portando una bandiera tricolore benedetta dai preti carbonari cantando 're e costituzione' oppure 'libertà e morte'". In breve, una scena d'opera con un tono da Rivoluzione francese, la cui memoria terrorizzava o esaltava.

Rossini si limitò a prevedere uno scenario nel quale la sua vita avrebbe potuto cambiare in maniera drammatica: il suo benessere veniva dalla protezione della corte e preferiva lo sfarzo a ciò che si era lasciato alle spalle. Forse quando aveva avuto vent'anni gli sarebbe piaciuto cambiare tutto, ma a ventotto desiderava tranquillità e sicurezza. Se il generale Pepe sperava di scatenare una guerra civile, non ebbe successo: la rivoluzione napoletana si rivelò incruenta. Coincise, tuttavia, con un moto in Piemonte e con la proclamazione di una repubblica in Sicilia. Si affermò che quegli eventi segnavano "la prima rivoluzione in cui due popoli italiani lavoravano alle due estremità della penisola", un sentimento nazionalista che Metternich non poteva tollerare pur se i neo-eletti rappresentanti del parlamento napoletano erano perlopiù professionisti, tra i quali persino alcuni sacerdoti e nobili, che promulgarono leggi moderate. La maggior parte dei deputati erano monarchici e quindi non si poteva certo dire che il parlamento fosse rivoluzionario. Ma gli abitanti dei grandi palazzi continuavano a essere apprensivi: per loro, niente più San Carlo né salotti aperti. *Maometto II*, al quale la censura aveva dato il suo imprimatur, attendeva ancora di essere messo in scena.

Gli eventi napoletani minavano i princìpi del Congresso di Vienna. La moderazione del parlamento di Pepe era più preoccupante per Metternich di quanto lo sarebbe stata una rivoluzione sanguinosa: il successo di questo tipo di movimento era una minaccia. Pertanto Metternich convocò le grandi potenze, Austria, Prussia e Russia. Il congresso stabilì che un intervento internazionale sarebbe stato accettabile. "Il fato," disse Metternich, "mi ha imposto il dovere di limitare, per quanto i miei poteri lo permettano, una generazione il cui destino sembra essere quello di sbandare sulla china che certamente porterà alla sua rovina." In quell'occasione, Metternich spiegò allo zar Alessandro come le rivoluzioni non fossero mai opera della massa, ma di gruppi "di uomini ambiziosi, tra i quali rappresentanti salariati dello Stato, uomini di lettere, avvocati e individui incaricati dell'istruzione pubblica".

Terrorizzato, re Ferdinando scrisse segretamente a Metternich, chiedendogli una scusa per fuggire dalla città. Le grandi potenze furono costrette a convocare un altro congresso al quale invitare Ferdinando, per coprire la sua fuga. Ingenuamente, il governo di Pepe permise al re di andare a Laibach (primo gennaio 1821), ma gli estorse la promessa che non avrebbe accettato alcuna modifica alla costituzione senza il permesso del nuovo parlamento napoletano. Appena partì, Ferdinando ritrattò, dicendo che era stato costretto con la forza ad accettare la costituzione, e chiese l'intervento austriaco. Nonostante Metternich non fosse a favore dell'invio di truppe perché sapeva che alcune delle grandi potenze, per esempio l'Inghilterra, erano contrarie a fomentare conflitti armati, assentì: Ferdinando era dopotutto il suocero dell'imperatore austriaco.

Resosi conto che la costituzione era in pericolo, il parlamento napoletano decise di combattere. Tutti gli uomini, a Napoli, furono chiamati alle armi, Rossini compreso. Ma alla fine di marzo del 1821 le armate imperiali austriache entrarono a Napoli, acclamate dagli stessi che accoglievano con favore ogni cambio di governo. "Questa è la terza volta che rimetto in piedi re Ferdinando..." si lamentava Metternich. "Egli pensa ancora che il trono sia una comoda seggiola su cui può abbandonarsi e addormentarsi." La sua fu una vittoria di Pirro: da quel momento in poi, il nome dei Borbone napoletani fu infangato; in Inghilterra protestarono in molti e, alla successiva richiesta, la marina britannica avrebbe sostenuto Garibaldi contro i Borbone, e non viceversa. Nella repressione che seguì la Restaurazione, Ferdinando mostrò una violenta tendenza a comportarsi da monarca assoluto e persino chi era rimasto leale alla dinastia fu arrestato; alcuni carbonari furono giustiziati pubblicamente. Lo stesso Metternich chiese le dimissioni del principe Canosa, il crudele ministro dell'Interno. In quelle circostanze, non sorprende che l'opera di Rossini, *Maometto II*, avesse fatto pochi progressi, sebbene la natura dei disordini e dei ritardi possa aver influito sulla qualità della musica. Il famoso cantante Filippo Galli scrisse a Giovanni Ricordi: "In rapporto al *Maometto* posso dirvi che da quello che s'è sentito fin'ora sembra debba essere [*sic*] un capo d'opera, ma non è finito".

Una mozione parlamentare aveva decretato che della "magnificenza asiatica del Teatro San Carlo, degna soltanto di una nazione di schiavi" non doveva rimaner traccia. Barbaja fu rimosso dal suo incarico e, per un certo periodo, a Napoli non si svolse alcuna attività teatrale. Ancor prima che *Maometto II* raggiungesse il palcoscenico, il 3 dicembre del 1820, già correva voce che fosse un capolavoro. Il testo non è basato sul *Mahomet* di Voltaire (come spesso si crede), ma su un dramma perduto di Marivaux. Cesare della Valle, duca di Ventignano, ne aveva tratto la storia del conquistatore di Costantinopoli per il suo dramma teatrale *Anna Erizo* e poi aveva scritto il libretto per Rossini, che di Marivaux non ha certo l'eleganza – a parte il fatto di presentare Maometto come una brava persona e di chiudere la tragedia con il suicidio di Anna. Ma è la musica che scintilla di genio. Ha un incanto tragico, le voci dei protagonisti s'intrecciano dolorose e il coro che strazia accompagna il panico dei personaggi; l'orchestrazione infonde l'inquietudine di amori incerti e di battaglie perdute. In una preghiera, Anna si accosta al tempio, in un canto celestiale accompagnato da tre arpe e dal coro femminile.

Giusto ciel, in tal periglio
Più consiglio
Più speranza.

Scrive Bruno Cagli:

Musicalmente *Maometto* è probabilmente l'opera più ambiziosa del Rossini napoletano, per la solidità dell'impianto, per il superamento del numero chiuso tradizionale, ormai sostituito da amplissime strutture articolate al loro interno in modo sempre diverso, e anche perché Rossini riesce a fondere due delle componenti che nelle opere precedenti aveva tanto distinto: dramma collettivo e dramma individuale.

Ma ancora una volta la miglior musica di Rossini non riusciva a essere compresa, forse perché troppo in anticipo. Inoltre, l'opinione pubblica cominciava a identificare il compositore con quanto aveva deciso di detestare. Per gli aspiranti rivoluzionari era uno strumento nelle mani dei reazionari; per l'aristocrazia era un ex repubblicano e, pertanto, pericolosamente di sinistra; per la lobby della musica era un iconoclasta. Non c'è da stupirsi, quindi, che Rossini fosse disincantato; voleva andarsene da Napoli, la città che un tempo lo aveva deliziato. Il suo cielo blu e la baia turchese, il Vesuvio fumante, l'accento napoletano: tutto, ora, cospirava contro di lui. Aveva bisogno di quiete, di pace, forse per questo decise di sposare la donna che era stata sua negli ultimi anni. Aveva bisogno di una persona forte, non più di una compagna di letto. L'orchestra del San Carlo poteva anche essere la migliore d'Italia, ma a nord delle Alpi c'erano altre orchestre e un altro genere di pubblico.

Napoli addio

Si avverte, infatti, una nota di panico nelle lettere che Rossini scrisse in quel periodo a Giovanni Battista Benelli, impresario del King's Theatre di Londra: il compositore voleva trovare un nuovo datore di lavoro e una nuova città – Londra o Vienna. Sarebbe andato ovunque, doveva lasciare Napoli il più presto possibile. "Voi mi chiamerete ingrato e stordito nel rifiutare le vostre cortesi offerte, ma io in quell'epoca non posso venire assolutamente a Londra. Se è conciliabile lo stesso contratto per l'anno venturo, io mi farò una festa di venire in una capitale sì rispettabile e che tanti vantaggi (come voi dite) mi offre." Rossini pregò Benelli di far circolare la voce che a Londra era stato già ingaggiato e Benelli gli chiese di comporre una nuova opera per i londinesi. Il compositore desiderava un contratto che riguardasse non solo lui, ma anche Isabella, la cui voce stava cominciando a indebolirsi; una notizia, questa, che doveva aver già raggiunto anche l'impresario. Tant'è che il 22 dicembre la cantante steccò a una replica del *Maometto*.

Prima di lasciare l'Italia, c'erano altri impegni, come un'opera per Roma, *Matilde di Shabran*, che aprì la stagione del Carnevale il 24 febbraio 1821. La storia di come il libretto venne messo assieme va oltre ogni descrizione. Passò per così tante mani e subì tali cambiamenti che il direttore d'orchestra morì per un colpo apoplettico durante le prove. Chi lo avrebbe sostituito? Si autopropose Niccolò Paganini. Il virtuoso violinista poteva cimentarsi in tutti gli aspetti del fare musica: a Lucca aveva diretto l'orchestra di corte della principessa Elisa, la più intelligente delle sorelle di Napoleone; a Roma aveva suonato in un quartetto assieme al pittore francese Ingres, che poi gli regalò, come ringraziamento, un suo ritratto. Rossini e Paganini divennero amici. Una notte, nel periodo di Carnevale, i due, assieme ad Antonio Pacini e Massimo D'Azeglio – futuro primo ministro d'Italia e *bel homme* –, si misero in maschera. Nelle sue *Memorie*, D'Azeglio ricorda:

> Erano a Roma Paganini e Rossini, cantava la Lipparini a Tordinova, e la sera mi trovavo spesse volte con loro e con altri matti coetanei. S'avvicinava il Carnevale e si disse una sera: "Combiniamo una mascherata". "Che si fa?" "Che cosa non si fa?" Si decise alla fine di mascherarsi da ciechi e cantare, come usano, per domandare l'elemosina. Si misero insieme quattro versacci:
> Siamo ciechi; siamo nati per campar di cortesia in giornata d'allegria non si nega carità.
> Rossini li mette subito in musica, ce li fa provare e riprovare, e finalmente si fissa di andare in scena il giovedì grasso [...]. Rossini e Paganini poi dovevano fungere d'orchestra strimpellando due chitarre e pensarono di vestirsi da donne. Rossini ampliò con molto gusto la sua già abbondante forma con

viluppi di stoppa, ed era una cosa inumana! Paganini, poi, secco come un uscio e con quel viso che pareva il manico di un violino, vestito da donna, compariva secco e sgroppato il doppio. Non fo per dire ma si fece furore: prima in due o tre case dove s'andò a cantare, e poi al Corso, poi la notte al festino.

A sua volta Giovanni Pacini, bravo e dimenticato compositore, nelle sue *Memorie* aggiunge che in quei giorni di Carnevale "il Rossini progettò con un quartetto di amici (fra i quali io pure ero del bel numero uno) di fare una mascherata". Da Pacini apprendiamo che il terzetto faceva allusioni che D'Azeglio, ormai uomo politico rispettabile, non ci racconta. Le rime continuavano così:

Donne belle, donne care
Per pietà non siate avare
Fate a poveri ciechetti
Un tantin di carità.
Siamo tutti poverelli
Senza soldi e senza gli occhi
Che suonando i campanelli
E scuotendo li batocchi
Col do re mi fa sol la
Domandiamo carità.

Quella notte raccolsero una bella sommetta. Rossini aveva un buon motivo per chiedere denaro, non gli erano stati pagati i cinquecento scudi promessigli per *Matilde di Shabran*. Secondo il principe Torlonia del Teatro Apollo, *Matilde di Shabran* non era interamente opera di Rossini, e in questo non aveva tutti i torti: parte della musica era proprio di Giovanni Pacini. Dopo la prima, Rossini rese la pariglia: si recò al teatro e portò via tutti gli spartiti degli orchestrali, di modo che non si sarebbe potuta svolgere una seconda rappresentazione. Quando intervenne il cardinale Consalvi, la cifra venne finalmente pagata e *Matilde di Shabran* – che ha momenti veramente sublimi, altri proprio no – ebbe un lungo corso. Quando la *Matilde* riprese a Napoli, Rossini riscrisse i pezzi che aveva commissionato al suo amico.

Con gli amici, e in particolare con Paganini, Rossini sembrava ritrovare il tempo della spensieratezza che gli era mancato da giovane. Niccolò Paganini amava le ragazzate e la compagnia chiassosa; era non soltanto un virtuoso del violino, ma anche compositore e direttore d'orchestra, ed era a volte molto generoso (lo fu con Berlioz).

Rossini lasciò Roma mentre il Carnevale era all'apice e a piazza Navona si svolgevano corse di cavalli e di tori; la gente avanzava in parata, danzando e cantando, dimentica del fatto che le truppe austriache stavano attraversando le Alpi, pronte a raggiungere Napoli per revocare la costituzione e reprimere la rivolta carbonara. Rossini e Paganini, che viaggiavano insieme, raggiunsero Napoli sulla scia delle truppe. "I tedeschi sono sul Po, i barbari alle porte, e i loro comandanti in concilio... e, ahimè, gli italiani ballano e cantano e fanno festa," commentò Byron, amaro.

In effetti, stanco e disgustato dai mutamenti politici napoletani, anche Barbaja si avvantaggiò del fatto che lui e la sua compagnia erano stati licenziati dall'effimero parlamento napoletano. Era in contatto con il Kärntnertortheater, teatro precursore della Staatsoper di Vienna. Infine, nel mese di dicembre del 1821 Barbaja firmò un contratto che avrebbe portato la compagnia napoletana a Vienna. Anche il contratto di Rossini dovette essere rinegoziato.

La riconoscenza, l'ultima cantata napoletana di Rossini, andò in scena il 27 dicembre 1821. Quel Neoclassicismo musicale era in netto contrasto con l'ultimo Rossini, e anche con i tempi. Filosofi, sacerdoti e villici dell'Arcadia cantavano assieme al grande Rubini, sua moglie e Benedetti, ma la Colbran si stava preparando per *Zelmira* ed era assente dal cast. Questa nuova opera scritta per Vienna avrebbe avuto una sorta di anteprima napoletana nel mese di febbraio del 1822, per essere poi portata in giro per il mondo. Il mondo lirico di allora, s'intende.

Allo zio, il 14 dicembre 1821, Rossini scriveva: "Un favore vi domando e in tutta segretezza. Mi abbisognano le mie fedi di battesimo e quelle di stato libero. Quando avrete dette carte, le spedite subito a mia madre ben suggellate, onde neppure lei le possa aprire prima del mio arrivo a Bologna". Rossini aveva deciso di sposare Isabella. Il matrimonio sarebbe stato celebrato il 16 marzo dell'anno successivo.

Il compositore aveva fatto molta strada da quando, arrivato a Napoli quattro anni prima, era stato definito "un certo" Rossini. "Rossini, il cui nome solo vale più di mille elogi, la gloria di Pesaro, l'ornamento d'Italia, Rossini sta per lasciarci," annunciò un giornale.

Prima della sua partenza per l'estero, il maestro prese provvedimenti per il benessere musicale della città: invitò a mettere in scena *La zingara*, la nuova opera di Gaetano Donizetti. In una lettera, però, Donizetti si lamentava di Rossini: "Il suddetto alle prove lagnossi gesuiticamente coi cantanti che non la eseguivano bene, e poi alle prove d'orchestra stava là chiacchierando colle prime donne invece di dirigere" (4 marzo 1822).

Rossini non solo pensava ad altro, cioè a lasciare Napoli e a sposarsi – due decisioni importanti –, ma non era entusiasta della musica di Mayr. Comunque, un anonimo critico musicale che scriveva per il "Journal des débats", l'11 marzo 1822 descrisse un Rossini alle prove di *Zelmira* diverso da quello visto da Donizetti:

> Non si scompone mai; dice appena due o tre parole [...]. Non vuole infastidire l'orchestra e, soprattutto, umiliare i cantanti. La sua memoria prodigiosa gli permette di fare osservazioni a ognuno, singolarmente, dopo le prove. Lasciando il San Carlo, l'ho accompagnato a casa del copista, al quale ha fatto notare qualcosa come cinquanta errori senza guardare lo spartito! Più si osserva quest'uomo da vicino, più si comprende di trovarsi al cospetto di un essere superiore.

Verso la fine dell'anno precedente, Rossini aveva annunciato alla madre il suo fidanzamento con Isabella. Il 18 gennaio 1822, poco prima di lasciare Napoli, Isabella e Gioachino scrissero una lettera ad Anna a paragrafi alternati, esprimendo amore l'una per l'altro e sottolineando anche che Rossini non avrebbe sposato Isabella per denaro. Comunque a quel tempo era diventato così ricco da permettersi di mantenere i suoi genitori in due case separate e comprarne un'altra per sé. Lo stile e il tono di Rossini sono così differenti rispetto al passato che la lettera merita di essere citata per intero.

> Mia buona Mamma
> Il Tempo, la Ragione che tutto dirigono e tutto stabilisce [...] [*sic*] m'anno [*sic*] fatto prendere il partito del savio e della felice tranquillità: Io m'occupai fin'ora per voi o miei buoni genitori e mentre io occupato sol ero di questo nobil sentimento, eravi un essere che mi preparava per l'avvenire il più bello; questi è la Colbran il di cui cuore, e carattere, mi anno [*sic*] legato di un nodo indissolubile. Voi ben sapete come ella amava il suo buon Padre sin quanto mi conforta il pensiero [*sic*] quanto amerà voi e come sarò io beato in mezzo a tutti quegli oggetti per la di cui felicità tutto il mio cuore desidererebbe che di due Famiglie ne formassimo una, ma se ciò non vi piacesse soffrirà in pace che viviate sola, dico però sola nel senso che abitiate una diversa casa, poiché nell'amore & nell'affezione dobbiamo tutti formare un sol cuore un sol bene, troppo dovrei dirvi se volessi descrivervi le obbligazioni ch'io ho a questa donna. Diròvi il più interessante: da poi ch'io mi sono dato a lei non ebbi malatie di niun genere: cambiai un carattere impetuoso nel più dolce, ero inesatto in tutto, ora inappuntabile, e come mia mamma potevo io ora idolatrare costei, se sentiste il rispetto ed il trasporto con cui parla di voi o miei genitori vi incanterebbe...

Rossini (e Isabella) invitavano Anna a vivere con loro a Castenaso. Da questa missiva appare chiaro che Anna e Giuseppe avevano già conosciuto di persona non solo Isabella, ma anche suo padre. È evidente pure che erano a conoscenza della malattia di Gioachino. Ma quale malattia? Si trattava di una malattia venerea – e difatti, com'è noto, Rossini non ebbe figli –, o già sentiva incombere una paurosa minaccia psichica?

Il vero addio a Napoli fu con *Zelmira*, dramma in due atti di Tottola per il San Carlo. Il "Giornale delle Due Sicilie" scriveva:

> Quest'altra corona che egli ottiene nel paese natio dell'armonia e dell'espressione musicale non è da confondersi con le prime, e da nostro avviso essa val tutte le altre unite insieme. Il Rossini progredisce a gran passi per la via della perfezione tanto la *Zelmira* ci par superiore al *Mosè* per quanto su tutte quante le altre produzioni del maestro il *Mosè* primeggiava: e ciò è dir tutto.

Non si può essere più d'accordo con il critico musicale che così scriveva due secoli fa. Alla recita del 6 marzo intervenne sua maestà Ferdinando I con un saluto che non era formale, si riferiva alla partenza da Napoli di tutto il gruppo che aveva fatto del San Carlo il più grande teatro lirico del mondo.

Arrivati a Bologna, Gioachino Rossini e Isabella Colbran si sposarono il 16 marzo 1822 nel santuario della Santa Vergine del Pilar, a pochi chilometri dalla città, benedetti da don Martino Amadori, sacerdote della parrocchia. Isabella, "figlia della defunta Teresa di Madrid", aveva sette anni più del marito. Era molto religiosa, un certo tipo di devozione spagnola pressoché pagana. Rossini non era per niente devoto. Quali che fossero i pettegolezzi (la ricca dote di lei, il suo cinismo), all'inizio fu un'unione d'amore, o piuttosto la riconferma di un'unione coniugale. I due avevano imparato a fidarsi l'uno dell'altra e a sostenersi reciprocamente. Condividevano il segreto della loro malattia e la consapevolezza che il loro matrimonio sarebbe stato sterile. Più tardi, Rossini avrebbe parlato dell'insistenza di sua madre affinché la sua illecita unione venisse santificata, ma la verità è che la coppia aveva superato da tempo la tempesta delle rispettive infedeltà e della maldicenza. "Io sono ora il marito della Colbran," scriveva il 22 marzo 1822 Rossini a Benelli, a Londra. "Io ho conseguito questo matrimonio in Bologna pochi giorni sono ed in braccia de' miei genitori. Alle corte: io non vorrei dopo Vienna ritornare a Napoli, né vorrei che mia moglie vi tornasse."

Napoli gli faceva paura, i disordini civili, le rivolte, i cortei lo terrorizzavano. Si sentiva minacciato da conati di paura come da nuvole tempestose. Desiderava tranquillità e stabilità, cose che non aveva mai sperimentato, due elementi che non avevano nulla a che fare con la sua musica.

Con il matrimonio e la prospettiva di nuovi orizzonti che si profilavano a Vienna, la città di Mozart e di Haydn, si concluse una fase molto importante della vita di Rossini. Egli stava per perdere l'"innocenza", per dirla con Stendhal, ovvero la sua innocenza musicale, perché il compositore non aveva mai avuto un'innocenza morale. Non aveva potuto permetterselo.

L'Europa del Nord lo avrebbe consegnato al mondo del Romanticismo, che il compositore aveva conosciuto per intuito e che sembrava aver sviluppato d'istinto.

Parte seconda

Ve l'ho detto e vel ripeto
oggi il bagno non si prende,
son sospese le faccende.
Non si pensa che a viaggiar!

Il viaggio a Reims, atto I

Vienna

Vienna, la città che con febbrile entusiasmo diede il benvenuto a Rossini, era la capitale di un vasto impero. Gli Asburgo avevano dominato la politica europea per diversi secoli, estendendo i loro territori grazie a matrimoni vantaggiosi. Come risultato, avevano stabilito legami di sangue con la maggior parte delle famiglie reali europee, compresi i Borbone di Napoli. Persino Napoleone era imparentato con loro per via acquisita: Maria Luigia, la seconda moglie di Bonaparte, era la sorella dell'imperatore Francesco I.

Vienna aveva raddoppiato la propria estensione e popolazione nel corso dei tre decenni precedenti, e le distanze sociali dividevano la città in tre diverse zone. All'epoca della visita di Rossini, le case dell'aristocrazia, costruite in stile barocco o neoclassico, erano all'interno di bastioni che avevano resistito due volte all'assedio ottomano (nel 1857 la Ringstrasse, un largo viale panoramico, prese il posto di quelle fortificazioni). Eleganti edifici si ergevano intorno alla cattedrale di Santo Stefano e al palazzo imperiale. La città fortificata era allora abitata da una popolazione di circa centocinquantamila abitanti. Oltre i bastioni si estendevano i quartieri residenziali, dove abitava il mondo del commercio e dove gli edifici rispecchiavano la rispettabile solidità; quella era la Vienna generalmente associata alla vita borghese e alla tradizione del Biedermeier. La terza zona della capitale, sulla riva sinistra del Danubio, era tetra. Qui il proletariato, che vi arrivava da tutto l'Impero, era pigiato in alloggi sovraffollati con scarsi requisiti igienici. Circa centottantamila persone vivevano in quell'area, alla quale i pari di Beethoven e di Rossini, o di Schubert, probabilmente nemmeno si avvicinavano. Schubert però non lo si vedeva spesso nel centro di Vienna, mentre Beethoven non era più un ospite ambito dall'aristocrazia. Nei grandi palazzi si desiderava la presenza di Rossini, che al contrario di Beethoven non aveva avuto tentazioni bonapartiste – o così credevano gli austriaci, ignorando la sua gioventù pesarese.

Più avanti, oltre la città, verdi declivi portavano al Wienerwald, con i suoi graziosi paesini e i caffè all'aria aperta. La classe media degli artisti ci andava non solo per passeggiare, ma anche per trascorrere qualche fine settimana "proibito" lontano da occhi indiscreti. I viaggiatori che arrivavano a Vienna rimanevano stupiti dalla musicalità della capitale. "La musica è l'orgoglio dei viennesi e si può dire che sia l'elemento principale della loro cultura. Per questo popolo amabile, una nuova opera di Rossini al Kärntnertortheater è un avvenimento non meno importante dell'apertura del parlamento per gli inglesi," scriveva Charles Sealsfield nel 1828. E continuava dicendo che c'era un pianoforte in ogni casa e che i visitatori venivano accolti con dei biscotti e con la musica suonata alla tastiera dalla padrona di casa.

La persona che regnava su tutto questo dal palazzo di Schönbrunn era Francesco I, colui che era stato accolto con freddezza al Teatro San Carlo e ancor meno amabilmente alla Scala. Consigliato dal principe Metternich, Francesco non poteva dimenticare che sua zia era stata ghigliottinata e che il suo impero era stato rovesciato da un corso arrogante. L'Impero austroungarico si stava rimettendo in piedi anche grazie alle pesanti sanzioni imposte ai perdenti. Fu Metternich a promuovere l'opera come forma di intrattenimento. Rossini era l'uomo per lui e la Vienna amante del divertimento sorbiva la sua musica come frizzante champagne: quasi tutte le opere che Rossini aveva composto fino ad allora venivano rappresentate nei teatri di stato e in innumerevoli salotti dell'Impero, sembrava che i viennesi non ne avessero mai abbastanza. Rossini era ricevuto in ogni salotto, compreso il più esclusivo, quello della corte imperiale, dove gli si chiedeva di suonare e cantare. Il suo protettore e anche ammiratore era nientemeno che lo stesso principe Metternich, uomo intelligentissimo e cinico quasi quanto lui, con il quale difatti andava molto d'accordo.

Indefesso difensore dell'Ancien Régime, Klemens Wenzel Lothar Metternich era nato a Coblenza nel 1773 e nel 1809 era già ministro degli Esteri. Che la compagnia di Barbaja fosse stata invitata a Vienna si doveva all'ammirazione che il principe provava per la musica di Rossini. Metternich aveva dunque insistito: la stagione lirica italiana doveva comprendere solo opere di Rossini, così che il pubblico avesse modo di capire il genio del compositore. La decisione fece infuriare i colleghi teutonici: perché Schubert, Beethoven e Weber dovevano essere rappresentati di rado e bisognava invece fare una scorpacciata dell'italiano alla moda? La ragione principale era che quelle voci musicali, specialmente Beethoven, costituivano una minaccia per l'ordine imposto da Metternich, mentre la musica di Rossini era astratta.

Dal giorno del suo arrivo, le note di Rossini echeggiavano ovunque; i suoi spartiti erano stati stampati da diversi editori e i suoi ritratti si vendevano in tutta la Vienna elegante. Quanti non avevano abbastanza denaro per un palco all'opera erano gli stessi che vivevano nel terrore di Sedlnitzky, il capo della polizia. Dopo una guerra debilitante e sanguinosa, gli austriaci avevano sperato di vivere in un mondo più giusto, invece erano precipitati in quella restaurazione del passato operata da Metternich. "Molte sono le epoche che hanno conosciuto governi tirannici, ma ciò che caratterizzava in modo speciale quella di Metternich era un senso di profonda e grande disillusione," scrisse Ernst Gombrich. Rossini e la sua musica erano quindi quanto Metternich desiderava: in grado di suscitare emozioni, ma non di provocare ribellioni o rivolte.

Arrivati con Barbaja e la sua compagnia, Rossini e la Colbran risiedevano nell'imponente Hotel Zum Golden Ochsen. "Dovunque si mostri in pubblico, la folla si raduna e la gente lo segue dappertutto," scriveva la "Wiener Zeitung". La coppia veniva invitata ogni sera, e ogni giorno la voce di Isabella peggiorava. Tra i coniugi e Barbaja c'era tensione. Ma anche Rossini, incontrando tante persone interessanti e uscendo dalla capsula di lavoro che lo aveva fino ad allora totalmente assorbito, cominciava a capire i limiti di Isabella. Se avesse potuto realizzare il desiderio di incontrare Beethoven, per esempio, non gli sarebbe neanche venuto in mente di portarsi dietro la moglie. Rossini aveva letto alcuni spartiti di Beethoven e, poco dopo il suo arrivo a Vienna, aveva ascoltato la *Terza Sinfonia* per la prima volta. "Quella musica mi sconvolse," disse poi. Si trattava dell'*Eroica*, che in un primo tempo Beethoven aveva dedicato al generale Bonaparte. Ma quando Napoleone, da liberatore, era diventato un semplice mortale che aveva avuto la *folie de grandeur* di incoronarsi imperatore, Beethoven cancellò la dedica. Il compositore si era chiuso in se stesso: si sentiva alienato dall'umanità. Era arrabbiato, avrebbe voluto urlare il proprio dissenso e incitare il mondo all'azione. Ma a quale azione, se persino il generale corso tradiva le sue origini rivoluzionarie?

Rossini desiderava incontrarlo, ma gli dissero che Beethoven era un misantropo: gli assicurarono che sarebbe stato inutile chiedere di fargli visita, perché era così sordo da non poter sostenere alcuna conversazione. Rossini perseverò. Voleva incontrare il compositore la cui musica rabbiosa e aggressiva sembrava spezzare i confini del Neoclassicismo. Con *Fidelio* (1805), l'opera che Vienna non voleva ascoltare, Beethoven aveva provato a risvegliare nella gente il desiderio di giustizia. Metternich, come si è detto, riteneva pericolosa quella musica, lo stesso Schubert rischiò di essere arrestato per la sua irriverenza nei confronti del potere. Rossini, invece, componeva melodie che la gente canticchiava con piacere. La sua musica lodava l'amore ed esprimeva gioia di vivere: di questo aveva bisogno l'establishment viennese, non di spartiti che vibravano di rivoluzione come il *Fidelio*, o di romantica disperazione come il *Freischütz* di Carl Maria von Weber. Nella musica comica di Rossini c'era, in parte, un'anticipazione dell'operetta, genere che sarebbe esploso a Vienna e che avrebbe poi influenzato profondamente Hoffenbach. Ma all'operetta mancò sempre quella dilatazione comica, quella elettricità entusiasmante che rendeva la pazzia sublime e la follia geniale.

Rossini cercò di incontrare Beethoven, ma non ebbe risposta diretta; invece di risentirsi, cercò di capire: "Ebbi un solo pensiero: conoscere quel grande genio, vederlo, fosse pure una sola volta". Il primo intermediario a cui Gioachino si rivolse fu il signor Artaria, l'editore tanto suo che di Beethoven, ma il tentativo andò a vuoto. Poi si rivolse ad Antonio Salieri, il compositore che aveva dominato la scena musicale di Vienna nonostante la presenza di Mozart. Beethoven respinse anche la richiesta di Salieri. Infine, fu Giuseppe Carpani, uno dei primi biografi di Haydn, che condusse Rossini su per le traballanti scale di legno della casa di Beethoven, nella vecchia Schwarzspanierhaus. Beethoven si era barricato in una stanza sudicia, decorata da ragnatele. Era accudito da una governante che preparava un po' di cibo per quell'uomo cupo e poi spariva, lasciandolo trascurato, con i capelli unti e spettinati. Quando Beethoven usciva in strada, parlava ad alta voce ed era ossessionato da pensieri di morte; suo nipote si vergognava di lui. Tossiva, sputava in un fazzoletto per vedere se c'era del sangue: in effetti, era malato di tubercolosi, la malattia che aveva ucciso sua madre.

Fra i resoconti dei testimoni oculari delle abitudini giornaliere di Beethoven, c'è quello del dottor Lorenz:

> Beethoven si alzava ogni giorno alle sei e mezzo e alle sette e mezzo gli servivano la colazione. Dopo andava a fare una passeggiata. Camminava a grandi passi per i campi, urlava,

agitava le mani, camminava lentamente e poi molto veloce, e improvvisamente si fermava per scrivere qualcosa in un libro di appunti. A mezzogiorno ritornava per pranzo e restava a casa fino alle tre. Poi, tornava di nuovo nei campi, fino al tramonto. Scriveva fino alle dieci e poi andava a dormire. A volte suonava il piano nel salotto.

Beethoven era al corrente della presenza di Rossini a Vienna. A Theophilus Freudenberg, un compositore che gli aveva chiesto un'opinione sulla musica di Rossini, aveva scritto: "È la traduzione dello spirito frivolo e voluttuoso che caratterizza la nostra epoca, ma Rossini è un uomo di talento e un eccezionale autore di melodie. Scrive con una tale facilità che impiega settimane per la composizione di un'opera laddove un tedesco impiegherebbe anni". Così il tormento romantico del settentrionale stava nel paragonarsi all'immaginaria disinvoltura solare di quel mondo mediterraneo che gli sfuggiva. Del resto, il fatto che Beethoven non abbia infine rifiutato di incontrare la sua apparente antitesi, suggerisce che l'indomito gigante riconosceva Rossini come suo pari. Beethoven, che presto avrebbe scritto i suoi ultimi cinque quartetti d'archi, l'apice della sua gloria, era stato istruito dai compositori che più Rossini ammirava: Haydn e Mozart. Al contrario di Rossini, componeva lentamente, riesaminando in continuazione il proprio processo creativo. Aveva mecenati e amici, ma anche molti nemici.

Rossini fu profondamente commosso dallo squallore dell'alloggio di Beethoven. Notò che c'erano persino delle crepe nel soffitto. Il "van" aggiunto stupidamente al nome di famiglia per darsi un'aria aristocratica era smentito dai tratti contadini di Beethoven, ma la nobiltà interiore la si percepì quando lesse le domande rivoltegli da Rossini. Dietro il tavolo presso il quale Beethoven sedeva c'era il pianoforte a coda, uno dei migliori dell'epoca, costruito per lui da Conrad Graf. Lo strumento era già a pezzi, e le corde rotte. Sul tavolo, Rossini vide i cornetti acustici e i libri di conversazione nei quali i pochi visitatori che osavano andare a trovarlo scrivevano le domande quando egli non ci sentiva o non voleva sentire. C'erano un po' di monete sparse, diverse penne d'oca, una tazza da caffè rotta e il suo candelabro d'ottone, una statuetta di Cupido dalla forma neoclassica. Rossini, in seguito, descrisse quell'incontro non solo a Wagner, ma anche a Hiller e Hanslick:

> Salendo le scale che conducevano al povero alloggio dove viveva il grand'uomo, faticai a controllare la mia emozione. Quando la porta s'aprì, mi trovai in una specie di bugigattolo così sporco da rivelare un disordine spaventoso. Mi ricordo soprattutto che il soffitto, immediatamente sotto il tetto, era costellato di crepe così larghe che la pioggia doveva penetrarvi a fiotti. I ritratti che conosciamo di Beethoven rendono nell'insieme abbastanza bene la sua fisionomia: ma quel che nessun bulino saprebbe esprimere è l'indefinibile tristezza che tutti i suoi lineamenti mutava, mentre sotto le folte sopracciglia brillavano, come nel fondo di caverne, occhi che quantunque piccoli, pareva che vi ferissero. La voce era dolce e alquanto velata. Quando entrammo era intento a correggere alcune bozze di musica.
> "Ah! Rossini," mi disse, "siete voi l'autore del *Barbiere di Siviglia*? Ve ne faccio i miei rallegramenti: è un'eccellente opera buffa. Essa si rappresenterà fino a tanto che esisterà un'opera italiana. Non cercate di far altro che opere buffe: voler riuscire in altro genere sarebbe far forza alla vostra natura."

Rossini non avrebbe mai dimenticato questo appunto, alludendovi anche quando meditava sulla morte: dedicò scherzosamente i suoi ultimi lavori a Dio, ma ripeté anche l'affermazione di Beethoven; in altre parole, solo Dio e Beethoven potevano sapere che Rossini non era destinato alla musica seria. Egli, ironicamente, sottintendeva che tutti e due avevano torto. Io sono d'accordo con Rossini.

Carpani, che aveva preparato Beethoven all'incontro inviandogli gli spartiti di diverse opere serie, comprese *Tancredi*, *Otello* e *Mosè*, glielo ricordò. Beethoven rispose:

> In effetti le ho scorse, ma vedete, l'opera seria non fa parte della natura italiana. Per trattare un vero dramma, non hanno abbastanza dottrina musicale e del resto come potrebbero acquisirla in Italia? Nell'opera buffa nessuno sa-

prebbe eguagliare voi italiani. La vostra lingua e la vivacità del vostro temperamento si destinano ad essa. Guardate Cimarosa e quanto nelle sue opere la parte comica *è* superiore a tutto il resto! E lo stesso con Pergolesi. Voi italiani, lo so, tenete in gran conto la sua musica sacra. Nel suo *Stabat*, ne convengo, vi *è* sentimento assai toccante; ma la forma vi manca di varietà [...], l'effetto *è* monotono, mentre la *Serva Padrona*...

Rossini ricordava poi di aver espresso la sua "profonda ammirazione per il suo genio, e tutta la mia gratitudine per avermi dato l'opportunità di esprimergliela". Quanto era stato modesto – e grande – da parte di Rossini non risentirsi e, invece, rendere omaggio al grande Beethoven. E come si sbagliava Beethoven anche a proposito di Pergolesi: il suo *Stabat Mater* è un capolavoro e ha dimostrato di resistere di più, nel tempo, de *La serva padrona*. Mentre Rossini scriveva sull'apposito quadernetto, servendosi di una di quelle penne d'oca che aveva visto sul tavolo, parole d'ammirazione – Beethoven capiva l'italiano, anche se Rossini avrebbe potuto essere messo alla prova sul tedesco che aveva imparato da poco – il grand'uomo rispose con un profondo sospiro e con la semplice frase: "Oh, un infelice!". Carpani, Beethoven e Rossini rimasero tutti e tre silenziosi per qualche tempo. Cosa pensava il compositore tedesco del trentenne Rossini, corpulento e vestito elegantemente? Beethoven ruppe il silenzio chiedendo notizie sulla situazione della musica in Italia. Le opere di Mozart vi erano rappresentate? Se sì, quanto spesso? Proseguì facendo gli auguri a Rossini per la sua imminente *Zelmira* e poi annunciò che la visita era durata abbastanza. Accompagnando alla porta il compositore più giovane e Carpani, mormorò: "Ricordatevi di darci tanti *Barbiere*".

Un senso di profonda tristezza invase Rossini mentre scendeva le scale. Poiché aveva raggiunto la sicurezza economica, era ancor più colpito dalla povertà di Beethoven e si ritrovò a piangere copiosamente e rumorosamente. Carpani provò a consolarlo, sottolineando che Beethoven doveva rimproverare soltanto se stesso per il proprio isolamento. Ma Rossini non riusciva a cancellare dalla mente la tristezza espressa dalle parole sussurrate in italiano: "un infelice".

La sera stessa, a una cena offerta dal principe Metternich, Rossini descrisse quell'esperienza:

> Confesso che non riuscii a controllare un certo sentimento di compassione per il fatto di vedermi trattato con tanti riguardi da quella brillante assemblea viennese; che mi portò a dire ad alta voce e senza mezzi termini tutto ciò che pensavo circa la condotta della corte e dell'aristocrazia nei confronti del più grande genio dell'epoca, di cui si curavano così poco e che lasciavano in tali ristrettezze.

Provò a convincere alcuni membri di quella società a garantire un vitalizio a Beethoven, ma nessuno lo ascoltò. Anche se a Beethoven fosse stata offerta una sistemazione adeguata, gli risposero, l'avrebbe abbandonata: faceva così ogni sei mesi. Quanto alla sua servitù, la licenziava ogni sei settimane.

> Domandai se lo stato di sordità di Beethoven non fosse degno della più grande commiserazione [...]. Se fosse caritatevole tirar fuori le mancanze che gli erano rimproverate, per cercar scuse che evitassero di venirgli incontro [...]. Aggiunsi che sarebbe stato facile con una sottoscrizione minima, se tutte le famiglie ricche fossero intervenute, assicurargli una rendita abbastanza consistente da metterlo per tutta la vita al riparo da ogni necessità materiale. Nessuno appoggiò la mia proposta.

Al ricevimento che seguì era presente tutta l'alta società viennese. "Nel programma figurava uno dei trio che Beethoven aveva pubblicato di recente [...], il nuovo capolavoro fu ascoltato con fervore religioso," affermò Rossini. Com'era possibile, si chiedeva, che il mondo apprezzasse la musica di Beethoven, eseguita in luoghi tanto lussuosi, mentre l'uomo che l'aveva composta viveva in totale squallore?

Goethe, che Beethoven accusava di essere un poeta per

principi, lo descrive in questo modo: "Sfortunatamente ha una personalità completamente indomabile, non del tutto in errore, e ritiene detestabile il mondo, ma con il suo atteggiamento non lo rende più piacevole né per sé, né per gli altri". Ma in un'altra occasione, Goethe aveva scritto di Beethoven: "Un profano deve avere rispetto per le parole pronunciate da chi è posseduto da un simile demone".

Rossini non rinunciò al tentativo di raccogliere denaro per aiutare Beethoven. Alcune settimane più tardi aprì una seconda lista di sottoscrizione con il suo nome. Di nuovo, i viennesi non ne vollero sapere. Sebbene Rossini stesso non ne faccia menzione, una visita successiva è documentata nell'autobiografia di Anton Graeffer.

> Io stesso portai Rossini da lui quando viveva in Kaiserstrasse. Nonostante il pubblico propendesse per questo italiano più che per tutti gli altri compositori del mondo, Beethoven lo abbracciò ripetutamente e gli dimostrò, con affetto fraterno, di apprezzare molto il suo talento.

Rossini certamente incontrò Beethoven più di una volta, se non altro per portargli i fondi raccolti. L'accoglienza descritta da Graeffer è ben diversa da quella che Rossini rievocò in seguito, quando ne parlò a Wagner. Non è sorprendente che nei ricordi di Rossini la visita con Carpani rimanga la più importante, perché era stata la prima.

All'Hoftheater Rossini assistette a una rappresentazione di *Der Freischütz* di Weber. Emaciato, una faccia lunga dietro gli occhiali spessi, brutto oltre ogni descrizione, Weber non sopportava l'orgia di lodi che i viennesi tributavano a Rossini e lo insultava, a voce alta. In effetti, il popolo viennese era impazzito: la gente faceva a botte pur di vedere Rossini anche di sfuggita e pagava ingenti somme di denaro per stringergli la mano. C'erano cappelli, cravatte e bastoni da passeggio "alla Rossini", e persino i ristoranti gli intitolarono due pietanze. In suo onore si davano innumerevoli ricevimenti. Il compositore era spesso ospite della famiglia di banchieri Arnestein-Enkels e dedicò alla baronessa Cecilia Enkels il suo *Addio ai viennesi*.

Malgrado tutta questa attività frenetica, Rossini era ancora ossessionato dall'immagine di Beethoven, il cui genio era legato al suo temperamento cupo e alla rabbia che provava per la società; Beethoven non componeva per compiacere o per sottomettersi al gusto altrui. Forse fu dopo questo confronto che Rossini pensò di non aspirare più al consenso: capì che, avendo composto così tanto e con enorme successo, era sempre stato al servizio degli altri. La musica si stava muovendo in direzione opposta, e in questo la pittura e la poesia l'avevano preceduta. La musica doveva turbare e provocare: questo stava facendo Beethoven, e questa era la ragione della disapprovazione insita nell'etichettare Rossini come un compositore di opera buffa. Ma anche Beethoven concepiva l'opera buffa come satira, e le autorità lo sapevano. Il pubblico odierno individua troppo di rado i caustici giudizi critici dissimulati nell'opera buffa, specialmente in quella di Rossini. La sua opera buffa era spiritualmente critica nei confronti della società, e questo spiega perché sia ancora così divertente. *La Cenerentola* sbeffeggia la burocrazia e l'avidità, mentre *Il barbiere di Siviglia* deride gli elementi conservatori – il clero, i notai, l'esercito – a sostegno dei sempre più fragili regimi reazionari che governavano l'Italia a quel tempo.

Se fosse stato scontroso e arrabbiato, invece che arguto e mondano, se si fosse chiuso in un tugurio e avesse scritto musica che si scagliava contro l'ordine costituito, forse anche Rossini sarebbe stato respinto dalla società. Come i suoi predecessori, ma diversamente da Beethoven, Rossini si avvicinava alla composizione in primo luogo per guadagnarsi da vivere: era un lavoro come un altro. Nell'era romantica, quell'atteggiamento non era più possibile. L'altisonante esordio di Beethoven aveva spalancato i cancelli del Romanticismo. Il romanticismo esisteva già – come termine e certamente anche come concetto – al momento della visita di Rossini a Beethoven. Persino la malattia e la povertà (*La sonnambula* di Bellini, *La traviata* di Verdi) sarebbero diventati temi romantici, e tuttavia Gioachino Rossini aveva già sfiorato quei soggetti con una servetta accusata di furto, con un moro annientato dalla gelosia o con l'amore non corrisposto sullo sfondo dei laghi scozzesi. La libertà musicale che Beethoven aveva scelto lo aveva ridotto in povertà e quella era una condizione che Rossini rifuggiva: anche la semplice possibilità lo terrorizzava.

La fama

Dopo il vorticoso periodo di Vienna, Rossini tornò a Castenaso – ora proprietà sua e di Isabella –, dove compose diciotto gorgheggi. Sarebbe stata l'ultima volta che scriveva per sua moglie e questi esercizi forse erano un tentativo di aiutarla a recuperare la voce. Rossini era ancora innamorato di lei, sebbene il legame musicale che li teneva uniti si stesse allentando. Da allora avrebbe composto senza avere in mente Isabella, producendo musica che richiedeva un registro vocale diverso.

Finalmente ricco, Rossini avviò una trattativa per comprare Palazzo Donzelli, un edificio del diciassettesimo secolo in Strada Maggiore, la via principale di Bologna: sette anni dopo avrebbe vissuto lì, ma senza Isabella. Ormai a Bologna aveva molti amici. Mentre camminava sotto i portici di quella bella città, con la sua carrozza a cavalli che lo aspettava a piazza San Petronio, i conoscenti lo fermavano e gli stringevano la mano, ricordavano il passato comune e forse gli offrivano un bicchiere o un caffè. A quell'epoca i suoi genitori non si frequentavano. La madre, malata cronica e purtroppo imbruttita, riceveva conforto fisico e cure mediche adeguate a Castenaso.

Nel novembre, siamo nel 1822, Rossini ricevette un invito – in realtà, un ordine – dal principe Metternich. L'assetto che aveva instaurato si stava disgregando, così Metternich decise per un ennesimo congresso, questa volta a Verona, allora sotto il controllo austriaco. Rossini probabilmente accolse quell'opportunità con piacere. Con Metternich aveva molto in comune: non solo una buona dose di pessimismo, ma anche una predilezione per le belle donne e il buon cibo. Infatti il loro era uno scambio intellettuale, più che un'amicizia. Rossini ammirava Metternich e imitava le sue maniere, i suoi eleganti cambiamenti d'espressione e il suo cinismo. Gli fu chiesto di comporre delle cantate cerimoniali per i congressisti e di intrattenerli con la sua illustre presenza, come aveva fatto Beethoven durante il Congresso di Vienna.

"Vedendo che ero il dio dell'armonia, Metternich mi scrisse: sarei andato a suonare dove l'armonia era così terribilmente necessaria?" confidò in seguito Rossini. Appena Isabella e Gioachino si stabilirono negli eleganti appartamenti messi a loro disposizione a Verona, dove avrebbero abitato per due mesi, Rossini ricevette una visita dal capo della delegazione francese. Questi era nientemeno che il visconte de Chateaubriand, storico, diplomatico e grande ammiratore della musica rossiniana; voleva discutere la possibilità di Parigi, un progetto che era già nell'aria.

Il Congresso di Verona riunì il più imponente gruppo di capi di stato dopo il Congresso di Vienna. Oltre ai rappresentanti della Santa Alleanza, tutti i governanti d'Italia, tranne il papa, parteciparono a quello che si rivelò più un evento sociale che un'assemblea politica. Rossini fu presentato all'imperatore Francesco d'Austria, allo zar Alessandro e al duca di Wellington (che era a Verona perché sostituiva il ministro degli Esteri inglese, Lord Castlereagh, che si era suicidato quell'estate). Di sera si tenevano banchetti e intrattenimenti d'ogni genere.

Di fatto, Wellington rifiutò immediatamente di coinvolgere l'Inghilterra nella rivoluzione in Spagna. "La Santa Alleanza non era né santa, né un'alleanza," commentò Rossini. Nell'Arena di Verona venne allestito un banchetto con Rossini *placé*, al pari degli imperatori e dei primi ministri. Prima dell'età napoleonica, un semplice compositore, un uomo che si era fatto da sé, non avrebbe mai potuto sedere allo stesso tavolo con personaggi come quelli e parlare con loro da pari o quasi. Ma i tempi erano cambiati, anche se non erano passati molti anni da quando Luigi XVI o re Nasone mangiavano a un tavolo da soli. A Verona l'intrattenimento includeva, nel pomeriggio, sontuosi balletti, mimi, danze e feste. Un'orchestra di centoventotto elementi reclutati dalle bande militari di stanza nei pressi suonava orrendamente. L'atmosfera di un potere vacuo e la boria dei delegati resero il congresso poco più che una frivola esperienza teatrale, ma Rossini era lusingato di trovarsi a Verona nel bel mezzo di un simile consesso, e allo stesso tempo la pressione lo logorava. In questo periodo in lui si manifestarono segni di ansia: per esempio, mentre dirigeva sotto la statua della Concordia, fu preso dal panico al pensiero che la figura di marmo avrebbe potuto cadergli addosso da un momento all'altro e, dato che l'unica concordia che c'era tra quei politici era la statua, la cosa avrebbe potuto sembrare buffa, se Rossini non fosse stato colto da un vero e proprio attacco di panico.

Le due cantate scritte dal compositore per il congresso, *La santa alleanza* e *Il vero omaggio*, sono andate perdute. La prima, commissionata da Metternich, fu rappresentata il 24 novembre; la seconda, scritta per il castrato Velluti oltre a due tenori, basso, coro e orchestra, ed eseguita al Teatro Filarmonico il 3 dicembre, richiese poco lavoro compositivo perché era tratta da *La riconoscenza*. Rossini poi sperava che *Il vero omaggio* non circolasse, visto che qualche orecchio si sarebbe potuto accorgere che era quasi totalmente basato su una delle sue composizioni precedenti, ma quando si recò alla sala dei concerti di Verona per riprendersi gli spartiti autografi, gli fu impedito: i committenti sostenevano di aver comprato la sua musica in toto. Era la prima volta che Rossini si muoveva per rivendicare la proprietà del suo lavoro. Prima di affermare i diritti intellettuali doveva passare molto tempo. Egli tracciò la strada per le lotte a venire, per il giorno in cui i compositori avrebbero potuto salvaguardare le loro creazioni e impedire ai teatri di usarle e abusarne.

Londra

Gioachino e Isabella avevano già deciso di visitare Londra e di conoscere la città che si favoleggiava fosse la più ricca del mondo. Prima che attraversasse la Manica, Chateaubriand aveva messo una pulce nell'orecchio di Rossini: voleva convincere lui e Isabella a fermarsi a Parigi. Rossini non aveva molto bisogno di essere persuaso, ma aveva bisogno di mettere da parte quanta più musica possibile per i suoi imminenti viaggi e per gli ingaggi futuri.

La presenza di Rossini al Congresso di Verona fu difficile da mandar giù per chi una volta lo aveva venerato come il compositore che aveva avuto il coraggio di alludere a *La Marsigliese* in una delle sue opere di maggior successo, le cui parole incitavano gli italiani all'azione contro gli stranieri. Adesso le orecchie liberali dovevano ascoltare le sue sdolcinate cantate in onore della Santa Alleanza! Il suo lavoro con i Borbone veniva invece giudicato come il normale impegno di un compositore, Rossini non si era particolarmente fatto in quattro per loro. Ma che facesse il giullare di Metternich a Verona era considerato inaccettabile, e la sensazione che Rossini fosse un uomo di destra nasce in questo periodo. Col senno di poi è più facile considerare il compositore un'icona dell'uomo moderno, l'individuo che la Rivoluzione francese, l'Impero e la nuova era del Romanticismo stavano producendo: l'uomo che si è fatto da sé, pragmatico e affarista.

Il 9 dicembre 1822 Rossini e Isabella erano a Venezia per *Maometto II* un po' rifatto. La Colbran non era al suo meglio e il pubblico veneziano schiamazzò a tal punto che l'opera dovette essere sostituita da *Ricciardo e Zoraide*: ma nemmeno quella ebbe successo.

La voce della Colbran era molto peggiorata. Rossini, per di più, stava affrontando un fenomeno nuovo e per lui sgradevole: essendo diventate molto popolari, le sue opere cominciavano a viaggiare. Iniziava l'era del repertorio. Il pubblico si aspettava invece novità, ma quello che Rossini offriva sembrava, certe volte, un vecchio cappello già usato altrove.

Adesso La Fenice chiedeva una nuova opera seria: l'accordo specificava che Rossini doveva comporre e sovrintendere alla sua produzione. Rientrato a Castenaso, si mise a lavorare alla *Semiramide*. L'opera – che, come *Tancredi*, era tratta da una tragedia di Voltaire – si rivelò una delle poche sulle quali ebbe tempo di riflettere: circa quattro mesi. Più complessa dei suoi precedenti melodrammi, *Semiramide* sfoggia vertiginose acrobazie di belcanto; il librettista era Gaetano Rossi, il quale si recò a Castenaso per lavorare con il maestro. Così descrisse la villa a Meyerbeer: "Deliziosa, veramente, piacevole in tutti i suoi dintorni; splendidi giardini, una bellissima, piccola cappella, il lago, le colline, i boschi e una casa magnifica ed elegante".

A pochi giorni dall'arrivo di Rossi, il 5 ottobre, la forma dell'opera era stata stabilita. Ancora da Castenaso, alla fine del mese, Rossi informò Meyerbeer che Rossini non era indietro e commentando la musica, scrisse: "Che magnificenza! Un affresco veramente imponente". L'ouverture, una delle più note di Rossini, include temi che nell'opera si ascolteranno solo in seguito e, a differenza dei suoi lavori precedenti, l'intera composizione è d'impianto sinfonico. L'impetuosa storia dell'amore osteggiato è espressa in brillanti cavatine e costituisce l'apice dello stile del belcanto rossiniano, che presto sarebbe passato di moda anche perché pochi cantanti erano ormai all'altezza di interpretarle. Lo zar Alessandro e Francesco II assistettero ad alcune delle prove e apparve evidente che gradivano quello che stavano ascoltando. Malgrado ciò, mentre il primo regalò a Rossini una tabacchiera tempestata di diamanti, il secondo si limitò a sorridere e a stringergli la mano (era notoriamente tirchio).

Anni più tardi, il grande pittore Eugène Delacroix scriveva:

> Quello che mi rimane nella mente è l'impressione del sublime che abbonda in quest'opera. Soprattutto quando si è lon-

tani dal palcoscenico la memoria fonde i vari effetti in un insieme solo. Pochi divini passaggi mi trasportano fino alla mia giovinezza. Nessuno, quando Rossini è apparso, si è accorto di quanto egli fosse romantico. Egli rompe con le antiche formule illustrate dai classici fino al suo tempo. Solo in lui si trovano quelle patetiche introduzioni e quei passaggi che, al di fuori di ogni convenzione, riassumono un'intera situazione umana. Questa è la sola parte del suo talento che è protetta da ogni imitazione.

Era l'intuito creativo che lo aveva reso uno dei primi compositori romantici, aggiungeva Delacroix.

Alla prima, il 3 febbraio del 1823, il pubblico veneziano trovò l'opera troppo lunga – non avevano ancora ascoltato Wagner! – e quindi Rossini dovette tagliare quasi del tutto il primo atto per le ventotto rappresentazioni successive. Ma, ancora una volta, il vero problema era la voce di Isabella; giorni prima del debutto, i veneziani avevano affisso manifesti listati a lutto con la scritta *Requiescat in pacem*, per partecipare crudelmente la morte della voce della Colbran. Infatti un rapporto di polizia segnalava: "È stata staccata dalle muraglie una Carta di sarcasmo [*sic*] alla Cantante Colbran Rossini".

Dopo aver lasciato Venezia, Rossini si fermò a Treviso (il primo aprile 1823) per scoprire un busto commemorativo di Antonio Canova, morto l'anno precedente, e dirigere l'esecuzione del suo *Omaggio pastorale*, una cantata per tre voci femminili e orchestra, un tributo allo scultore neoclassico che tutto il mondo aveva ammirato. Poi il compositore e la Colbran tornarono a Castenaso, dove rimasero per diversi mesi. Fu un periodo buio nella loro vita coniugale: Isabella non era più richiesta, e Gioachino lo era troppo; lei non era più occupata nelle attività teatrali – la lettura di spartiti e libretti, le prove, gli incontri con gente interessante – e lui sì. Isabella aveva troppo tempo a disposizione, nessun figlio di cui occuparsi e nessuna speranza di averne. Per di più, le relazioni con la suocera si stavano deteriorando perché Isabella si sentiva socialmente superiore ad Anna – la persona che Gioachino amava di più – e forse ne era anche gelosa. Può darsi che Isabella fosse risentita con il marito perché aveva composto *Semiramide* per una voce che adesso era fuori dalle sue possibilità; Gioachino, in questo modo, le aveva danneggiato la carriera e la reputazione. La situazione presto divenne pubblica, tant'è che Rossini ricevette una lettera che si riferiva a Isabella come alla "vostra noiosa compagna". Nel frattempo, il compositore cercava svago con alcune vecchie "amiche" nei bordelli di Bologna.

Sperando, forse, che un periodo di intensa collaborazione avrebbe migliorato umore e rapporti, Isabella e Gioachino firmarono i contratti per Londra. Malgrado le promesse, nessuno dei due ritornò mai a Napoli e – cosa più importante – *Semiramide* fu l'ultima opera di Rossini per il pubblico italiano.

Il 20 ottobre 1823 si misero in viaggio verso l'Inghilterra, passando per Milano, dove il duca del Devonshire diede loro delle lettere di presentazione. Si sarebbero prima fermati a Parigi, il centro, il cuore scintillante dell'Europa culturale romantica.

Parte terza

> Il faut convenir que les passions sont un accident dans la vie, mais cet accident ne se rencontre que chez les âmes supérieures.
>
> STENDHAL, *Le Rouge et le Noir*

Parigi

Si godettero Ginevra, che raggiunsero dopo un difficile ma bellissimo viaggio durante il quale ebbero modo di ammirare una meravigliosa parte d'Europa che non conoscevano, e di lì i Rossini arrivarono a Parigi il 9 novembre del 1823. Furono ospiti per un mese dello scrittore genovese Nicola Bagioli, al 6 di rue Rameau.

In Francia Gioachino era già ben introdotto nei circoli della monarchia borbonica. La graziosissima e influente duchessa di Berry diede una festa musicale in suo onore, durante la quale Rossini si accompagnò al piano eseguendo alcune arie prese dalle proprie opere. Cantò anche a una *soirée* dalla contessa Merlin e quando Mademoiselle Mars diede una festa per lui, il grande e celeberrimo attore Telma recitò e Rossini stesso cantò. Nel corso di una serata organizzata dal pittore François-Pascal Gérard gli fu presentato il giovane Honoré Balzac (non ancora *de* Balzac). Durante quel soggiorno parigino *La Vie de Rossini* di Stendhal era in tutte le librerie e stava rapidamente diventando un bestseller, ogni giorno apparivano articoli che riportavano i motti di Rossini, ogni suo dettagliato movimento, chi incontrava e chi non incontrava.

La maggior parte delle sue opere erano state rappresentate a Parigi, anche se in versioni tronche o imbastardite, cosa comune se non *de rigueur* quando il compositore non era nei paraggi. Comunque, due giorni dopo il suo arrivo Rossini era presente per *Il barbiere di Siviglia* che si dava al Théâtre-Italien, e non mancò di constatare che i cantanti facevano dello spartito quel che volevano.

Dal 1812, sotto la direzione di Ferdinando Paër (Rossini aveva debuttato in teatro nella *Camilla* di Paër nel lontano 1805, a Bologna), il Théâtre-Italien era precipitato in uno stato di disordine e di mediocrità. A Parigi, l'unico modo per ascoltare musica nuova e ben suonata era andare in un salotto privato. I parigini erano giunti alla conclusione, ben fondata, che l'amministrazione di Paër – bonapartista – stesse portando avanti una campagna per bandire la musica di Rossini. Pertanto, l'entusiasmo con cui Rossini era stato ricevuto aveva parecchio a che fare con la restaurazione dei Borbone. L'avanguardia intellettuale – i romantici – disprezzava i *parvenus* che avevano condotto affari per riempirsi le tasche piuttosto che per nutrire l'intelletto del pubblico. La nobiltà borbonica e l'avanguardia artistica parigina, che erano nel pieno della reazione contro il Neoclassicismo di stampo bonapartista, la sua sontuosità e i falsi titoli, simpatizzavano istintivamente con Rossini. La Parigi musicale conosceva la sua musica ma la conosceva male – nel senso che le opere di Rossini non erano quasi mai state messe in scena, venivano eseguite cavatine e arie tirate fuori dalle belle voci nei concerti in case private. Eppure, l'eco dei suoi successi e la novità dell'orchestrazione avevano raggiunto la capitale. A Parigi, Rossini avrebbe potuto contare su orchestre più competenti di quelle dei teatri italiani.

La febbre rossiniana che aveva colto Parigi era tale che una settimana dopo l'arrivo del compositore si preparò per lui una cena al Restaurant Martin di place du Châtelet, noto come "du Veau qui tette". Domenica 16 novembre, più di centocinquanta invitati – la *crème* della società intellettuale parigina – affollarono i raffinati locali del ristorante. Tra i presenti, il pittore Horace Vernet, i compositori Auber, Boieldieu e Hérold, e tre cantanti d'eccezione, Giuditta Pasta, Manuel García e Laure Cinti-Damoreau, che all'epoca erano famosi come oggi certe stelle del cinema. Gli ospiti (paganti) venivano salutati all'arrivo dall'ouverture de *La gazza ladra*. Ogni dettaglio del banchetto, dalle decorazioni alle pietanze, aveva connessioni rossiniane. Una medaglia coniata per l'occasione fu regalata a tutti gli ospiti, il cui commiato fu accompagnato dalla "Buonasera" de *Il barbiere* – che non era il modo migliore di congedare le gentildonne, se ci si ricorda di come viene mandato via il povero Don Basilio: l'aria termina con la stretta "Maledetto, andate via, presto andate via di qua".

La cena divenne talmente celebre che nel giro di due settimane fu scritto, e rappresentato al Théâtre du Gymnase-Dramatique, un *vaudeville* che se ne faceva beffe, con testi di Eugène Scribe e musica di Edmond Mazères. Intitolato *Rossini à Paris ou Le grand dîner*, conteneva più critiche provocate dall'invidia per il successo di Rossini che attacchi a Rossini stesso.

La storia di questo *vaudeville*: il famoso compositore è in arrivo a Parigi da un momento all'altro, tutti vogliono incontrarlo ma nessuno sa che aspetto abbia. Il locandiere Biffteakini progetta una grande cena che gli frutterà lauti guadagni. Egli ama il cibo e la musica e onorerà "Le Grand Rossini, le Divin Rossini, Apollo Rossini". Tutti gli italiani sono canaglie, ma Biffteakini è convinto che "le Divin", lui soltanto, sia buono e onesto. Il cast naturalmente include una bella ragazza, la figlia di Biffteakini, che dopo tre mesi all'Accademia non riesce ancora a cantare una sola nota. Nel frattempo si presenta alla locanda il bello e giovane Giraud, uno squattrinato studente del Conservatorio che ha grandi idee per mettere in scena opere francesi: una satira pungente nella situazione musicale di quel periodo. Dopo l'annuncio dell'arrivo di Rossini a Parigi, Biffteakini offre la spettacolare cena in suo onore cucinando anguille "à la sauce Kreutzer" mentre canta *Di tanti palpiti*.

> De Rossini partisan fanatique
> j'aime à chanter ses airs et ses rondeaux,
> tous ses finals ont un pouvoir magique;
> leur souvenir me suit jusqu'aux fourneaux

Maître divin! ah! Combien tu me touches,
humble traiteur, j'admire ton talent
et je l'envie en un point seulement,
c'est que ton nom remplit toutes les bouches,
et que mon art n'en peut pas faire autant.

Scambiando lo studente per Rossini, Biffteakini e i suoi commensali si accorgono più tardi dell'equivoco ("Rossini – Rossini – pourquoi n'es-tu pas ici?").

Il compositore fu invitato a presenziare alle prove, ed essendo uomo di spirito applaudì entusiasta.

Prima di lasciare Parigi per Londra, Rossini fu avvicinato dal marchese di Lauriston, ministro della Casa reale borbonica, che gli offrì un incarico ufficiale. Il re voleva Rossini e sua moglie a Parigi: il rinnovato orgoglio nazionale della monarchia restaurata richiedeva infatti standard culturali e musicali più elevati, oltre alla riorganizzazione musicale del teatro dell'opera. Il compositore chiese quarantamila franchi l'anno, offrendo nuovi spartiti e promettendo una direzione musicale che avrebbe risollevato la qualità musicale dei teatri parigini. Ma il prezzo fu ritenuto esorbitante. Comunque Rossini era ansioso di esplorare le opportunità di Londra, una città che avrebbe offerto qualche occasione alla sua trascurata moglie. La Colbran doveva cantare al King's Theatre. Prima di lasciare Parigi, comunque, nientemeno che la banda della Guardia nazionale seguì Rossini in rue Rameau, dove suonarono la serenata di Lindoro. A nessun compositore, a Parigi, erano mai stati riservati simili onori. Rossini fu persino eletto socio onorario dell'Accademia delle Belle Arti.

La bianca scogliera

Adesso toccava all'Inghilterra soccombere alla febbre rossiniana: tutti volevano dare almeno un'occhiata al più famoso compositore d'opera contemporaneo. Al suo arrivo, l'influente rivista musicale "Harmonicon" annunciò:

> Di tutti i compositori viventi, Rossini è il più celebrato. È stato invitato in ogni grande teatro d'Europa. L'anno scorso avrebbe dovuto presiedere il King's Theatre di Londra, ma ha preferito Vienna. Parigi, poi, lo reclama; e se non sarà distrutto dall'ammirazione dei francesi, o appesantito dalla loro opulenza, verrà a Londra, l'ultima, la più elevata e la più generosa delle capitali, che si nutre di uomini e di canzoni.

Ormai trentunenne, Rossini trovò così traumatica la sua prima traversata della Manica che all'arrivo a Londra dovette rintanarsi a letto per una settimana. Per il compositore, viaggiare dentro un mostro che sputava fumo e fiamme, un demone simile a Cerbero, fu un'esperienza terrificante. Lui e Isabella erano abituati alle barche a vela che attraversavano la baia di Napoli. La vista di quelle stravaganti navi a vapore era oltremodo insopportabile. *L'educazione sentimentale* di Flaubert ci dà un'idea dello choc che provocò la nuova energia a vapore:

> La pila dei bagagli fra le due ruote a pale diventava sempre più alta e il baccano si mescolava al sibilo del vapore che, uscendo da alcune placche di ferro, avvolgeva la scena di una nebbia biancastra, mentre la campana di prua suonava incessantemente.

Quando infine Rossini raggiunse Londra, il 13 dicembre 1823, il principe Livens, parente dello zar, che in qualità di ambasciatore russo aveva certamente incontrato Rossini al Congresso di Verona, lo chiamò per convocarlo al cospetto di Sua Maestà, ma gli fu detto che il compositore aveva bisogno di stare da solo. Era uno strano modo di trattare un monarca, e Rossini non poteva permettersi di snobbare Giorgio IV, ma era improvvisamente atterrito dalla sensazione di perdere il controllo di sé. Il principe Livens si convinse che l'aspetto sgomento di Rossini fosse il risultato di una sorta di straniamento, di esaurimento nervoso, come poi riferì al re, che si trovava al Royal Pavilion di Brighton. Questa è la prima testimonianza diretta che abbiamo di un grave collasso nervoso, ma Rossini deve averne avuti altri passati inosservati. La traversata della

Manica lo indusse a evitare l'Inghilterra: difatti non sarebbe mai più tornato a Londra.

Come ha spiegato Simon Wessely, professore di psichiatria a Londra, le vittime degli attacchi di panico si riducono in una condizione di incapacità e non riescono nemmeno a concepire di affrontare di nuovo le circostanze in cui l'attacco si è presentato. Nel caso di Rossini, ogni tipo di viaggio con un mezzo di trasporto a vapore lo traumatizzava e lo sfibrava, rendendolo incapace di lasciare il letto per giorni: non riusciva a parlare né a scrivere, e men che meno a comporre. Isabella non era in grado di aiutarlo.

La coppia risiedeva al numero 90 di Regent Street, una splendida e nuova zona residenziale costruita dall'architetto John Nash. A far loro compagnia c'era un pappagallo coloratissimo. Quando Rossini si riprese, lui e Isabella lasciarono Londra per Brighton, dove il re, suo grande ammiratore, lo stava aspettando. Arrivarono il 29 dicembre. Il nuovissimo Royal Pavilion, in stile moresco all'esterno e cinese all'interno, doveva essere ancora più favoloso di quanto lo sia oggi, e agli occhi di Rossini quella stravaganza – una bizzarria architettonica saltata fuori da una favola orientale – ricordava probabilmente il palazzo del Bey Mustafà de *L'Italiana in Algeri*, l'harem de *Il ratto dal serraglio* o il palazzo della regina della notte di *Der Zauberflöte* di Mozart. Nel padiglione, ogni stanza echeggiava di musica e c'erano dappertutto buoni ascoltatori e ottimi strumenti. Il re amava la musica e prendeva parte a trio, quartetti d'archi e canti a più voci, e a volte si produceva anche da solo; le serate finivano con valletti e paggi che portavano champagne ghiacciato e sandwich squisiti, e le porcellane si specchiavano nel rosso lacca delle pareti, nei cristalli dei lampadari sostenuti da draghi. Ma Rossini era distante e apatico.

Oltre alla sua recente fobia per i viaggi marittimi, probabilmente era scioccato dal mare gelido di Brighton: quelle onde marroni devono essergli sembrate troppo diverse dalla baia di Napoli. Nonostante ciò, riuscì a gustare il piacere di utilizzare i magnifici pianoforti del Royal Pavilion. Un giorno, mentre suonava, re Giorgio entrò d'improvviso nella stanza e tutti si alzarono in segno di rispetto. Rossini invece continuò a suonare. Sollevando i suoi cortigiani dall'imbarazzo, il re tirò dritto verso Rossini e disse: "È giusto che il re della musica continui a suonare quando entra un semplice re". Dopo aver turbato i cortigiani con la propria mancanza di rispetto, Rossini peggiorò la situazione cantando la *Canzone del salice* di Desdemona in falsetto per dimostrare come poteva suonare la voce di un castrato, cosa che fece arricciare molti nobili nasi. Quando intonò *Largo al factotum* con voce baritonale, il sovrano si unì a lui. Poi re Giorgio lo prese sottobraccio ed ebbero una conversazione privata. Senza dubbio, parlarono di come la moglie del re, Carolina di Brunswick, si era comportata a Pesaro.

Ma, all'improvviso, Rossini sembrava non curarsi più delle buone maniere così faticosamente imparate, rischiando di essere giudicato persino maleducato. La verità è che stava prendendo le distanze dalla sua precedente ammirazione per il potere: in parte stava inconsapevolmente metabolizzando la lezione che Beethoven gli aveva impartito, e in parte era sopraffatto da una strana depressione. Sentiva che nulla di ciò che poteva fare o che aveva già fatto era sensato. Il periodo trascorso a Parigi aveva modificato il suo atteggiamento nei confronti del mondo di corte: aveva bisogno di maggior profondità.

Tornato a Londra, Rossini si spostava tra una casa ducale e un'altra, da Apsley House a Devonshire House, e passò quasi tutto il tempo con i reali e l'alta aristocrazia. Il re lo accompagnava spesso, specialmente alle *matinées* musicali del giovedì del principe Leopoldo di Saxe-Coburg, a Marlborough House. Rossini divenne anche amico di Sir David Solomons, sindaco della City e fondatore della Westminster Bank, per il quale compose un delizioso duetto per violoncello e contrabbasso. Al King's Theatre diedero un concerto speciale in occasione del quale fu prodotta una stampa che mostrava il compositore al pianoforte con il soprano Angelica Catalani, la diva più pagata dell'epoca.

Tra loro è rappresentata Britannia che corona di gloria le due teste, mentre angeli e amorini sono distribuiti su tutto il palcoscenico. Elegantissime signore adoranti ammirano il compositore dai palchi.

Sfoggiando un vestito blu e una cravatta nuova al giorno e con un atteggiamento che accoppiava l'indifferenza alla genialità, Rossini vedeva la sua chioma diradarsi. "Assomiglia più a una robusta sagoma inglese che non a un sensibile nativo del dolce clima italiano," riferiva il "Quarterly Musical Magazine". Un altro scrittore commentò che sembrava un allegro grassone, ma aggiunse: "La sua bravura al pianoforte è miracolosa".

Londra era del tutto diversa da qualsiasi altra città che Rossini avesse visitato. Affollata e con il cielo oscurato dal fumo del carbone, nel 1823 era indaffarata e in espansione: in meno di un secolo la sua popolazione si era quadruplicata. All'epoca, un viaggiatore australiano la definì una moderna Babilonia. Un altro, Hippolyte Tansie, notò che Londra era talmente intasata da veicoli di tutti i tipi che per raggiungere la periferia ci voleva un'intera mattinata.

L'aristocrazia, che rappresentava il cinque per cento della popolazione, viveva trincerata nelle dimore di campagna. Le classi medie, compresi i mercanti e i banchieri, erano felici di accettare una posizione subordinata mentre le masse vivevano in povertà. Alcuni aristocratici erano stati risvegliati dal Grand Tour, ma nel complesso l'Inghilterra era priva degli stimoli politici e sociali che avevano dato energia alla Francia, all'Italia e alla Germania: l'Inghilterra dell'epoca, infatti, produceva moltissimo denaro, ma pochi veri artisti. A eccezione di Turner, il campo della pittura era carente; gli spartiti della musica erano rimasti vuoti per decenni e le migliori espressioni culturali erano rappresentate dalla letteratura e dalla ricerca scientifica. Malgrado gli sforzi di Giorgio IV, Londra restava seconda a Parigi in tutte le arti, e specialmente nel campo della musica. Le orchestre erano di seconda categoria, il pubblico ignorante e chiassoso, e la musica messa assieme a casaccio. Durante i sette mesi che Rossini trascorse in Inghilterra, fece il possibile per migliorare la situazione. Anche se la stagione operistica non andò bene, come direttore d'orchestra venne lodato dal "Times".

Fra le clausole del contratto con Benelli era previsto che Rossini componesse una nuova opera per il King's Theatre, che l'architetto Nash stava rimodernando.

Il compositore avrebbe dovuto mettere in scena un certo numero di sue opere e sovrintendere alla rappresentazione di altre. Il "Morning Chronicle" annunciò: "Il King's Theatre, con la nuova gestione, sarà decorato splendidamente. Tutti gli interni verranno abbelliti e rinnovati e i palchi saranno tappezzati e drappeggiati nuovamente". Il teatro fu preso in affitto da Benelli.

La stagione londinese di Rossini del 1823-1824 si aprì con *Zelmira,* la sua ultima opera napoletana. Il pubblico aveva fatto la coda davanti al teatro fin dalle prime ore del mattino. "Quando entrò nella fossa dell'orchestra, fu ricevuto con applausi assordanti e il pubblico era talmente ansioso di vederlo, pur se di sfuggita, che tutti in platea si alzarono in piedi sulle sedie per poterlo guardare," scrisse il "Chronicle". Tuttavia quell'opera, che aveva così tanto esaltato Vienna, non piacque: ancora una volta la voce della Colbran non era adatta alla parte. Si muoveva bene sulla scena, era una provetta attrice, ma a volte le mancavano addirittura delle note. Ricevette millecinquecento sterline, molto più degli altri cantanti e più del doppio del compositore, persino di un Rossini che a quell'epoca era la superstar delle scene.

La stagione era più o meno dedicata a Rossini, con ben sette opere tra le quali *Ricciardo e Zoraide,* che per la difficoltà e l'aspettativa segnò la fine della carriera di Isabella. *Il barbiere di Siviglia* non fu accolto bene dal pubblico londinese; soltanto *Otello* e *Semiramide,* interpretate da Giuditta Pasta e Manuel García, padre della Malibran, suscitarono entusiasmo. Rossini in persona istruì la bella Giuditta e l'anno seguente la convocò a Parigi.

A Ferdinando Hiller avrebbe poi raccontato: "Eccettuato durante il mio soggiorno londinese, con la mia arte non ho mai guadagnato abbastanza da poter mettere via qualcosa. A Londra ho guadagnato non come compositore, ma come accompagnatore...".

Ugo, re d'Italia, la nuova opera promessa da Rossini e già iniziata, non fu mai terminata né rappresentata. Nonostante venisse ricompensato in maniera spropositata per i concerti privati e per dare lezioni di piano ai figli dei ricchi, Rossini cominciava a provare un certo risentimento: la stampa inglese, infatti, lamentava che la sua presenza costava troppo. E per di più, *Ugo, re d'Italia*, l'opera londinese, non vide mai la luce per ragioni finanziarie. Il musicologo Andrew Porter ha risolto il mistero: Rossini non consegnò mai l'opera perché non gli era ancora stato saldato il conto e, così facendo, si comportò come un qualsiasi uomo d'affari, cosa che gli inglesi avrebbero dovuto apprezzare. Ma il non aver mantenuto la promessa di dare a Londra una nuova opera (cosa che finalmente la capitale inglese ottenne da Verdi con *I masnadieri*) lo rese impopolare. Rossini si comportò scorrettamente quando fu complice della fuga di Benelli: l'impresario, dopo aver dichiarato bancarotta, aveva venduto i costumi e le scenografie dall'Haymarket Theatre. In questo confuso e non chiaro episodio, è probabile che il teatro avesse chiesto il rimborso per i suoi beni a Rossini, che si rifiutò e che invece depositò in banca lo spartito incompleto di *Ugo, re d'Italia* e parte del compenso.

Il bellicoso filo-ellenismo che aveva portato Byron alla morte il 19 aprile del 1825 era stato innescato dalla ribellione greca contro l'occupazione ottomana. I turchi avevano reagito impiccando il patriarca di Costantinopoli e tre vescovi con addosso i paramenti ecclesiastici, mentre almeno trentamila greci venivano uccisi nella sola isola di Chios. Praticamente tutta l'Europa, persino Carlo X di Francia, si schierò con i ribelli ellenici. Byron divenne "il più nobile amico della Grecia" e, quando morì di febbre a Missolungi, il mondo romantico, e non solo quello, lo pianse. Rossini compose un lamento funebre, *Il pianto delle Muse in morte di Lord Byron*, e cantò egli stesso la parte di Apollo per la prima rappresentazione.

"La musica [è] fatta di solenni rulli di tamburi, improvvise esclamazioni di lutto e lamenti ripetuti e spezzati, il tutto plasmato da Rossini in un canto funebre tanto breve quanto pieno di grazia," osserva Richard Osborne. Riguardo all'ignoto autore delle rime neoclassiche, sono tentata di attribuirle all'italo-greco Ugo Foscolo, allora esule politico a Londra, che incontrò Rossini in diverse occasioni. Le parole sul manoscritto (conservato al British Museum) sono scritte dallo stesso Rossini:

> APOLLO: Ahi, qual destin crudel invola al nostro core te, prima gloria e onore dell'Elicolio stuol.
> MUSE: Più non sarà ch'il labbro sciolga a quei divi accenti.
> APOLLO: Ch'udian sospesi i venti, figli di patrio amor.
> MUSE: Ah non è più quel grande, taccia la cetra e il canto.
> APOLLO: Altro sfogo che il pianto il nostro duol non ha.

Alcuni anni più tardi, l'amico Felix Moscheles chiese a Rossini se avesse mai incontrato Byron. "Solo in un ristorante," fu la risposta, "dove gli fui presentato; la nostra conoscenza, quindi, fu molto superficiale; pare che mi abbia parlato, ma non so che cosa mi abbia detto." Quando abbozzò questa descrizione, Rossini era profondamente depresso, quindi non la si dovrebbe giudicare come un ricordo sbrigativo o sgarbato.

Rossini non rivelò agli inglesi di aver firmato un contratto all'ambasciata francese di Londra, aveva negoziato le clausole del proprio ritorno a Parigi con il principe di Polignac. Voleva più soldi e aveva bisogno di un ambiente che lo stimolasse, nei salotti britannici di marchesi e principi non aveva trovato alcun Balzac, Hugo o Delacroix. Gli inglesi, dopotutto, sono dei marziani per noi latini e nessuno più di Gioachino Rossini aveva colto le distanze planetarie che dividevano il Tamigi dalla Senna. Inoltre, la burrascosa traversata della Manica lo aveva convinto di non essere tagliato per l'Inghilterra.

Forse ne detestò il cibo e il clima, sebbene non ne abbia mai fatto menzione. Per Verdi, pochi anni dopo, quelle furono le ragioni principali per rinunciare a Londra.

Con il timore di attraversare di nuovo la Manica, Rossini lasciò per sempre le bianche scogliere di Dover il 25 luglio 1824.

La Maison du Roi

Rossini aveva chiesto talmente tanti soldi e aveva posto condizioni tali per cui in un primo tempo decisero di rinunciare. Ma quando l'inviato del re, il visconte de la Rochefoucauld, ministro della Maison du Roi (dal 1824), si accorse che in Inghilterra avrebbero dato a Rossini ancora di più, persuase i Borbone ad acconsentire su tutto.

Così, nell'agosto del 1824 Rossini accettò la nomina di sovrintendente del Théâtre-Italien.

L'incarico a Rossini era una carta politica che i Borbone francesi, rozzi e ignoranti quasi al pari dei Borbone napoletani, dovevano giocare. La corte post-rivoluzionaria, e più avanti della Restaurazione, doveva fregiarsi di medaglie d'oro come quella del melodramma, la più scintillante di tutte.

Il Théâtre-Italien, voluto da Napoleone, era un'istituzione casualmente napoletana, tanto Spontini che Paër venivano dal Conservatorio di Napoli. Parigi voleva invece una Scuola, una grande scuola, la migliore.

Bisognava trovare una formula e l'unico che avrebbe potuto inventarla era il più famoso e decantato e innovativo compositore vivente, che non veniva dalla scuola napoletana, bensì l'aveva formata e abbellita con la sua presenza, e che poteva fregiarsi di essere una vera e propria superstar internazionale.

Rossini era conscio di quanto gli si chiedeva, e cioè trasformare il Théâtre-Italien e aprire la strada a una civiltà lirica francese dai connotati diversi da quelli italiani ma altrettanto superlativi. Non aveva voglia di ricominciare tutto da capo, di diventare impresario-inventore di nuovi meccanismi, di rimettere in piedi una vecchia baracca e sedurre un nuovo pubblico, ma dal momento che accettò la sfida, non c'è dubbio, aveva capito che era tutto da rifare.

Era stato Napoleone, dopotutto un italiano, un individualista, un romantico *ante litteram* che, nonostante le sue manie neoclassiche e tra una battaglia e una strage, aveva deciso di fare di Parigi il centro mondiale del melodramma. Sapeva bene che la musica era non solo un'arma politica ma anche un modo per dar lustro al proprio regno: "Di tutte le belle arti la musica è quella che più influisce sulle passioni, quella che il legislatore deve incoraggiare," aveva detto nel 1797. Le sue attenzioni per la musica si estendevano anche alle interpreti, Mesdames Caroline Branchu e Giuseppina Grassini difatti non sfuggirono alle sue attenzioni musicali, oltre che amorose. Ma leggendo i giornali dell'epoca si capisce come Parigi non avesse né la musica nuova né un pubblico capace di apprezzarla. Nonostante si fosse proclamato imperatore, Napoleone non voleva ristabilire il teatro di corte com'era stato quello di Versailles, che aveva certo dato vita a fior di compositori (Charpentier, Lully, Rameau ecc.). Dopo una rivoluzione borghese ci voleva un teatro borghese aperto all'alta borghesia e alla nuova nobiltà, vale a dire la vecchia borghesia. *L'empereur* voleva fare di Parigi il faro musicale mondiale e, conoscendo bene i teatri italiani, cercò d'imitare la qualità e le novità di quelle gestioni. Per l'organizzazione degli spettacoli creò un soprintendente, benché pare che fosse lui stesso a decidere e interferire con M. de Remusat.

L'empereur si era portato dietro Spontini (1774-1851), un marchigiano "di sinistra" e di cattivo carattere. La sua *La Vestale*, perfettamente neoclassica, ebbe grande successo (famosa la messa in scena di Visconti alla Scala con la Callas), ma, come Talleyrand ebbe a dire, M. de Remusat aveva il compito "di divertire gli indivertibili". Il nuovo pubblico non aveva la cultura dei tempi passati. Fu poi

Lesueur il compositore prediletto per gli eventi di stato. Napoleone si inventò quindi Ferdinando Paër (1771-1839), nato a Parma ma di origine austriaca e anche lui educato a Napoli; lo aveva incontrato nel 1807 a Dresda e gli aveva commissionato una marcia nuziale per i suoi sponsali con Maria Luigia, figlia dell'imperatore d'Austria.

Nel 1812 Spontini prendeva il posto di Paër alla guida del Théâtre-Italien, ma la Grande Boutique (così Verdi chiamava l'Opéra con ammirato disprezzo) era ancora lontana.

Con la Restaurazione dei Borbone, Luigi XVIII e Carlo X, l'ideale napoleonico non ebbe seguito, e l'opera diventò "un santuario per la monarchia": tornò insomma al teatro di corte e non al mondo borghese, come avveniva ormai in Italia o in Austria e come aveva sognato Napoleone I. Non populista, ma popolare; l'opera stava diventando il linguaggio più popolare che sia mai esistito.

Il Théâtre-Italien non dava che spettacoli mediocri, e di Rossini, il gigante dell'epoca, che tutta Vienna e Londra avevano osannato, non aveva messo in scena quasi nulla. I ministri dei re Borbone cercarono di mantenere un qualcosa di musicalmente importante anche se di musica ne sapevano tanto quanto di democrazia. E fu per questo che il conte de Polignac aveva avvicinato Rossini con tanto entusiasmo. Con il titolo di "compositore di Sua Maestà e ispettore generale del canto in tutte le reali istituzioni musicali", Rossini avrebbe cambiato la Francia musicale. Quel mondo lo attendeva dietro le barricate: Lesueur lo odiava, Spontini e Paër fecero di tutto pur di non far eseguire alcuna sua opera, Cherubini detestava la sua musica "moderna".

Il mondo musicale francese

Lo odiavano perché si faceva pagare moltissimo, ma fu Rossini a creare il melodramma francese. Si portò dietro fior di direttori d'orchestra, compositori come Donizetti e Bellini, cantanti come la Malibran e le sorelle Grisi, e si circondò di solisti tra i migliori. Fu lui a mettere in scena e incoraggiare Meyerbeer, che con *Robert le Diable* conquistò la Francia e il mondo musicale tutto.

La gestione dell'Opéra a Parigi era ben diversa da quella dei teatri italiani; il compositore nei teatri italiani veniva scritturato dall'impresario e faceva riferimento alla compagnia prescelta. Le stagioni bruciavano le novità una dietro l'altra e i teatri dovevano presentare almeno sei titoli nuovi in cartellone. Inoltre, ogni stato esercitava la censura politica. Terminata la stagione l'opera poteva circolare in altre piazze, ma veniva spesso adattata, a volte il compositore doveva riadattare arie e persino rifare storie e situazioni – e titoli!

Il mercato musicale francese era ben diverso. Esisteva già il concetto del repertorio e al compositore che fosse riuscito a piazzare un'opera andavano pensioni proporzionate al numero delle rappresentazioni. Ma in tutto questo mancavano personaggi estrosi come Barbaja, e il ministro della Maison du Roi non aveva certo quello spirito imbroglione, pressappochista ma geniale, dell'impresario italiano. A Parigi regnava una burocrazia che andava da comitati a gruppi di pressione, alternando concessioni a divieti e facendo imbestialire i musicisti.

Nel 1831 la Monarchia di luglio si affrettò a rimettere Cherubini – che Napoleone aveva silurato, lo detestava – a capo del Conservatorio, che avrebbe dominato da gerarca. Un po' meno di trecento allievi avevano ben quaranta maestri, tra i quali Lesueur, Fétis, Pellegrini, Adam e Nourrit. Dato che Napoleone I aveva aperto lo studio della musica anche agli ebrei, stava uscendo dai conservatori gente come Halevy e Meyerbeer che, con il loro successo, avrebbero riacceso l'eterno antisemitismo francese. Ed è con l'arrivo di Louis-Philippe che la lirica lascia il Théâtre de la Cour incanalandosi verso i grandi teatri che chiamiamo borghesi appunto perché non di corte. Ormai c'erano grandi talenti in giro per Parigi: i tenori Nourrit e Duprez, Giulia Grisi e Lablache.

Nel visconte de la Rochefoucauld, ministro della Maison du Roi, Rossini trovò un ammiratore che capiva il suo genio, e che gli diede le chiavi per creare l'Opéra, Le Monstre che in effetti trasformò Parigi nel centro mondiale dell'opera per il quale dovevano passare tutti i grandi compositori, da Verdi a Wagner.

La Grande Boutique *ante litteram*

Perché Parigi era straordinaria? Certamente Rossini era attratto dall'esuberanza creativa della grande città. A Rossini era stata offerta la sfida di rifondare una tradizione operistica che la Francia aveva temporaneamente perduto o forse non aveva mai realmente avuto. Nonostante gli sforzi di Napoleone, la Francia non era riuscita a portare la musica fuori dal teatro di corte per sfociare nel mondo di tutti, e cioè nel cosiddetto "teatro borghese".

Le interminabili campagne militari sembravano concluse, e una borghesia sempre più influente abitava i nuovi quartieri. L'attività artistica ruotava intorno a grandissimi scrittori tra i quali Balzac e Victor Hugo e a un gruppo di pittori del calibro di Delacroix, Géricault, Ingres e David, esplodendo nel Romanticismo sia nella pittura che nella letteratura e nella musica.

L'interazione fra le varie arti era una peculiarità del Romanticismo. La musica e la pittura prendevano spunto dalla letteratura, gli esempi più ovvi sono l'ispirazione di Berlioz da Virgilio e da Shakespeare, o di Delacroix da Byron e Walter Scott. La letteratura era poi spesso ispirata dalla musica, ma la grande ondata del Romanticismo, che stava trascinando la Germania e poi la Francia e l'Inghilterra, non aveva influenzato l'Italia. I paesi mediterranei, essendo rimasti fuori dalla Rivoluzione industriale, non avevano partecipato alla rivolta intellettuale contro la macchina, all'ispirazione suscitata dalla nostalgia per la natura, alla necessità della nazione, al patriottismo, al Medioevo, al banditismo inteso come ribellione ecc. La letteratura italiana, per esempio, è priva di romanzi perché la lirica supplisce a questo vuoto. Rossini sentiva questo *vacuum*, anche se non lo conosceva lo intuiva. Era conscio che la musica si stava spostando dal divertimento al tormento, e così la letteratura e le arti cosiddette "figurative".

Nel 1824, in autunno, Rossini risiedeva già al 10 di boulevard Montmartre, con la moglie e il pappagallo, pronto a reinserirsi nella stimolante vita intellettuale dei caffè e dei salotti parigini. I caffè erano diventati un centro di idee: Victor Hugo teneva letture nei bar e chiedeva agli amici – Balzac compreso – di ascoltare il suo ultimo poema o un testo teatrale. I caffè erano un'estensione dei salotti, come il Café Frascati, in ricco stile Impero, e il Café des Anglais, uno dei più eleganti. I locali erano magnificamente arredati e il servizio era considerato importante quanto la qualità della porcellana e dei croissant. Balzac era un *habitué* di entrambi i caffè e lo si incontrava in compagnia di Rossini in ristoranti come il Rocher de Carcal e il Tortoni, mentre i salotti ricchi ospitavano Liszt e Paganini in pomeriggi e serate musicali.

Il senso di ciò che Isaiah Berlin chiamò "scambio nella consapevolezza" si stava diffondendo a Parigi, in ogni concerto e occasione d'incontro. Nel diario di Delacroix del maggio 1824 si legge: "*Barbiere* all'Odéon; tutto bene. Ero accanto a un uomo che aveva conosciuto Voltaire, Grétry, Diderot, Rousseau ecc. 'Vedo in voi,' mi disse mentre se ne andava, 'un secolo che sta cominciando; in me, uno che termina nel secolo di Voltaire'". Per Victor Hugo, il Romanticismo era "ombra e luce, il grottesco e il sublime, la carnalità e la spiritualità". La borghesia era all'avanguardia nell'ambito del movimento, gli stranieri erano ben accetti: specialmente se ricchi come il banchiere spagnolo Aguado, che apriva la sua casa agli artisti, o come James Rothschild, il quale, prima dell'avvento di Napoleone, non sarebbe mai stato in grado di acquisire l'elegante *panache*

che ancora oggi caratterizza la sua famiglia. La nuova Francia faceva affidamento sui banchieri e gli uomini d'affari, membri di quella che divenne, di fatto, la *haute bourgeoisie*. Come scrisse Eric Hobsbawm in *L'era del capitale*, Parigi era la città in cui

> fu inventata la civiltà borghese [...]. In precedenza, i re avevano delle amanti ufficiali; adesso si univano a loro gli agenti di borsa di successo: le cortigiane offrivano i loro ben pagati favori per pubblicizzare il successo dei banchieri che potevano permetterseli [...]. Era diventata la capitale di una nuova società. Energia, astuzia, duro lavoro e avidità avevano trovato in quella città il loro sbocco.

A Parigi, Isabella provò un rinnovato piacere nel fare acquisti e Gioachino un nuovo motivo di insoddisfazione nel pagare i conti che arrivavano in massa dal Magasin de Nouveautés des Menus Plaisirs, da Petite Jeannette (*tissus, notes de tailleur*) e da James Deugniau (*chevaux*). C'erano anche conti di Adèle Martinet (*couturière*) e Amable Normandin (*coiffeur; broderies, tapisseries, quittance de loges*). Il 26 novembre 1827 arrivò una nota di pagamento da La Reine Marguerite & Cartier fils (*plumes et fleurs*), e un'altra nel gennaio 1828 (*À la lampe merveilleuse, gantier parfumeur*). La lista era infinita. Anche le spese di Rossini sono registrate, con conti di Gambaro (*marchand de musique*) e Andreoli (*copiste du Théâtre-Italien*).

Ovviamente, fu al Théâtre-Italien che Rossini cominciò la sua intensa attività parigina: doveva rimetterlo in piedi. Nel frattempo c'erano altre distrazioni. Per comporre per i francesi e capire i parigini, Rossini aveva bisogno di esplorare la città. Cominciò ad acquisire il gusto per una cucina più sofisticata, e nel farlo diventò ancora più rotondo. Il gusto, scrisse Balzac, era orientato e sperimentato solo dai grandi uomini, "fra i quali c'è l'illustre Rossini, uno di coloro che hanno studiato di più le leggi della tavola, un eroe degno di Brillat-Savarin". E naturalmente c'erano i salotti, nei quali si discuteva della musica di Rossini con un'intensità a lui poco familiare. Balzac, felice dopo una rappresentazione de *La gazza ladra*, riferì:

> Alla fine, una signora molto graziosa mi diede il braccio perché la conducessi fuori. Dovevo questo gesto gentile all'alta considerazione che Rossini mi aveva appena mostrato; mi aveva detto alcune parole lusinghiere che non riesco a ricordare, ma che devono essere state notevolmente belle e ispirate: la sua conversazione è pari alla sua musica.

È molto probabile che i Rossini fossero stati invitati nel salotto del pittore Horace Vernet, che avevano conosciuto alla cena al Restaurant Martin. Così, naturalmente, incontrarono anche Olympe Pélissier, la bellissima cortigiana che era stata amante di Vernet, poi "ceduta" al romanziere Eugène Sue, e che nel frattempo era passata anche dal letto di Balzac, luogo abbastanza frequentato. Nel 1831 Balzac pubblicò un crudele ritratto di Olympe, nei panni di Fedora, in *La Peau de chagrin*.

> A teatro, Fedora si rivelò una recita dentro la recita. Il suo binocolo esaminò un palco dopo l'altro. A disagio nonostante sembrasse apparentemente tranquilla, era schiava della moda: il suo palco, il suo cappello, la sua carrozza e il suo aspetto erano tutto per lei [...]. Fedora nascondeva un cuore di bronzo in un involucro fragile e grazioso. La profonda conoscenza della psicologia umana che aveva acquisito strappò molti dei suoi veli. Se la nobiltà di spirito consiste nel dimenticare se stessi per il bene degli altri, nel mantenere una costante gentilezza nel tono di voce e nei modi e nel compiacere gli altri facendo in modo che siano soddisfatti di se stessi, Fedora, malgrado il suo acume, non aveva cancellato le tracce delle sue origini plebee; dimenticarsi di se stessa era una finzione: le sue maniere, invece che essere istintive, erano state acquisite laboriosamente; in breve, la sua buona educazione puzzava di servilismo.

Ma quel "cuore di bronzo" stregò Rossini. Olympe era bella (secondo Balzac, la più bella tra le cortigiane), anche se Édouard Robert, uno dei direttori del Théâtre-Italien, la chiamava "Madame Rabat-Joie" (Abbassagioia). Una musona, una donna priva di senso dell'umorismo e gioia di vivere. Balzac sosteneva di vergognarsi per lei: "Sapevo che in lei c'era l'anima di un gatto". Olympe aveva però scalato la rupe della società parigina con astuzia e abilità. Era diventata ricchissima e il suo salotto famoso e ambito – non per e da tutti: per le signore era una *maison particulière* proibita.

Le porte delle *maisons particulières* delle grandi cortigiane erano aperte più o meno alle stesse persone, mogli escluse, di sera. Come è rievocato ne *La traviata* (basata su *La signora delle camelie* di Dumas), nel salotto di una mantenuta, assieme a un'orda di ammiratori – alcuni dei quali aristocratici – si poteva giocare d'azzardo, bere e mangiare e, all'occasione ma non necessariamente, si poteva anche ritirarsi in camera da letto in compagnia di una bella donna.

La nuova alta borghesia parigina voleva essere intrattenuta e Rossini era colui che poteva garantire la qualità musicale non solo delle proprie composizioni, ma anche di quelle dei contemporanei. Il contratto di Rossini includeva anche la produzione di opere in francese, orchestrate per i parigini. Saggiamente, il compositore prese tempo prima di imbarcarsi nella sua prima opera in francese: per quel pubblico richiedeva balletti opulenti ed elaborati cambi di scena, un genere diverso da quello italiano o viennese.

Il 25 settembre 1825, per esempio, il compositore, finalmente alla direzione del Théâtre-Italien, organizzò la prima parigina de *Il crociato in Egitto* di Meyerbeer, che aveva avuto un enorme successo a Londra e che aveva reso famoso Meyerbeer in tutta Europa. Rossini formò e trovò nuovi cantanti, fra i quali Maria Malibran, che a detta del compositore era la più bella e brava del mondo – e se lo diceva lui, c'è da credere che quella affascinante creatura, morta prematuramente, fosse all'altezza di tutte le leggende che circolavano sul suo conto. Nel tenore Adolphe Nourrit (1802-1839), che morì suicida, Rossini trovò una voce splendida, un uomo intelligente e colto oltre a un amico che gli diede ottimi consigli su come muoversi nei labirinti d'Oltralpe.

Per la capitale francese Rossini ingaggiò i migliori cantanti. "Parigi è un paese in cui si canta poco e si guadagnano molti denari nei concerti," scrisse a suo padre mentre provava a scritturare Domenico Donzelli (Barbaja lo accusò di averglielo "rubato"). Mentre lavorava per migliorare il Théâtre-Italien, a Rossini venne ordinato di comporre una cantata per l'incoronazione di Carlo X nella cattedrale di Reims, il 19 giugno 1825.

Carlo aveva poco più di trent'anni quando la rivoluzione lo spinse all'esilio e quasi sessanta quando la Restaurazione della monarchia lo riportò a Versailles. Dopo essere diventato re a sessantasette anni, l'eccentrico e inetto monarca passava le giornate andando a caccia di conigli nella foresta reale di Fontainebleau. I cacciatori lo trattavano come uno di loro, tant'è che una volta gli fu chiesto di fare da padrino a un battesimo: neanche il sacerdote riconobbe Charles, *le roy*, in Monsieur Leroy.

Nello stile delle cantate che Rossini aveva composto per i Borbone, *Il viaggio a Reims*, in cui un re borbonico veniva riconsacrato dopo l'umiliazione dell'Impero napoleonico, mirava a prendersi gioco di tutto e tutti, e in primo luogo della forma stessa. La cantata, infatti, non sarebbe stata più riproposta. Bruno Cagli osserva che "mettendo in musica la nuova 'cantata scenica', come la chiamava Rossini, il compositore estirpò le radici della cantata tradizionale, insinuando all'interno di quelle gloriose epifanie di regalità umana il tarlo del dubbio e dello scetticismo e profetizzando implicitamente l'immediata caduta del suo protettore, il re, ma anche mostrando tutto ciò che aveva imparato dalla storia recente".

Il librettista Luigi Balocchi prese in prestito alcuni dei personaggi de *Il viaggio a Reims* da *Corinne ou l'Italie* della tediosa Madame de Staël, la quale, detestata da Napoleone, era tornata in auge. Il tema ricorda in un certo senso l'incontro tra Stendhal e Rossini a Terracina, dato che niente è preciso e ciò che avviene nella locanda dei Gigli d'Oro, nel viaggio a Reims, è vago quanto ciò che accadde alla stazione di posta sul confine tra lo stato borbonico e quello pontificio. Malgrado il titolo, non c'è alcun viaggio nella vicenda de *Il viaggio a Reims* e la storia non ha storia. Di fatto, si tratta in parte di una satira dell'autobiografia di Madame de Staël, ma è anche una cantata in forma satirica per un evento regale. Tuttavia, l'esuberanza de *Il viaggio a Reims* sfuggì al monarca e alla corte per la quale era stato scritto.

Rossini compose la partitura per diciotto grandi stelle della lirica che si esibirono al Théâtre-Italien per la prima volta; una delle quali era la sua vecchia fiamma Ester Mombelli. L'ultima delle uniche tre rappresentazioni fu messa in scena per ordine della duchessa di Berry. Era stato per il suo matrimonio che Rossini aveva composto la sua primissima cantata. L'intero spartito de *Il viaggio a Reims* andò perduto, fino a quando non venne presentato in una famosa edizione a Pesaro, da un cast ideale, sotto la direzione di Claudio Abbado (1992).

Scrive Gianfranco Mariotti:

> Ed ecco ritornare ad affacciarsi i diciotto personaggi che Rossini aveva abbandonato dopo averli creati per la festa dell'incoronazione. Sei pezzi sono finiti ne *Il conte Ory*, del resto s'è sentito solo parlare. È una storia esile e d'occasione, di quelle da far arrabbiare i colleghi di Rossini al loro tempo, per come si poteva divertire ammaliando il pubblico con tanta sfrontatezza. E in effetti chi mai se non Rossini avrebbe potuto avere tanta forza irriverente e pur sovrana d'eleganza? Dunque, diplomatici e dignitari, militari, nobildonne sono in viaggio per Reims, il luogo dell'incoronazione. Si trovan tutti in un albergo termale: baruffano, s'intrigano, amoreggiano, fra palpiti e gelosie; c'è un contrattempo e si annuncia che non arriveranno mai a Reims: pazienza, intanto festeggeranno dove sono.

Assistendo alla prima esecuzione, Castil-Blaze, che osservava Carlo X, scrisse che il re non si divertiva affatto. "Seduto tra i primi palchi tra le duchesse d'Angoulême e di Berry, si capiva che stava domandando quanto a lungo ancora sarebbe durata la corveé."

Rossini era disperato perché secondo lui il Théâtre-Italien, "che è maledetto da tutti gli dèi", restava aperto per miracolo. Pochi giorni dopo la prima, venne colto da una delle sue gravi crisi nervose e rimase a letto per tre settimane, incapace di muoversi. Quando si sentì meglio, cominciò a lavorare alla revisione di *Maometto II*, che diventò *Le siège de Corinthe* (9 ottobre 1826), seguito da una rielaborazione del suo *Mosè in Egitto* dal titolo *Moïse et Pharaon* (Opéra, 26 marzo 1827). Creata quando il culto romantico si era focalizzato sulla ribellione greca al dominio turco, *Le siège* racconta di una ragazza greca che, senza conoscerne l'identità, si innamora del sultano, ma che, una volta capito chi si cela veramente dietro al suo amore, preferisce morire assieme al padre e agli abitanti di Corinto piuttosto che tradire la patria e la religione. La passione patriottica e i cori infiammarono il pubblico parigino in ovazioni spasmodiche. A parte il fatto che l'opera è bellissima, il successo le arrise anche perché Carlo X sperava di mettere un ennesimo Borbone sul trono greco. Il regime di Carlo X, che di lì a poco sarebbe caduto, non si accorse del messaggio rivoluzionario, pensava solo a un ennesimo trono, quei troni zoppicanti che stavano sparendo sotto il peso delle barricate.

Venduto lo spartito di *Le siège de Corinthe* a Eugène Troupenas, per seimila franchi, Rossini esprimeva il proprio appoggio alla causa patriottica greca, a sostegno della quale diresse un concerto. In un periodo di restaurazione delle monarchie, l'ellenismo era l'unico ideale che riusciva a conciliare i sentimenti liberali con quelli conservatori, diventando fonte di ispirazione per tutta l'Europa. Le vittime sotto assedio non erano più i veneziani (come in *Maometto II*) ma i greci, e nella versione parigina sia l'orchestra che il coro erano presenti in modo più rilevante. *Le siège de Corinthe* fu un trionfo sotto ogni aspetto. In segno di approvazione, Carlo X offrì a Rossini l'onorificenza della Légion d'Honneur (un ordine napoleonico!), che il compositore rifiutò: non si trattò tanto di un gesto politico, quanto piuttosto di un atto di deferenza nei confronti di altri compositori francesi che secondo Rossini lo meritavano ancor più di lui. Lo accettò alcuni mesi più tardi, dopo che lo ebbero ricevuto alcuni dei compositori suoi contemporanei.

Auber, Meyerbeer, Verdi e Wagner, e cioè la Grand-Opéra, devono molto a *Le siège de Corinthe*, musicalmente parlando.

Tra gli altri atti di generosità di Rossini, spesso ignorati, nei confronti di colleghi c'è quello che riservò a Weber. Malgrado l'attacco che Weber gli aveva sferrato l'anno precedente, per Rossini il compositore tedesco era "un vero e grande genio". A Parigi mise in scena Weber al Théâtre-Italien e poi gli diede una lettera di presentazione a Giorgio IV, il quale, "essendo molto ben disposto verso le arti", lo avrebbe aiutato. Rossini sapeva che Weber era malato e provò a dissuaderlo dallo spingersi fino a Londra: Weber, infatti, morì prima che il suo *Oberon* londinese andasse in scena. Aiutò pure Donizetti e, in seguito, il giovane Verdi. Come può testimoniare chiunque abbia studiato la sua corrispondenza, Rossini scrisse innumerevoli lettere di presentazione aiutando cantanti e compositori. La generosità del suo carattere è evidente nella sua musica, e mai tanto palese come nel *Mosè*, in francese *Moïse et Pharaon*.

"Un immenso poema musicale," scrisse Balzac del *Moïse et Pharaon* (*Mosè in Egitto*) nel suo romanzo *Massimilla Doni*. La protagonista, una duchessa veneziana, annuncia: "Domani rappresenteranno *Moïse*, la più grande opera partorita dal più raffinato genio italiano". In seguito, la signora spiega a un ospite francese:

> Questa non è un'opera, ma un oratorio, un lavoro che effettivamente assomiglia a uno dei nostri edifici più magnifici, all'interno dei quali vi guiderò con gioia. Credetemi, non sarebbe eccessivo dedicare al nostro grande Rossini tutta la vostra intelligenza, perché bisogna essere nel contempo un poeta e un musicista per comprendere la vastità di tale musica [...]. Il linguaggio della musica, mille volte più ricco di quello delle parole, sta al linguaggio parlato come il pensiero sta alla for-

mulazione delle parole; esso risveglia i sentimenti, ma li lascia intatti. La nostra potenza interiore è parte della grandezza della musica [...]. La sublime sinfonia con cui il compositore apre la vasta scena biblica [narra] il dolore di tutto un popolo [...]. Rossini ha tenuto gli archi per esprimere il giorno che segue la notte, ottenendo così uno degli effetti più poderosi che la musica abbia conosciuto [...], quella scena di dolore, quella notte fonda, quell'urlo di disperazione, quell'affresco musicale sono belli come *le déluge* del vostro grande Poussin.

Ma troppo stava cambiando nel mondo di Rossini, il suo attaccamento a Olympe lo aveva definitivamente allontanato da Isabella, aveva bisogno di qualcuno che si occupasse di lui, come Olympe, e non viceversa. Le sue cappe di depressione, le sue crisi lo isolavano sempre più da una Parigi che lo stava attaccando. E se alcune testate musicali "tifavano" per lui, altre lo deridevano e lo criticavano: "Chi ci libererà di M. Rossini?" scriveva "La Pandore", "chi ci libererà da quel piccolo maestro ribelle alle sagge leggi del contrappunto?". E "Le Corsaire", seguendo l'onda nazionalista: "Ci restano l'Opéra e l'Opéra Comique, è già molto". Il Théâtre-Italien era una pianta parassita che succhiava le altre.

Pur fingendo di ignorare gli attacchi, Rossini sentiva il peso della nuova ondata artistica, quello che abbiamo definito Romanticismo, una valanga che stava sconvolgendo il mondo e alla quale tardava a collaborare pienamente. La sua opera di addio doveva assolutamente essere un'opera francese, non solo in francese ma anche con balletti, tempeste, patriottismo, amori contrastati ecc., tutti elementi del movimento romantico.

Rossini decise di lasciare Parigi e affittò una casa di campagna a Puteaux, che condivideva con due coppie, i Galli e i Levasseur, cenavano alla stessa tavola, dividendo spese e compagnia. Rossini poi si chiudeva in camera per ore, componeva, studiava – una novità per un uomo che in precedenza avrebbe potuto scrivere un capolavoro stando in equilibrio su una sola mano. Erano finiti i tempi in cui poteva scrivere un'opera ovunque e in pochi giorni, le cose stavano cambiando, e anche lui. Forse l'esilio di Puteaux era un modo per stare lontano da Isabella e vicino a Olympe Pélissier, che a differenza di Isabella sembrava comprendere i suoi umori.

Mentre il *Moïse* era in fase di prova, il dottor Gaetano Conti di Bologna andò a trovare Rossini per dargli la notizia che sua madre era in fin di vita, gli disse anche che se si fosse precipitato a Bologna l'emozione avrebbe potuto esserle fatale.

Per come stavano le cose, a Rossini convenne ascoltare quello che suggeriva il dottor Conti, anche se in futuro non si sarebbe mai perdonato di aver lasciato che sua madre morisse da sola.

La morte di Anna

Nulla avrebbe potuto preparare Rossini alla morte della madre. I suoi successi, l'adorazione di una grande città come Parigi avevano senso soltanto se aveva la certezza che lei, per quanto distante, lo stava seguendo. Anna era stata ed era rimasta la sua più accesa sostenitrice, l'unica persona che gli interessasse compiacere, premiare con i suoi "ha fatto furore", o con cui commentare un fallimento disegnando un fiasco sul retro delle buste delle molte lettere che le scriveva. La morte della madre, avvenuta il 20 febbraio del 1827, quando aveva cinquantacinque anni, sebbene prevista, per Gioachino era inaccettabile.

Presentandosi al pubblico plaudente per il *Moïse*, due cantanti lo sentirono mormorare a più riprese: "Ma lei non c'è".

Il fatto che l'infausta notizia gli fosse stata comunicata a posteriori, e per giunta non da suo padre, aveva reso più lancinante il suo dolore. Il 9 marzo 1827, Rossini gli scrisse da Parigi omettendo di iniziare la lettera con il suo consueto e affettuoso "Caro padre".

> Perdono alla vostra età il poco coraggio che mi sembrate avere nel momento in cui abbiamo bisogno di virtù e fermezza

d'animo; io non piango, ma impietrisco: sento la Perdita; io mi lego all'ancora che mi resta; troveremo una nuova fonte di piacere nel concertar insieme il modo di onorare la memoria della sposa e della madre, è questo il più beato compenso che augurarci possiamo.

Sotto la superficie di parole che bruciano, molte cose restano non dette. Gioachino offre riconciliazione e amore a Vivazza, che era sempre stato un marito e un padre più che manchevole.

Sei giorni dopo la morte della moglie, Giuseppe Rossini scrisse a Francesco Guidarini, fratello di Anna:

Caro Cognato. Purtroppo è vero tutto ciò che avete saputo, io vi avrei scritto molto prima ma io non ho avuto cuore di darvi simili nuove come non le darò mai a mio figlio, esso sa che essa stava male ma fuori che da me saprà che sia morta [...]. Alle ore tre e mezza che spirò con un male dei più atroci di questo mondo il quale si chiama ereonisma [*sic*], o una vena dilatata al petto, e dire che vi venivano quattro professori uno meglio dell'altro [...]. Circa poi a Gioachino, esso sarebbe stato qui da molto tempo, ma fu sconsiliato di non farlo, mentre se esso veniva era certo che le moriva fra le braccia, due anni sono che venne in Italia per trovarsi nel solo vederlo dall'allegrezza stette in letto ammalata più di quindici giorni.

Era una bugia. Gioachino non era andato a Bologna perché suo padre non gli aveva detto quanto Anna fosse vicina alla morte, e anche perché il consiglio del dottor Conti era diventato una questione di convenienza. C'erano le prove del *Moïse* e c'era Olympe, e soprattutto Gioachino Rossini era ormai incapace di prendere decisioni: la depressione, che cominciava a stringerlo con morse sempre più strette e frequenti, è nemica della risolutezza.

Il male oscuro

Dopo la morte della madre, la depressione di Gioachino si acuì, anche se, ogni volta che poteva, provava a nascondersi dietro una giovialità di facciata. Si spostava a stento da Parigi e cominciava a covare una sorta di risentimento verso la moglie, sempre più nevrotica ed egocentrica come tutte le dive al tramonto. Isabella era stata in pessimi rapporti con sua madre negli ultimi tempi, e per Gioachino ogni ricordo di Anna diventava sacro.

Era indubbiamente afflitto dalla notizia di un'altra morte. Lontano, in un altro paese, un uomo che apparteneva a un mondo differente, ma che aveva fatto una grande impressione su di lui, moriva solo. Beethoven, che aveva vissuto a Vienna per trent'anni e cambiato domicilio almeno trentacinque volte – perdendo spesso i suoi manoscritti – morì il 27 marzo 1827 con pochi amici vicino al suo letto. Si disse che quella notte si fosse scatenata una tempesta e la stanza nella quale giaceva Beethoven morente fosse stata illuminata a giorno da un fulmine. Capeggiate da Schubert con una torcia in mano, circa ventimila persone parteciparono al suo funerale. Delacroix aveva definito Beethoven il genio che "rifletteva veramente il carattere moderno delle arti". Aveva espresso "cos'è la melanconia e cosa, a torto o a ragione, è chiamato Romanticismo". Forse fu proprio Delacroix a definirla, questa indefinibile corrente.

Non comprendendo il tono cupo della lettera del figlio, Giuseppe rispose: "Non mi rimproverate di non avervi dato tal notizia funesta. Il mio cuore era troppo lacerato; e non avrei saputo resistere a trattenermi con voi in quel frangente conoscendo gli affetti vostri, e sentendo i miei". Gioachino chiese al padre di raggiungerlo a Parigi, una proposta che rimpiangeva di non aver fatto alla madre. Ma Giuseppe era riluttante, soprattutto per la sua età.

> Potete ben credere che sarei lietissimo di volare fra le vostre braccia, e di confondere insieme le pene e i dolori nostri. Pel momento mi ritengono la mia età, l'essere un po' costipato, la stagione che torna a imperversare, e l'asprezza del viaggio. Se però vi piace lo farò, e lo farò volentieri...

In ogni caso, se avesse acconsentito, suo figlio sarebbe rimasto a Parigi? Oppure lo avrebbe lasciato con un cameriere per intere settimane? Infine, uno dei camerieri spagnoli di Isabella fu mandato a Bologna per accompagnare l'ormai vecchio e umiliato Vivazza fino a Parigi. Quando questi vi giunse, trovò che suo figlio stava lavorando: nel giro di sei giorni dall'arrivo del padre, Gioachino terminò una cantata per sei voci soliste e piano, scritta per il battesimo del figlio di Aguado.

Ammirato amico e cauto protettore dell'unione di Rossini con Olympe, Aguado era un banchiere spagnolo ricchissimo che aveva offerto a Rossini ospitalità e assistenza psichica, oltre a consigli finanziari. Testimone del peggiorare dei rapporti tra il compositore e Isabella, Aguado capiva che la depressione di Rossini si stava aggravando. Sapeva che per Isabella il gioco d'azzardo era diventato un'ossessione – cosa che mal si accordava con l'atteggiamento di Rossini nei confronti del denaro. E sapeva anche che nel 1830, ossia di lì a due anni, Rossini voleva abbandonare l'opera e ritornare a Bologna: smettere con la musica e andare via da Parigi significava esiliarsi dalla società. Ma chi avrebbe creduto che lui, il compositore di maggior successo, si sarebbe lasciato tutto alle spalle? Rossini poteva anche aver scherzato sul fatto che, essendo nato il 29 febbraio, in un anno bisestile, per compiere trent'anni ne avrebbe dovuti vivere centoventi, e così i suoi trent'anni erano ancora lontani...

Le comte d'Ory

Alla città di Parigi il compositore doveva ancora un altro lavoro, e sarebbe stato pronto al più presto perché *Il viaggio a Reims* lo si era eseguito così raramente che poteva riutilizzare brani di quella partitura. Eugène Scribe, il coautore del vaudeville *Rossini à Paris*, era il librettista alla moda, aveva addirittura un atelier di scriba-schiavi che scrivevano libretti che poi lui plasmava e firmava. Rossini gli chiese di fornirgli un testo (con Charles-Gaspard Delestre-

Poirson) preso dalla sua commedia *Il conte Ory*. "Ciò che nel *Viaggio* è festosa celebrazione," scrive Bruno Cagli, "con una vena di bonaria autocaricatura (spesso Rossini sembra ammiccare al suo 'stile italiano', quasi citandosi tra virgolette) acquista ne *Il conte Ory* fascinosa ambiguità. Tutto è calcolato nel libretto che Scribe rifiutò di firmare e la procedura possiamo ben ricostruirla. Su schemi metrici e su numeri chiusi preesistenti, il poeta dovette inventare alcune nuove situazioni che erano poi quelle vecchie di sempre, ma calate in nuova atmosfera e con finale del tutto nuovo."

Il conte Ory è una saga erotica, una commedia malinconica. Al protagonista va tutto storto: anche travestito da eremita o da pellegrino, il conte è incapace di sedurre la desiderata contessa. Quando finalmente riesce a raggiungere la stanza da letto della nobildonna, è al paggio, e non alla signora, che offre il suo amore. L'ombra del fallimento del conte rispecchia il senso d'impotenza di un compositore che aveva perduto fiducia in se stesso. Continua Bruno Cagli:

> Non commedia, né opera compiuta nel senso che si suol dare a quella che intende trasmettere certezze assolute, *Il conte Ory* è piuttosto il lavoro di un musicista ormai a un punto massimo di capacità di scrittura, ma che ha perso la fiducia nelle possibilità di scrivere per il teatro, perché ha perso la fiducia nel teatro come epifania del reale o del realizzabile, di un mondo comunque rappresentabile. Il segreto del successivo silenzio di Rossini, sul quale si sono versati tanti fiumi di fallace inchiostro, è già prefigurabile sul pentagramma di questo sconcertante "trompe-l'œil".

Sebbene avesse imparato a convivere con gli attacchi di gonorrea, Rossini adesso soffriva di un'infiammazione all'uretra, probabilmente acuita dalle sue cattive abitudini alimentari e di bevitore. Anche la malattia di Isabella stava peggiorando: non c'erano cure per la gonorrea, e i trattamenti medici disponibili all'epoca erano spesso peggiori della malattia stessa. Da quel momento in poi, Isabella cadde nelle mani di medici senza scrupoli. Rimproverava il marito, piena di risentimento. La sofferenza di Rossini, che comportava anche periodi di manie di persecuzione e di fobie, non sembrava commuovere la diva sul viale del tramonto. È improbabile che Giuseppe, in difficoltà nell'ambientarsi a Parigi e nell'adeguarsi alla ricchezza del figlio, si accorgesse di quanto soffriva Gioachino. Comunque, messo in scena all'Opéra il 20 agosto 1828, *Le comte d'Ory* fu un enorme successo. Perfino Berlioz, ostinato critico della musica di Rossini (e di Rossini stesso), ne fu ammirato. Rossini, indifferente, ricevette sedicimila franchi dall'editore Troupenas per i diritti di pubblicazione, e le sessanta repliche resero un profitto di settemila franchi. Essendo stato pagato pochissimo per le opere della giovinezza, adesso al compositore, che guadagnava più che bene, mancava l'autostima, che invece non gli era mai venuta meno nei giorni di povertà. Continuava a far presente agli amici che presto avrebbe lasciato il mondo dell'opera.

Dopo la seconda replica di *Le comte d'Ory*, e mentre suo padre rientrava in Italia, Rossini tornò in campagna ospite del banchiere Aguado, dove intendeva tener fede al successivo obbligo contrattuale. Quella sarebbe stata l'ultima opera, lo sapeva. Doveva essere in stile francese: romantica, maestosa, il prototipo di ciò che la grande opera francese stava per diventare. Si intuisce che Rossini aveva già in mente tutti questi aggettivi quando cominciò a comporre il *Guillaume Tell*. Il libretto è tratto dal *Wilhelm Tell* di Schiller, nella versione adattata da Étienne de Jouy e altri, incluso Rossini. Il quale era attratto da quella storia (il cui tema Heine ha descritto come "la grandiosità e l'armonia della natura e l'imprevedibile carattere dell'uomo politicizzato"), che ha tutti gli elementi cari ai romantici: un ribelle che lotta contro gli austriaci per la liberazione della terra natia; una principessa asburgica, Matilde, che ama un popolano ribelle, e un'ambientazione medievale. Un bandito può essere un uomo migliore di uno statista, un povero può rivelarsi più nobile di un aristocratico, il brutto è più bello del bello. Il dispiego di grandi masse corali, balletti e continui riferimenti alla Natura, elemento fondamentale del Romanticismo, fanno di quest'opera uno dei pilastri di quel movimento.

Il 15 ottobre il compositore rientrava a Parigi e le prove del *Guillaume Tell* cominciarono il primo di novembre. Lady Morgan assistette a una prova in costume, durante la quale vide un Rossini rilassato che incoraggiava i musicisti dando istruzioni con un tono di voce quasi supplichevole: "Caro violoncello, troppo piano", oppure: "Signor mio flauto, troppo forte".

La stampa seguiva ogni passo perché il *Guillaume Tell* era la prima opera di Rossini scritta appositamente per il teatro francese e in quegli ultimi tempi l'atteggiamento schivo del compositore, il suo misterioso nascondersi, aveva acuito l'interesse su di lui.

Una serie di incidenti fece slittare l'attesissima prima, che si tenne infine il 3 agosto del 1829. Fu diretta da François-Antoine Habeneck: Rossini, che aveva diretto quasi tutte le sue opere senza batter ciglio, non era in condizioni, o forse preferiva non confrontarsi direttamente con il pubblico, ma non mancò una recita. Erano passati otto mesi dalla prima prova!

Essere presenti se non alla prima a una delle recite era diventato *de rigueur* e c'era chi aveva rimandato la partenza per la villeggiatura in quell'estate particolarmente afosa.

L'eccitazione e l'impazienza salivano, come testimonia Lady Morgan: "Negli ultimi mesi della nostra permanenza a Parigi, nel mondo della musica non si parlava d'altro che dell'attesa opera del *Guillaume Tell*". Dopo la prima, "Le Globe" scrisse che era cominciata una nuova era della lirica.

L'ouverture del *Guillaume Tell* è un pezzo che tutti conosciamo e, un po' come la *Gioconda*, che non si riesce più a guardarla con il distacco del nuovo, è difficile scindere quella "sinfonia" dalla sua fama. Ma la sua forma in quattro movimenti è diversa da tutto quanto era stato scritto prima. Il suono dei violoncelli solisti nell'apertura suggerisce "la calma della solitudine profonda, il silenzio della natura quando gli elementi e le passioni umane sono quiete," scrisse Berlioz. E poi si scatena la tempesta; mentre le ultime gocce di pioggia cadono sui prati, si sente la cavalleria in arrivo, il galoppo di cavalli con la criniera al vento.

Donizetti sostenne che mentre il primo e il terzo atto del *Guillaume Tell* erano stati scritti da Rossini, il secondo era stato composto da Dio. La natura qui raccontata dalla musica è meravigliosa e terribile, sempre presente tra le tempeste e il lago, la foresta e il fruscio delle foglie: un elemento romantico che in Rossini avevamo trovato solo ne *La donna del lago*.

Per Rossini lo sforzo di comporre il *Guillaume Tell* era stato debilitante. Giovanni Carli Ballola osserva:

> [...] l'impegno professionale di un'opera francese tutta nuova e attesa dall'opinione pubblica con crescente impazienza sarebbe stato di gran lunga il più traumatico e defatigante in una carriera vorticosa e disseminata di ansie e paure del foglio bianco passate all'aneddotica come cronica fannulloneria.

Rossini stesso definiva il *Guillaume Tell* un'opera fatta di montagne e di sventure, dalle tinte malinconiche.

Dopo la prima, i membri dell'orchestra e del cast si riunirono davanti alla residenza di Rossini per ripetere il crescendo del finale del secondo atto. Era il trionfo, trionfo più musicale che di pubblico, perché si disse che l'opera era troppo lunga: a tal punto che per molti anni il *Guillaume Tell* lo si conobbe in formato "Selezione Reader's Digest", pur se il celebre finale venne usato dalla Rai, in un raro momento di ispirazione, per la sigla di apertura delle sue trasmissioni. Il Teatro de la Bastille ha messo in scena l'opera dopo centosettantaquattro anni di silenzio e in versione molto tagliata, ma non possiamo cantare le lodi di quello spettacolo (2003). Bisognava aspettare Antonio Pappano con l'orchestra di Santa Cecilia per un'esecuzione quasi integrale di altissima qualità (2013). La scena del giuramento incuteva ammirato terrore e, come al solito, il finale portava in cielo, incanalandosi in una nuova visione del futuro, della speranza. Forse il finale più bello che sia mai stato scritto.

Rossini stesso si prese amaramente gioco di quel pubblico parigino e di quella gestione che aveva sempre disprezzato quando il direttore dell'Opéra, anni dopo, incontrandolo per strada, con un sorriso radioso gli annunciò che avrebbe messo in scena un atto del *Guillaume Tell*. "Davvero? Un atto intero?" chiese Rossini fingendo meravigliata riconoscenza.

Esausto, il 13 agosto il compositore rientrò a Parigi. Aveva rinnovato la forma dell'opera francese e l'aveva avviata verso un nuovo corso. Fu il *Guillaume Tell*, con *Robert le Diable* di Meyerbeer, a dare il battesimo all'opera chiamata Le Monstre, tracciando la strada a *Les Huguenots* di Meyerbeer, percorso poi seguito da Gounod e, non dimentichiamolo, da quelle opere che Verdi scrisse per Parigi, come il *Don Carlos*.

Dopo quell'estate afosa, quei nove e più mesi di gestazione e composizione, quel ritiro in campagna, quel soffrire e quella ambigua accoglienza, Rossini lasciò Parigi. Non poteva fare altro. Del resto i capolavori sono sempre incompresi dai contemporanei, ma Rossini piombò in uno stato di acuta depressione.

Bellini

Sulla strada per Bologna, Rossini si fermò qualche giorno a Milano per assistere a *Il pirata* di Bellini. Il giovane compositore, in una lettera a suo zio (datata 28 agosto 1829), descrisse l'inatteso incontro con "il famoso Rossini" durante il quale lo stesso Bellini "tremava tutto" per l'eccitazione. Chiamato da un cameriere mentre si trovava in camera da letto, in maniche di camicia, Bellini si presentò così com'era. La prospettiva di incontrare un tale genio, disse a Rossini, non gli aveva lasciato il tempo di cambiarsi. Rossini rispose che il modo in cui ci si vestiva non aveva alcuna importanza, e proseguì complimentandosi con Bellini: "Riconosco che le vostre opere cominciano dove terminano quelle degli altri". Quel commento poteva essere inteso in vari modi: il giovane Bellini, che era un mostro di egocentrismo, lo trovò immensamente incoraggiante, forse senza rendersi conto che Rossini parlava di se stesso. Rossini ascoltò *Il pirata* una seconda volta e disse agli amici che considerava la musica di Bellini quella di un uomo maturo. I due si incontrarono di nuovo a un pranzo in casa dei Cantù, famiglia ebrea molto colta, e questa volta anche Isabella era fra gli ospiti. Bellini ribadì la propria gioia per avere incontrato "un sì grand'uomo". Rossini lasciò Milano pensando che, mentre stava per abbandonare la composizione, aveva trovato il suo erede: quel piacente giovanotto di Catania prometteva di dedicarsi alla melodia, l'elemento che, secondo lui, mancava alla nuova generazione di compositori.

Il ritorno bolognese

Dopo Parigi, Rossini desiderava la pace della campagna di Castenaso e l'atmosfera familiare di Bologna, dove tutti lo conoscevano e dove si sentiva amato, coccolato. Non stava abbastanza bene in salute per continuare a sopravvivere alla frenesia di Parigi e, forse, in compagnia del padre si sarebbe liberato di quel malinconico *mal du siècle*, come veniva genericamente chiamata, e con vergogna, la depressione. Trascorse il resto dell'estate in villa, dove lo svago che gli offrivano la vendemmia e i progetti per l'ampliamento dei giardini era turbato soltanto dallo sperpero di denaro, dalle serate di amici chiassosi di Isabella. Quando la casa di Bologna fu pronta – un vero e proprio palazzo in Strada Maggiore –, Rossini vi si trasferì. Il Teatro Comunale diede un benvenuto per il figliol prodigo con una stagione lirica che comprendeva *Tancredi, Otello* e *Semiramide*, con Giuditta Pasta, la quale all'epoca era diventata amica sia di Gioachino sia di Isabella.

Ma prima di abbandonare Parigi, Rossini si era premurato di non lasciare il Théâtre-Italien in cattive mani, e lo aveva dotato di due eccellenti condirettori, Carlo Severini ed Édouard Robert, che si tenevano in continuo contatto epistolare con il maestro. Robert, il meno valido dei due (ma uno dei condirettori doveva ovviamente essere francese), si spinse fino a Bologna a consultare Rossini: "Sono incapace di trattenere l'attenzione del maestro per più di un minuto," si lamentava nel marzo 1830. Tenerlo impegnato a Bologna era ancora più difficile che a Parigi, dato che "si diverte troppo, qui, con questi maledetti sfaccendati bolognesi". Dalla mattina alla sera riceveva visite. "Quando esco con lui, nella speranza di conquistare la sua attenzione almeno per un po', finisce per defilarsi dietro i pilastri dei portici e appena comincia a spettegolare con gli amici non è più possibile accordarsi su niente." Sembrava che Rossini, a Bologna, avesse trovato quello che gli mancava a Parigi: la vita semplice della provincia. In effetti, con l'arrivo della primavera e il ritorno a Castenaso cominciò a sentirsi meglio e fu persino in grado di riprendere a comporre. Commissionò un nuovo libretto e a giugno era a Firenze, ma rientrando a Bologna, il 7 luglio, constatò che il libretto non era pronto. Se ne lamentò con Carlo Severini, che gli era molto più vicino di Robert e per il quale stava cercando casa a Bologna. Avendo recuperato in qualche modo il buonumore, si dedicò a un lavoro ambizioso di spirito romantico-nordico, una versione del *Faust* di Goethe che poi abbandonò. Lo avrebbe fatto anni più avanti Gounod. Faust dopotutto è la faccia settentrionale di Don Giovanni, come osservò Kierkegaard.

La vita con Isabella andava di male in peggio: il compositore aveva trentotto anni ed era malato; lei, a quarantacinque, era alcolizzata e delusa. Isabella cominciò a dare lezioni di piano di nascosto, probabilmente più per la compagnia e per mantenere contatti con il mondo musicale che per necessità di denaro; ma si sparse la voce che Gioachino fosse così taccagno da non passare soldi alla moglie, costretta a lavorare per mantenersi. C'erano di mezzo i debiti di gioco di Isabella. I litigi non facevano che peggiorare la situazione, Rossini sentiva la mancanza di Olympe.

Proprio quando cominciava a pensare di tornare a Parigi per vederla, l'eco dei colpi d'arma da fuoco lo indussero a cambiare idea. In effetti, lo scontento popolare dei parigini stava spingendo tutta l'Europa a seguire gli eventi della Francia. Il raccolto era stato disastroso, in città c'era la carestia, il cambiamento dalla vita rurale al sistema industriale aveva creato una sottoclasse che si dibatteva fra la disoccupazione, la malattia e la fame.

Il nuovo consiglio dei ministri di Carlo X, capeggiato dal principe di Polignac, che come ambasciatore di Luigi XVIII aveva redatto il contratto di Rossini a Londra, era composto da sostenitori della linea dura. Tuttavia, le elezioni che rafforzarono il fronte liberale spinsero Polignac a tentare il colpo di stato: indisse nuove elezioni con un elettorato fortemente ridotto e mise a tacere la stampa con leggi draconiane. Mentre queste misure venivano messe in atto, re Carlo partì per la caccia nella foresta di Rambouillet. Il suo esercito era del tutto impreparato ad affrontare ciò che accadde: il popolo di Parigi, donne e uomini, costruì barricate e si armò con tutto ciò che aveva sottomano. Fu allora che Delacroix dipinse la sua famosa *Libertà che guida il Popolo*, mostrando Marianne a seno nudo che conduce le masse alla lotta, un monello di strada la tiene per mano.

"Il popolo e i poeti marciano insieme!" scrisse Charles Sainte-Beuve, mentre Alexandre Dumas presidiava una barricata e Liszt girava per le strade incoraggiando gli insorti. Era una rivoluzione popolare, una vera e propria rivoluzione. Fra le testimonianze della furia del popolo restano anche quelle dei bozzetti di strade bloccate dalle barricate; un dipinto a olio, oggi al Musée Carnavalet, ritrae uno studente solitario che avanza verso un plotone di soldati in una scena che ricorda piazza Tien-An-Men. Mentre affrontava la linea dei moschetti puntati su di lui e faceva appello alla fraternità tra l'esercito e il popolo, lo studente venne colpito a morte. Il pennello era riuscito a catturare la sua esile forma che fronteggiava lo schieramento della fanteria. Poi le truppe del re cominciarono a disertare e il 29 luglio la maggior parte di Parigi era nelle mani degli insorti.

Il giorno successivo Carlo destituì Polignac, ma era troppo tardi. Il re fuggì all'estero dopo i tre "giorni gloriosi" della rivoluzione: il 27, 28 e 29 luglio, date che sono rimaste scolpite nella memoria dei parigini, in strade, canzoni e poemi; la gente di Parigi – lavoratori, studenti, carbonari e repubblicani – contro il despotismo di Carlo X e dei suoi ministri. Al trono ascese Louis-Philippe, monarca costituzionale, figlio di Philippe Égalité.

Circa due mesi più tardi, quando le acque della Senna sembravano essersi calmate, Rossini lasciò Bologna e tornò a Parigi. Non si trattava solo di interessi finanziari, dato che il nuovo regime aveva abolito tutti i contratti precedenti, compreso il suo. A Parigi c'era Olympe Pélissier.

Isabella difatti non lo seguì.

Con la rivoluzione di luglio, l'Opéra smise di essere un'istituzione che faceva capo alla Corona e il fondo civico dal quale veniva attinto il vitalizio di Rossini fu ridotto. Gioachino disse a suo padre che non sarebbe rimasto fuori sede a lungo, in realtà non fece ritorno in Italia per quattro anni.

Olympe

La preoccupazione di Rossini per la sua rendita annuale era, in parte, una copertura per ritornare da Olympe Pélissier. In un periodo in cui aveva bisogno di cure e di affetto, Rossini trovò in lei tutto questo. Olympe si dedicò al suo benessere, e nessuno poté dire che fosse salita sul carro del vincitore – dato che anche lei era ricca –, né che cercasse la stabilità, perché sarebbero trascorsi molti anni prima che Rossini potesse sposarla. Olympe lo amava per la sua vulnerabilità, perché dipendeva da lei e perché le era grato. Detto questo, era certamente attratta dalla fama e dal talento di Rossini, che le offriva rispettabilità, massima aspirazione delle cortigiane.

Olympe non avrebbe condiviso la propria vita con un Adone: l'affascinante Rossini era brutto, il suo volto era sfigurato dalla grassezza. Sava diventando un relitto che da un momento all'altro poteva piombare in un baratro di silenzio e di paura, e aveva bisogno di ciò che lei, Olympe, voleva essere: un'infermiera.

Quando Rossini tornò a Parigi nell'autunno del 1830, Olympe si considerava matura, se non addirittura vecchia. I due pensavano di essere una coppia di vecchi. Lei aveva trentun anni e lui trentotto.

Olimpe [*sic*] Louise Alexandrine Descuilliers [*sic*] (il testamento di Rossini si riferisce a lei con questo cognome, con il quale anche lei firmò le sue ultime volontà) era nata in rue des Bons-Enfants, figlia illegittima di Marie Adelaide De Scuilliers. Cresciuta al 12 di rue Neuve de l'Abbaye, casa del suo patrigno Pélissier, che l'aveva adottata, trascorse l'infanzia in miseria. La madre non poté sostentarla a lungo e a quattordici anni la circondò di "protettori", uomini che la mantenevano in cambio di prestazioni sessuali. Secondo le *Mémoires d'un bourgeois de Paris* di Louis-Désiré Veron (1853), la si poteva incontrare nei dintorni del Palazzo Reale, "ce bazaar picturesque", dove le donne erano in vendita con "le jeu de l'amour à tout prix". A quindici anni, Olympe fu venduta a un giovane duca, ma poi lui si ammalò e la cedette, per una certa somma, a un ricco anglo-americano. Dato che era bella, intelligente, tranquilla e saggia, da semplice *cocotte* si trasformò in cortigiana, una sorta di geisha occidentale che presiedeva un salotto nel quale si incontravano scultori, scrittori e pittori. Riceveva anche l'aristocrazia, perlopiù gli uomini della famiglia Rochefoucauld, Laurison e Girardin. Molti membri del famosissimo Jocky Club frequentavano il 23 di rue de la Rochefoucauld, dove Olympe si trasferì nel 1831. Il suo amante, Horace Vernet, l'aveva ritratta nei panni di Giuditta, l'eroina che tagliò la gola a Oloferne. Olympe forse tagliò in senso figurato diverse gole quando cominciò un'attività di prestiti: era in grado di concedere ingenti somme perché nel suo salotto si giocava d'azzardo. Balzac avrebbe voluto sposarla perché lei era ricca e lui pieno di debiti, ma venne rifiutato. Siamo nel 1829, quando Balzac non era ancora stato accolto dal Beau Monde, e quando non era descritto come dandy.

I romantici avevano difatti creato il dandismo. Per la prima dell'*Hernani* di Victor Hugo (1830), Théophile Gautier indossò un panciotto scarlatto e un grande cappello di feltro. Quando faceva freddo, Rossini indossava due o tre parrucche una sull'altra, per tenere la testa al caldo. Senza saperlo, faceva parte del mondo degli eccentrici, dei dandy. A eccezione di George Sand, le donne non si piegarono alla moda: piuttosto, si coprivano di velluti e gioielli, e la stessa Olympe amava indossare una stravagante quantità di diamanti.

La Spagna

Nel 1831, il banchiere Aguado, ansioso di mostrare la Spagna a Rossini, lo accompagnò a Madrid. A parte le solite visite ai monarchi e una rappresentazione de *Il barbiere di Siviglia*, incontrarono l'arcidiacono di Madrid, Manuel Fernández Varela, che desiderava una composizione autografa di Rossini. In un primo tempo Rossini rifiutò, ma Aguado cercò di persuaderlo.

La Spagna non gli piacque. Anche a Verdi la Penisola iberica andò di traverso; al contrario dei compositori francesi, gli italiani erano sordi ai languori e ai colori iberici, chissà perché. Forse per quella durezza del linguaggio e la cultura così diversa, per quel cattolicesimo rozzo; e poi all'epoca di Rossini in Spagna vigeva l'Inquisizione, cosa che non doveva piacere a un amante della luce, del cibo, della natura e del mondo.

Varela chiedeva a Rossini di scrivere uno *Stabat Mater*, e alla fine, per compiacere Aguado, Rossini acconsentì. Era costretto a letto da una lombaggine, così disse, ma probabilmente si trattava dell'ennesimo collasso nervoso. Compose sei movimenti e, segretamente – cioè senza dirlo a Varela –, affidò altri sei brani a Giovanni Tadolini, un bravo compositore amico. Prima di partire, Rossini chiese che il suo *Stabat Mater* fosse eseguito soltanto in privato ed esclusivamente per l'arcidiacono. Tutto ciò avrebbe avuto impreviste e importanti ripercussioni.

A Parigi, non avendo più una residenza, il compositore prese a vivere nella mansarda del Théâtre-Italien: stanze semplici in cima a cinque rampe di scale. Un'ottima cosa per la sua forma fisica, era solito dire. Ma erano più le occasioni in cui i visitatori, fra i quali Olympe, salivano da lui, che non quelle in cui Rossini scendeva. Per Olympe scrisse una cantata, una composizione privata, la cui dedica dice:

> Cantata a voce sola con accompagnamento di piano, composta espressamente per Madame Olympe Pélissier
> Parigi 1832

Quell'anno, Rossini lo passò da invalido, più o meno chiuso nell'appartamento di Olympe in rue Neuve-du-Luxembourg. Balzac, visitatore abituale, ex amante di lei e amico di lui, ammaliato dalla creatività musicale di Rossini, era anche affascinato da un certo tipo di medicina che allora andava di moda, un po' come oggi la medicina omeopatica. In un'epoca nella quale le cure scarseggiavano e la scienza medica era ancora più limitata di oggi, Balzac indusse Rossini a credere che la pietra mesmerica di mozartiana memoria (vedi Despina in *Così fan tutte*) avrebbe potuto curare le sue crisi depressive e la sua prostrazione fisica. Il mesmerismo era "il fluido conservato in ogni parte dell'universo, una forza che governava gli esseri celesti", una forza elettrica e misteriosa. In alcune lettere di Olympe a Balzac, scritte perlopiù durante la primavera del 1832 e indirizzate a "Mon Cher Balzac" – un indizio della loro precedente intimità –, si parla di queste cure. In modo più specifico, Olympe scrive: "Conto sul vostro antico affetto".

I tre si vedevano spessissimo. In una lettera (17 novembre 1833) Balzac lamenta che Rossini "mi fa cenare con la sua amante, che è precisamente la bella Giuditta, l'antica amante di Horace Vernet e di Sue, sapete", tacendo il fatto che, oltre a quei signori, lo stesso scrivente era della compagnia. Quasi un anno dopo, lo scrittore descriveva una cena organizzata da Olympe: "Un grande successo. Rossini ha dichiarato che non ha mai visto né mangiato niente di meglio persino quando era a cena con i sovrani. La cena è stata anche risplendente d'ingegno. L'adorabile Olympe era graziosa, saggia e perfetta". Ecco che Balzac ormai ha cambiato opinione su Olympe, che, divenuta la compagna dell'uomo più famoso di Parigi, si è trasformata in *grande dame*. O quasi.

Nel 1834 Olympe aveva un palco all'Opéra, come la duchessa de Guermantes, e frequentava il Théâtre-Italien con una certa assiduità. Balzac, una volta, disse che nel palco di Rossini c'era anche "la pericolosa presenza della bella Olympe", cosa che lo indusse a lasciare il teatro. Gli umori di Balzac saltavano su e giù come il mercurio.

Il denaro per la musica era scarso. Gli anni della Restaurazione avevano visto il rifiorire delle arti grazie a un periodo di pace e prosperità, più che a un incoraggiamento dei Borbone. Il cinquantasettenne Louis-Philippe tirò la cinghia. Personificazione della monarchia costituzionale, garante di libertà, uguaglianza e fraternità, il re cittadino astutamente adottò di nuovo il tricolore, ma fu chiaro che non aveva intenzione di condividere il governo con la *grande bourgeoisie*, pilastro dell'economia francese. Invano il proletariato – termine coniato allora – attendeva non solo le riforme, ma anche un ruolo. Sotto Louis-Philippe i salotti erano ancora aperti, nonostante sembrasse che in giro ci fossero pochi aristocratici. Rossini, con Olympe al fianco, si faceva ormai vedere nel salotto musicale di Madame Orfila, una piccola napoletana. C'era anche la divina Madame Malibran "assise entre Mme Récamier, au moins sexagénaire" e c'era anche la "nuova" contessa Merlin, una Verdurin. Le giovani signore cambiavano aspetto e la moda sottolineava i grandi mutamenti della società: le acconciature, meno rigorose e ordinate di prima, erano nascoste sotto cappelli a tesa larga e i fiocchi di seta svolazzavano al vento. Al contrario di "prima", a una signora era permesso circolare a piedi invece che in carrozza. La folla di prostitute e *cocottes* che avevano reso i cortili di Palais Royal un posto per soli uomini si stava disperdendo. Al *juste-milieu* quel tipo di Parigi non piaceva.

Balzac, che da giovane aveva assorbito il "socialismo romantico" di Saint-Simon, adesso tuonava contro Louis-Philippe, il cui potere era dovuto alla meschina classe media, le *juste-milieu* appunto, com'era stata vivamente descritta in *Eugénie Grandet*. Dopo aver dedicato a Rossini *Le contrat de mariage* (un romanzo rimasto inedito fino al 1847), Balzac scrisse *Gambara* (1837), il cui protagonista è un compositore che cade in uno stato di profonda depressione. Tutti sapevano chi si nascondeva dietro il nome di Gambara, anche Rossini. Che non si offese, e che comunque rimase agli occhi di Balzac "il compositore che ha trasposto più passione di chiunque altro nell'arte della musica".

> Gambara è un portatore di tesori sconosciuti, un pellegrino che siede alla porta del paradiso, avendo orecchie per ascoltare gli angeli che cantano, ma non avendo più il linguaggio per ripeterlo. Il dramma di Gambara è che quando impone alle sue composizioni una sorta di ubriacatura dell'inconscio viene seguito, ma quando vuol fare la musica delle idee, cade dentro la sua stessa immaginazione. Nella sua immaginazione sovraccarica, Gambara diventa pazzo perché gli altri non vedono.

I due uomini continuavano a incontrarsi nei caffè e nei ristoranti alla moda, avevano la passione per la buona cucina, discutevano di musica, di donne e di crisi nervose. In una lettera Balzac chiedeva un autografo all'amico Rossini, per conto di un conoscente; voleva anche qualche parola sulla musica.

Rossini rispose:

Mon cher Balzac.
Volete un autografo, ebbene, eccolo. Cosa volete che possa scrivere uno come me a chi segna il secolo con i suoi capolavori? Siete, amico mio, un genio troppo colossale perch'io possa intrattenervi con i miei scritti e come potrebbe la mia semplicità di forestiero aggiungere a quel che sapete? Così vi dico solamente che vi amo con tenerezza e che voi, dal canto vostro, non dovete disdegnare di aver stregato il pesarese.

Bellini – il protetto di Rossini – e la sua musica facevano furore e le parigine s'innamoravano del giovane catanese una dopo l'altra. Trovando Olympe negli uffici del Théâtre-Italien, Bellini fu "deliziato di vederla" e chiese persino il suo permesso "per andarla a trovare a casa": un'impertinenza. Quando un'epidemia di colera colpì Parigi, la maggior parte della gente fuggì dalla capitale, mentre Bellini decise di rimanere: si mormorava che avesse una relazione con la bella Maria Malibran. La paura attanagliò tutti, Rossini compreso. "La parola 'colera' corre di bocca in bocca," scrisse la duchessa di Berry. Madame de Récamier fuggì da Parigi "insieme a Monsieur de Chateaubriand" e altrettanto fece la grande memorialista Madame de Boigne, i cui diari ispirarono Proust.

Ancora una volta fu Aguado a curarsi di Rossini, che portò con sé a Bayonne, ma nemmeno l'aria di campagna bastò a farlo riprendere da un nuovo torpore depressivo. A Bayonne il compositore si annoiava, nonostante la presenza di Olympe: avrebbe preferito trovarsi nella Parigi colpita dal colera, disse. Gli Aguado lo portarono allora a Tolosa, dove rimase di pessimo umore. Ma Édouard Robert aveva bisogno di lui al Théâtre-Italien, così il 12 settembre 1832 gli scrisse, comunicandogli che l'epidemia era finita, e finalmente il compositore poté rientrare in città.

Molte delle cabale, gelosie, difficoltà che invischiavano il Théâtre-Italien, erano causate da Vincenzo Bellini, geloso specialmente di Donizetti, che Rossini aveva invitato a Parigi. Il catanese non avrebbe avuto motivo di preoccuparsi, perché Donizetti allora aveva impegni alla Scala e non poteva immediatamente recarsi a Parigi. Da quando

Rossini lo aveva preso in mano, il Théâtre-Italien era diventato talmente importante che tutti volevano farne parte, compositori e cantanti.

Bellini, che stava lavorando a *I puritani*, scriveva a un amico che Rossini "adesso mi protegge e mi augura tutto il meglio. Se la sua protezione si rafforzerà, la mia gloria ne trarrà molto profitto, poiché a Parigi egli è l'oracolo musicale". Di fatto, il sincero affetto di Rossini non era ricambiato dal giovane genio intrigante. A un altro corrispondente napoletano, Bellini riferì: "Ho chiesto [a Rossini] di consigliarmi come un fratello e l'ho pregato di volermi bene. 'Ma io vi voglio bene,' ha risposto. 'Sì!, voi mi volete bene,' ho aggiunto, 'ma me ne dovete volere di più.' Ha riso e mi ha abbracciato".

Rossini aveva affittato una villa appena fuori Parigi e si godeva la campagna. La sera il suo cocchiere lo conduceva spesso in città, dove seguiva le prove de *I puritani*; assistette alla prima dal palco di Olympe, il 24 gennaio 1835, sinceramente felice del successo che arrise all'opera e al suo protetto.

La morte di Bellini, otto mesi più tardi, arrivò come un fulmine a ciel sereno. Alcuni dissero che era stato avvelenato, altri che era morto di colera. Parigi tributò i più grandi onori al compositore trentaquattrenne, il cui aspetto romantico e le cui storie d'amore erano pressoché leggendari. Il funerale fu celebrato a Les Invalides: Rossini, Carafa, Cherubini e Paër portarono il feretro e Rossini descrisse la processione verso il cimitero di Père-Lachaise. Pioveva, e lui pianse per tutta la strada, che non è breve. Senza Bellini, si sentiva musicalmente solo. In seguito, avrebbe spiegato che la diceria secondo la quale Bellini era stato avvelenato era falsa:

> Vi fu questa voce ma non fu vera. Io amava il Bellini che m'era stato raccomandato. Quando cadde infermo a Puteaux, vicinissimo a Parigi, io ero in villa: il medico della cura, un italiano ch'io non vidi mai, non lasciava entrar nessuno nella camera dell'infermo. Mi fu scritto che quel povero ragazzo stava male; venni a Parigi e mi dissero ch'avea migliorato

molto, onde tornai in villa. La mattina seguente ebbi notizia ch'era morto. Tornai da capo a Parigi e saputo che si era sparsa la voce ch'era morto di veleno datogli, dicevano, dalla sua amica in casa, per gelosia, ne feci aprire il cadavere dal celebre chirurgo e si trovò che aveva infermo l'intestino retto e che non avrebbe potuto viver molto ma che però la cura del medico asino gli abbreviò la vita. Io ne fui afflittissimo: mandai a suo padre e ai suoi fratelli in Sicilia alcuni ricordi in cose preziose di quel povero ragazzo ma essi mi risposero che avrebbero voluto denari.

Quando le sue crisi lo lasciavano in pace, Rossini era in grado di comporre. Nel 1835, il suo editore Troupenas raccolse dodici composizioni e le pubblicò con il titolo di *Soirées musicales*, anche se il compositore le aveva concepite per uso privato, intendendo escludere il pubblico. Ma Liszt, in assenza di diritti d'autore, ne trascrisse alcune per piano virtuoso e le pubblicò con Ricordi.

Si pensava che un viaggio avrebbe distratto Rossini dalla sua crescente malattia nervosa, così fu grato a Lionel de Rotchschild che invitò lui e Olympe ad accompagnarlo in Belgio e in Renania. A Francoforte, il compositore incontrò Mendelssohn, allora ventisettenne, che suonò il piano per lui; un testimone notò che Mendelssohn "accondiscese alle amabili richieste di Rossini, il quale, seduto accanto al piano, faceva osservazioni e esprimeva critiche in modo da far comprendere che in lui era il cuore, e non l'intelletto, a parlare".

Il treno

Negli anni trenta e quaranta dell'Ottocento l'Europa si affacciava nella nuova era industriale: la velocità, i metalli, il vapore e l'energia cambiavano il ritmo della vita. Rothschild convinse Rossini a provare il mezzo di trasporto più nuovo e veloce per coprire le grandi distanze: il treno. Ricordando cosa aveva provato attraversando la Manica su un mezzo di trasporto a vapore, Rossini era terrorizzato. La violenza, il rumore, la velocità erano stati spaventosi e gli avevano causato una crisi di panico. Il treno era così veloce! – fino a dodici o quindici chilometri orari – e si erano verificati alcuni incidenti mortali. Il professor Simon Wessely, il massimo esperto in materia, mi ha spiegato che i casi di panico da treno non erano rari: "C'era una forte e generalizzata preoccupazione circa gli effetti del viaggio sulla salute, una preoccupazione che non era espressa direttamente in termini psicologici, ma che aveva a che fare con la psiche. Per esempio, c'era chi non riusciva a respirare se il treno superava una certa velocità".

In seguito, Rossini scrisse persino un pezzo per piano, uno dei suoi *Péchés de vieillesse*, che descriveva un incidente ferroviario. Lo compose con una tale verve da suggerire che se l'orribile esperienza si fosse conclusa con un'esplosione non gliene sarebbe importato granché. Era ciò che voleva comunicare: l'indifferenza verso tutto quello che, invece, lo aveva colpito e ferito.

Nel novembre 1836 Rossini tornò a Bologna dopo aver trascorso diverse settimane a Milano. Aveva preso una decisione importante: voleva concordare i termini per la separazione legale dalla moglie (ne aveva discusso con Isabella tramite suo padre), in modo da potersi stabilire a Bologna con Olympe. Era sempre in contatto con il buon Severini, a Parigi, e ogni sua lettera parlava di Olympe nei termini più affettuosi. Stava cercando una casa bolognese per Severini, alla quale Rossini alludeva chiamandola "La Severiniana" persino prima di trovarla. Se ne occupò moltissimo, non solo per trovare il posto giusto, ma anche per l'arredo e la distribuzione delle stanze. Ci teneva ad avere l'amico a Bologna e stava anche preparando l'arrivo di Olympe: "Vi ringrazio per quanto avete fatto per Olimpia; spero che sarà contenta del domestico e del legno, cose importanti in un sì lungo viaggio". E anche: "Ho finalmente veduta la proprietà, la futura Severiniana, e ne sono contento. Se vedete Olimpia ditele molte cose tenere per me. Qui tutti gli amici vi desiderano e più di tutti il vostro Rossini". Aver lasciato "la capitale del mondo" non gli importava, ma sentiva "la mancanza di Olympe e di Severini". Olympe stessa gli inviava posta quasi giornalmente.

L'accordo di Rossini con Isabella fu stilato il 3 febbraio del 1837. Lui avrebbe continuato a vivere nel palazzo di Bologna, in Strada Maggiore. Per Olympe acquistò un edificio in via dei Libri (oggi via Farini) e più tardi un'altra casa in via Santo Stefano, al numero 83. Castenaso sarebbe rimasta a Isabella, alla quale si garantivano generose provvigioni finanziarie. Nel frattempo, Édouard Robert aveva inviato una lettera a Rossini.

> Conto sulla vostra amicizia per riconfortare e consolare quello sciame di bellezze che si disperano - voi dite - per la mia assenza, aspettando con impazienza il mio ritorno. Siate bonario, caro maestro, non sapete più come placarle - mi dite - e per Bacco, avete perduto dunque la chiave che mi avete affidato quando ero a Bologna? Lo sapete bene, nella strada di [...], non lontano da Palazzo Guidotti. Conducete le une dopo le altre nella casa particolare e mostratevi un autentico amico. Ma sbrigatevi, perché ecco la signora Abbassagioia n. 2 è in viaggio e una volta arrivata dovrete rigar dritto attento! In verità, Maestro, io vi ammiro, ma non vi comprendo. Non contento di avere una signora Abbassagioia n. 1 legittima alle calcagna, fate venire da Parigi una signora Abbassagioia n. 2, un'Abbassagioia seccatrice e cento volte più dell'altra. Avete dunque perduto il senno! Siete dunque nemico della vostra quiete! Ella è infine partita, la domenica grassa all'una del pomeriggio, e ha cominciato bene rompendo la vettura sul Pont Neuf, tanto quella vecchia baracca di calesse era carica come la più pesante delle diligenze. Dio voglia che la vettura arrivi a buon porto, ma io temo che si possa rompere a ogni momento. Mai si sono ammucchiate tante casse, pacchi soprattutto di biancheria da tavola, roba tra la più pesante al mondo. Sono andato a trovare Olympe alla vigilia della partenza e sono rimasto sbalordito dall'enorme quantità di cose preparate per il viaggio. Sarebbe stato meglio fare una cassa a parte con quanto pesava di più e spedirla per diligenza o per corriere, ma lei manca di buon senso.

Invece Rossini aveva bisogno dell'infermiera Olympe, non delle graziose ragazze del bordello vicino a Palazzo Guidotti. A marzo 1837 Olympe si trasferì definitivamente a Bologna. "Sono dovuta andare da Mme Rossini, che ho trovato piacevole e priva di affettazione; le sono risultata gradita," scriveva. "Dopo l'arrivo di Olympe," ci racconta il contemporaneo Antonio Zanolini, "Rossini dovette accompagnarla a Castenaso. Isabella e Olympe si conobbero, si scandagliarono e per un non breve tempo praticarono insieme famigliarmente, come fossero unite da sincera amicizia; poi a un tratto quel fuoco fatuo per piccolo soffio si spense, un giorno si separarono corrucciate, né mai più si rividero." In effetti, Isabella cercò di aizzare i suoi amici contro la nuova coppia: Olympe e Rossini dovevano vivere in case separate. Olympe scriveva: "Molto tempo fa, Dio mi ha dato la forza di vedere in Rossini soltanto un amico. La sua amicizia e la sua protezione mi consoleranno di alcuni sacrifici di amor proprio che faccio per la sua tranquillità personale. Oggi non ho ripensamenti su Rossini, che si comporta in modo così nobile con me". Non importava che in passato fossero stati amanti: adesso i rapporti sessuali erano fuori discussione. Rossini era troppo malato per lasciarsi tentare da Eros, e per Olympe il sesso non era mai stato più che un lavoro. La loro relazione si basava sulla dipendenza e la devozione reciproca.

Balzac fu ospite della coppia a Bologna il 29 maggio 1837, in compagnia della contessa Clara Maffei (che in seguito ebbe una relazione con il giovane Verdi) e descrisse quella visita in una lettera.

> A Bologna, andammo a vedere la Santa Cecilia di Raffaello e anche la Santa Cecilia di Rossini [Olympe, *N.d.A.*] e anche il nostro grande Rossini! [...] Ahimè, non trovammo musica da nessuna parte, eccetto quella che riposa nella testa di Rossini stesso e che gli angeli ascoltano nel dipinto di Raffaello. La Francia e l'Inghilterra comprano la musica a un prezzo così alto che l'Italia dimostra quanto sia vero il proverbio: nessuno è profeta in patria.

Ci furono anche tanti momenti bui. Rossini aveva promesso a Olympe che se a Bologna fosse stata infelice si sarebbero stabiliti a Firenze o a Milano, ma quando lei minacciò di partire, lui le fece una scenata. Nonostante ciò, Olympe chiese al suo contabile di vendere l'appartamento di Parigi e di liquidare le sue considerevoli proprietà. Nel mese di settembre del 1837 fu firmato l'atto di separazione legale fra Rossini e Isabella. Non significava granché, in un paese cattolico: Gioachino e Olympe non si sarebbero potuti sposare fin quando Isabella fosse rimasta in vita.

Giuseppe Verdi

Per coincidenza, nel 1837 sia Gioachino Rossini che Giuseppe Verdi erano entrambi a Milano. Il primo era arrivato con Olympe nella speranza che lei si trovasse meglio nella capitale lombarda che non a Bologna. Dopotutto, Rossini stesso aveva definito Milano "una città di molte risorse". Verdi, che all'epoca aveva venticinque anni, ostentava una barba alla Mazzini e voleva cambiare il mondo, e lo avrebbe fatto con la musica. Aveva poco denaro, molto orgoglio e un sacco di debiti; aveva anche una moglie, Margherita Barezzi, figlia del suo benefattore. Verdi alloggiava in una stanza modesta a Porta Ticinese, il quartiere povero, mentre sua moglie era rimasta a Busseto, il paese natale. La figlia (nata il 26 marzo di quell'anno) la chiamarono Virginia, ispirandosi alla tragedia di Vittorio Alfieri, un ardente dramma repubblicano. Rossini e Olympe, invece, presero alloggio a Palazzo Cantù, a Ponte San Damiano: avrebbero trascorso quasi cinque mesi in quella cittadina. "Io sono qui a Milano godendo una vita piuttosto brillante," scrisse Rossini a Carlo Severini il 28 novembre 1837. "Do accademie, ossia esercizi musicali, tutti i venerdì a casa mia. Ho un bell'appartamento e tutti vorrebbero assistere a queste riunioni; si passa il tempo, si mangia bene e si parla spesso di voi. Passerò tutto l'inverno qui per ritornare a Bologna alla fine di marzo." E aggiungeva: "Mandatemi i due *toupets*". A un altro corrispondente raccontava: "Dilettanti, artisti, maestri, tutti cantano nei cori.

Madame Pasta canterà venerdì prossimo. Ho tutti gli artisti dei teatri che fanno a gara di cantare e sono costretto luttare [*sic*] tutte le giornate per ricusare l'ammissione di nuovi satelliti". La padrona di casa sapeva muoversi bene a Milano, con tutta la grazia di una francese, impossibile far paragoni con la pesantezza spagnola dell'ex diva Isabella Colbran. "Olimpia fa gli onori con successo."

Rossini era sempre più legato a Severini, il quale non solo si occupava del Théâtre-Italien, ma curava anche gli interessi finanziari del compositore a Parigi. Come si diceva, Rossini gli era talmente affezionato da indurlo a comprare una casa adiacente alla propria. Ormai sperava di chiudere con Parigi e ritirarsi a Bologna. Magari avrebbe potuto passare qualche stagione a Milano per far piacere a Olympe, altrimenti avrebbe contato sulla tranquillità di Strada Maggiore.

Rossini e Olympe vedevano spesso Giuditta Pasta, o nella sua villa sul Lago di Como o a Milano, dove anche lei alloggiava a Palazzo Cantù e dava ricevimenti in grande stile. Fu nel suo salotto che Stendhal ("ce grand menteur", quel gran bugiardo, come lo etichettò Rossini) scambiò qualche parola con il soggetto della sua vendutissima biografia. Anche Balzac era a Milano, questa volta in compagnia di un'amante bassina e molto brutta (secondo *Mémoires, souvenirs et journaux*, di Marie d'Agoult), "en travesti à la George Sand", che presentava come il suo paggio affinché la presenza di un'altra donna al suo fianco non raggiungesse l'orecchio di Madame Hanska, sua futura moglie. La contessa Clarina Maffei, l'intellettuale dei salotti politico-sociali, aveva lasciato il marito, il poeta Andrea Maffei – autore dei *Masnadieri* di Giuseppe Verdi – e viveva con Carlo Tenca. L'anno precedente era stata tra le braccia di Balzac, che così le scriveva da Sèvres (ottobre del 1837):

> Merci, cara, per la pagina profumata del ricordo che mi riporta alla mente la delizia del vostro amato salotto e le serate che vi ho passato e di colei che familiarmente chiamate "la petite Maffei"; che occupa un posto troppo grande nella mia

memoria perché io possa permettermi di usare quell'espressione. Ci sono giorni in cui sogno il Duomo di Milano e il dipinto di Raffaello che vedemmo insieme, ma più d'ogni altra cosa sogno una camelia bianca più del bianco marmo.

Ah, quelle camelie, metafora e simbolo, rosse o bianche, che il diciannovesimo secolo preferiva all'altrettanto metaforica rosa! Olympe voleva che il suo salotto diventasse come quello di Clara Maffei, o come quello che aveva prima lanciato e poi lasciato a Parigi. Questo sarebbe stato un salotto musicale, un ritrovo di gente altolocata, non quello di una cortigiana. Olympe teneva a essere rispettabile, ora che viveva al fianco del compositore più famoso del mondo.

Dato che Milano era nota per la sua liberalità, le coppie non sposate non venivano guardate dall'alto in basso, con l'atteggiamento censorio caratteristico di Bologna, città della Santa Sede. D'altra parte, però, diverse persone storcevano il naso; la contessa Marie d'Agoult, l'amante di Liszt, per esempio: "Rossini ha passato l'inverno a Milano con Mademoiselle Pélissier, che ha cercato di imporre in società," scrisse, "ma nessuna signora di un certo livello l'ha frequentato". Neanche la Samoyloff andò a far visita alla coppia, sebbene la contessa d'Agoult avesse voltato le spalle anche a lei. Giulia Samoyloff era una bellezza russa che si era stabilita a Milano, dove aveva una "suite non interrompue d'amants médiocres presque tous musiciens", una serie ininterrotta di amanti mediocri, quasi tutti appartenenti al mondo della musica, come scrisse la d'Agoult. Marie stessa aveva avuto una figlia da Liszt mentre era ancora sposata al conte d'Agoult e presto sarebbe nata Cosima, che avrebbe continuato la tradizione di mettere al mondo figli illegittimi, avendone due con Wagner. Liszt osservò: "Rossini, ricco, sfaccendato e illustre, ha aperto la propria casa ai suoi compatrioti". Rossini e Liszt rimasero in buoni rapporti, ma Gioachino evitò la contessa.

Verdi non frequentava i salotti. Di certo, ammirava Rossini. "Oh, è una gran cosa essere Rossini!" avrebbe esclamato. Naturalmente, in quel periodo Rossini non aveva idea di chi fosse Verdi, ma in seguito lo avrebbe descritto come "il compositore con l'elmetto".

I due rappresentavano i poli opposti della musica e della cultura italiane, entrambi erano uomini del loro tempo. In comune avevano un certo senso di tristezza e di disperazione. Rossini veniva da una famiglia di poveri musicisti, apparteneva alla cultura urbana e la sua infanzia era stata solitaria e infelice. Verdi diceva di avere un retroterra contadino (in entrambi i rami della sua famiglia c'erano stati invece piccoli proprietari terrieri) e in quel periodo era stato appena colpito dalla morte della giovanissima moglie e dei loro due bambini. Nato nel 1813, viveva in uno stato governato dalla duchessa Maria Luigia, mentre Rossini arrivava dallo Stato della Chiesa e aveva già girato il mondo. Verdi era un fervente repubblicano e un accanito sostenitore della causa nazionalista. Al contrario, Rossini aveva attraversato una fase di liberalismo, ma era stato deluso ed era diventato cinico su tutto.

Divisi, gli italiani avevano seguito gli eventi di Parigi con crescente interesse. Nel 1831 Giuseppe Mazzini, che allora viveva in territorio francese, fondò la Giovine Italia, un'organizzazione clandestina che mirava a unificare l'Italia. Nello stesso anno scoppiò la rivoluzione; Modena, Bologna e Parma, insieme alla parte settentrionale dello Stato della Chiesa, estromisero i propri governi, ma le forze ribelli, costituite principalmente dai carbonari, furono sopraffatte dalle armate austriache. Ciro Menotti, che capeggiava la ribellione, fu giustiziato (Garibaldi, in seguito, avrebbe chiamato Menotti uno dei suoi figli).

Nella sua *Filosofia della musica* (1870), Mazzini descrisse Rossini come "il titano dell'audacia", il Napoleone di un'era che ha raggiunto nella musica "ciò che i romantici avevano raggiunto nella letteratura" e "urge [...] non di perpetuare o rifare una scuola italiana, bensì di tracciar dall'Italia le fondamenta d'una scuola musicale europea". Cosa che Rossini fece.

Grazie alle sue varie divisioni, alle numerose differenze

di costume e agli ostacoli nelle comunicazioni, l'Italia rimaneva una società rurale. "I motori a vapore in Italia non si vedono da nessuna parte," commentò un visitatore inglese. Ma la frase, di fatto intraducibile, è a doppio senso: *steam* significa anche volontà di fare, di cambiare. In effetti, le linee ferroviarie che cominciavano a collegare tutta l'Europa settentrionale, in Italia non erano state ancora concepite: gli austriaci le consideravano una minaccia alla sicurezza. Sul fronte economico, la Francia – e soprattutto l'Inghilterra – vivevano un boom. Nel 1837, la giovane principessa Vittoria Saxe-Coburg veniva incoronata regina di un paese che, grazie al suo fiorente commercio, alla tecnologia avanzata e al dominio dei mari, divenne l'invidia dell'Europa. Più avanti questa sovrana tedesca sarebbe diventata imperatrice di enormi estensioni e popoli diversi. Le classi più elevate viaggiavano e con loro viaggiava la moda: nessun gentiluomo milanese sarebbe entrato in un salone senza indossare un cappello a cilindro e la marsina all'inglese. Soffocato da feroci corsetti, il vitino di vespa era di rigore per i giovanotti. L'Inghilterra godeva anche di una libertà che in Italia non esisteva.

Heinrich Heine osservava:

> La libertà di parola è vietata al povero schiavo italiano, così è soltanto attraverso la musica che può esprimere le emozioni del suo cuore. Il suo detestare la dominazione straniera, il suo desiderio di libertà, la rabbia di fronte alla propria impotenza, il dolore nel ricordare la sua antica e nobile grandezza, tutto è incarnato in quelle melodie. È questo il significato esoterico dell'opera buffa.

Rossini stava trovando un periodo di pace e pensava di potersi stabilire a Milano quando, leggendo in un giornale che la notte del 14 gennaio 1838, dopo una rappresentazione del *Don Giovanni*, il Théâtre-Italien era stato distrutto dal fuoco, piombò in uno stato di disperazione. Il teatro che aveva resuscitato, quasi creato, che aveva enormemente arricchito con la sua esperienza, che aveva imposto al pubblico francese come il massimo della qualità, il luogo dove si erano dipanati i dolci incontri con Olympe, dove aveva costruito spettacoli indimenticabili, era andato, finito letteralmente in fumo.

Si disse persino che c'era stato lo zampino degli invidiosi, che erano stati i nemici ad accendere le scintille da cui era nato il fuoco distruttore, ma è più probabile che un qualche scaldino con la brace dormiente sotto la cenere avesse incendiato quelle gelate mansarde; siamo in gennaio e a Parigi, dopotutto. (Diversamente da quanto è successo ai giorni nostri alla Fenice.)

Era come se si fosse presentato il Commendatore in carne e ossa. Dopo quella rappresentazione del *Don Giovanni*, le fiamme dell'inferno avevano bruciato tutto il mondo di Gioachino Rossini.

E tutto andò distrutto: i costumi, le carte di Rossini (inclusi gli spartiti), le scenografie, tutto. Ma ancora più devastante fu la perdita del suo caro amico Carlo Severini, che morì cercando di scappare. Édouard Robert, gravemente ustionato, era invece sopravvissuto. La lunga e prospera collaborazione di Rossini con il Théâtre-Italien si concluse in quel tragico modo.

Rossini e Olympe dovettero lasciare Milano e tornare a Bologna poiché Giuseppe li reclamava, era stato lasciato solo a tener testa all'amareggiata Isabella. Scrisse per dire che era malato e aveva bisogno del figlio al proprio fianco. Ma a Bologna la salute psichica e fisica di Rossini peggiorò, e solo quando il padre si rimise si forzò a rientrare a Milano per una grande serata musicale offerta da Metternich, la cui somiglianza con il conte Mosca de *La certosa di Parma* di Stendhal - il successo letterario dell'epoca - era stata sottolineata anche da Balzac. Metternich, più che invitare Rossini, lo aveva convocato: non c'era possibilità di rifiutare quella richiesta, sebbene all'epoca il compositore avesse poco entusiasmo e soprattutto poca voglia di condurre vita di società. La morte di Carlo Severini, la distruzione dell'amato teatro e il rogo delle sue carte lo avevano fatto sprofondare nella più cupa depressione. E anche i suoi acciacchi fisici stavano peggiorando: adesso soffriva persino di emorroidi, e l'infiammazione all'uretra era degenerata in sindrome di Reiter, provocandogli terribili dolori artritici. Dopo ogni attacco di panico – causato da viaggi in treno o in nave a vapore – Rossini non riusciva nemmeno a concepire l'idea di tornare sulla scena, per timore di ripiombare nell'irrazionalità del terrore provato. Sapeva di comportarsi stranamente e così a volte cercava di nascondere il panico, come in una lettera che scrisse a Olympe dicendole che il viaggio in treno gli era persino piaciuto...

Un'altra crisi lo colse quando sentì Paganini – che aveva fama di essere demoniaco – esibirsi in uno dei suoi virtuosismi: da quel momento non avrebbe mai più rischiato di ascoltare il vecchio amico al violino.

Malgrado le condizioni di salute, Rossini accettò un incarico onorario al Liceo Musicale di Bologna (gennaio 1839), anzi lo cercò lui stesso. Voleva insegnare la scienza che egli stesso aveva appreso; e non prese il compito alla leggera, provando (senza successo) ad attrarre compositori del calibro di Saverio Mercadante, Antonio Pacini e Gaetano Donizetti. Sperava che Donizetti facesse per Bologna quello che lui aveva realizzato a Parigi.

Ma la notizia della morte di un altro amico lo gettò nuovamente nella disperazione: il tenore francese Alfred Nourrit, un uomo affascinante, bellissimo ma clinicamente depresso – come Rossini – che gli era stato tanto vicino nella stesura del *Guillaume Tell*, si era suicidato a Napoli l'8 marzo del 1839. Nourrit era una persona eccezionale, aveva saputo conquistare la stima e l'affetto di Rossini come nessun altro cantante, anche perché era particolarmente intelligente.

Il mondo di Rossini stava cadendo a pezzi, troppi morti; il progresso tecnologico, in qualche modo, lo rendeva claustrofobico, lo sentiva come una minaccia alla propria stabilità, era annichilito da un ambiente meccanizzato che gli era estraneo: lo sentiva ostile, alieno.

Muore Vivazza

Il padre di Rossini moriva il 29 aprile del 1839.

In lacrime, Rossini si aggirava per casa sfiorando gli oggetti appartenuti al vecchio padre. Piangeva per ore. Disperato, si sentiva perduto, solo. Gli fu raccomandato di cambiare ambiente, e Olympe lo convinse a passare l'estate a Napoli, cosa che avrebbe dovuto rievocare in lui dolci ricordi della giovinezza. Avrebbe potuto rivedere quel bellissimo golfo e i suoi vecchi amici, ma sapeva che nulla poteva consolarlo della morte di Vivazza, e soprattutto risollevarlo dal proprio stato di prostrazione e di colpevolezza. "Ho trascorso un inverno così terribile che devo decidermi a fare questo viaggio."

Le cure termali non migliorarono le condizioni fisiche e mentali di Rossini, e neanche Napoli; con Olympe fu ospite di Barbaja, con il quale, ovviamente, c'era stata una riconciliazione dopo un periodo di ostilità. Abitarono nella stessa villa di Posillipo nella quale era maturato il suo amore per Isabella.

Olympe e Barbaja non erano fatti per piacersi: lui, il bucaniere appariscente e ignorante, quasi un personaggio da commedia dell'arte, di certo ottimo impresario d'opera, deve aver disprezzato a prima vista la compita ex cortigiana che voleva apparire come una gran dama, sebbene la carnagione luminosa di Olympe e i suoi occhi nerissimi avessero indubbiamente fatto colpo sul furbo Casanova. Ma che cosa può aver pensato Barbaja del compositore, un tempo affascinante ed energico? Vedere Rossini in uno stato di prostrazione fisica e psichica deve avere rattristato il collezionista di quadri e di donne cui persino i regnanti chiedevano denaro in prestito.

Sia a Napoli che nel suo viaggio di ritorno a Roma, Rossini fu festeggiato e onorato, ma se ne accorse appena. Rientrato a Bologna, a dispetto della sua letargia si impegnò con il Liceo, presenziando agli esami e dirigendo l'orchestra, ma le sue condizioni di salute continuarono a peggiorare. Olympe sembrava capire la sua depressione meglio di qualsiasi dottore. In una serie di lettere che scrisse all'amico e consigliere Hector Couvert, un avvocato, in cui descriveva la vita a Bologna, riferisce per esempio che né lei né Rossini stavano bene, perché l'unica cosa che facevano era mangiare: un modo per combattere la noia, la depressione e la disperazione: "Il maestro e io viviamo per il cibo [...]. Sono una donna grassa, occupata da mane a sera dalla digestione". Evidentemente, della musica in quel periodo a Rossini importava poco. Quando il Teatro Comunale trasformò il *Guillaume Tell* in *Rodolfo di Sterling* (l'opera sarebbe persino apparsa come *William Wallace,* dal nome del ribelle di *Braveheart,* per evitare la censura), l'autore non protestò. La parola *liberté* che chiude l'opera originale con spasimi celestiali fu eliminata dal testo, così come il concetto era stato sradicato dalla vita pubblica: gli austriaci non avrebbero certo accettato Tell, un eroe che aveva lottato contro di loro e contro gli Asburgo per riconquistare la sua patria.

Malattie dell'anima

Visitare Venezia nel febbraio 1841 avrebbe dovuto essere un piacere: era la città delle trionfanti prime di *Tancredi* e di *Semiramide,* e delle farse piene di gioia e inventiva. Il pubblico di Venezia, le donne veneziane nascoste dietro le loro graziose maschere, i domino, le snelle gondole e le barcarole, così come i vecchi amici, avrebbero dovuto portare una scintilla di speranza nell'universo buio di Rossini. Invece il compositore soffrì di mal di stomaco e di diarrea, probabilmente di natura psicosomatica, che acuirono gli sfibranti sintomi dell'infiammazione e la sua profonda ansia. Non fu nemmeno capace di gioire della meraviglia di Olympe al cospetto dei marmi merlettati di Palazzo Ducale, dei riflessi dei profili gotici, del tremolio dorato della laguna. Stava malissimo: come avrebbe potuto riprendersi ricordando ciò che di bello aveva avuto nella vita?

Quando un famoso medico di Dresda si trovò a Bologna, Olympe decise di consultarlo e convinse Rossini a provare la nuova scienza medica del Nord. Ma le cure che questo medico prescriveva sarebbero state sufficienti a mandare chiunque all'altro mondo: fiori di zolfo mescolati a cremore di tartaro, applicazioni di sanguisughe alle emorroidi e così via. Furono consigliate anche le acque termali di Marienbad; Rossini e Olympe andarono invece alla vicina stazione termale di Porretta, ma senza profitto.

Era estate (1841) quando Rossini ricevette la visita del musicologo belga François-Joseph Fétis, la cui *Biografia universale dei musicisti* in otto volumi rimane una fonte importante per gli studiosi di musica, pur se spesso eccentrica. Fétis, che mise su carta le impressioni delle conversazioni avute con Rossini, provò a incoraggiarlo a scuotersi dalla letargia e a ritornare a comporre. Il fatto era, Rossini gli rispose, che non si occupava più di musica, che l'aveva abbandonata, o che forse la musica aveva abbandonato lui. Il desiderio di comporre sarebbe tornato presto, insistette Fétis, notando l'apparente indifferenza di Rossini. (Il professor Simon Wessely, che ha studiato la documentazione medica di Rossini, ha messo in evidenza che l'apparente indifferenza e la mancanza di autostima sono sintomi tipici della depressione.) Secondo Fétis, Rossini aveva sempre dissimulato. Un giorno il mondo avrebbe capito che grande uomo era stato Rossini e fino a che punto si autosvalutava. Avrebbe dovuto – insistette – comporre magnifica musica sacra.

Anche se non lo sapeva, Fétis aveva ragione: Rossini sarebbe tornato a comporre, e proprio musica sacra.

Stabat Mater

Ciò che spinse Rossini ad agire fu la notizia che un editore francese aveva acquistato lo *Stabat Mater* che egli, seppur riluttante, aveva scritto per l'arcidiacono Varela, a Madrid, nel lontano 1831. Era una situazione imbarazzante, anche perché sarebbe stato costretto a confessare che aveva affidato sei brani a Giovanni Tadolini; del resto, per Rossini tutto era ormai fonte d'angoscia, ma l'episodio servì a scuoterlo dal suo torpore depressivo. Gli eredi di Varela avevano venduto il manoscritto autografo ad Antoine Aulagnier, che intendeva stamparlo e metterlo sul mercato: qualsiasi composizione del celeberrimo Rossini era ormai merce più unica che rara. Rossini voleva impedire la pubblicazione di uno spartito che aveva regalato – e non venduto –, sebbene, per sua stessa ammissione, ne avesse ricevuto in cambio una tabacchiera tempestata di diamanti. Così si mise al lavoro sullo *Stabat Mater*, sostituendo i sei pezzi composti in origine da Tadolini con musica propria; quindi vendette il prodotto finito al proprio editore francese, Troupenas. La battaglia tra editori diventava inevitabile.

Era il periodo ideale perché Rossini si cimentasse in uno *Stabat Mater*. Devastato non solo dalla recente morte di entrambi i genitori e di due cari amici, ma anche dalla tragedia del teatro incendiato, il compositore era sconvolto. Tutto questo lo portò a comporre un testo che descrive una madre che vede il figlio morire di una lenta tortura, e parla del suo tormento interiore. Lo *Stabat Mater* ebbe la sua prima il 7 gennaio del 1842 al Théâtre-Italien, restaurato da poco: nel giro di un'ora il teatro era esaurito. Alle generali, il coro e l'orchestra si alzarono in piedi dopo le ultime note della splendida fuga che conduce al finale. Spontaneamente, ognuno dei presenti invocò Rossini, in un'accorata ovazione al compositore assente. Il suo nome era di nuovo sulla bocca di tutti.

Molti criticarono lo *Stabat Mater* per il suo tono melodrammatico. Tra questi Mendelssohn, ebreo convertito, le cui rimostranze furono fra le più veementi. Heine, altro ebreo convertito, scriveva: "Lo *Stabat* del grande maestro è stato il principale evento musicale dell'anno [...] lacrime spirituali [...] e mondane sono state versate [...], del resto, in Francia Herr Mendelssohn è sempre stato un fallimento". È interessante che le parti "più spirituali" dello *Stabat* sono scritte per tenore o per basso, come se in esse Rossini volesse esprimere la propria sofferenza. Lo splendido quartetto “Sancta Mater, istud agas, crucifixi fige plagas, cordi meo valide” (“Santa Madre, fai questo, imprimi le piaghe del crocifisso fermamente nel mio cuore”) indusse Heine a dichiarare che il Théâtre-Italien “sembrava il vestibolo del paradiso”.

Per Rossini la prima di Bologna, il 18, 19 e 20 marzo, era più importante di quella di Parigi; lo *Stabat Mater* fu eseguito da un coro di solisti dilettanti (ma che dilettanti!) diretti dal suo amico Donizetti, l’unico che poteva rendere giustizia alla sua musica, dichiarò Rossini. Donizetti rispose precipitandosi da Milano in diligenza e portandosi dietro il tenore russo Nicholas Ivanoff, uno dei solisti dello *Stabat Mater*, giovane amatissimo da Rossini, che lo considerava un figlio. Si racconta che durante quel viaggio Donizetti, reduce dalla recita scaligera del *Nabucco*, continuasse a mormorare: “Un capolavoro, un capolavoro...”.

Durante la terza e ultima replica dello *Stabat Mater*, il compositore, profondamente emozionato, cadde preda di un nuovo attacco di panico. Tremante e sudato, piangente e ammutolito, fu portato in una stanza dalla quale avrebbe potuto seguire il resto del concerto senza essere osservato. Temeva i critici: i suoi amici cercarono di rincuorarlo e lo intrattennero scherzosamente fino a quando, riavutosi, Rossini cominciò a placarsi e a respirare, ma subito dopo venne colpito da un’altra crisi.

Si riprese in tempo per raggiungere il direttore d’orchestra e abbracciarlo con gli occhi pieni di lacrime. Prima che Donizetti lasciasse Bologna, Rossini gli regalò quattro bottoni di diamanti. “Se avessi potuto vedere come piangeva quando partimmo!” disse in seguito Donizetti.

Mentre era a Bologna, nell’autunno del 1842, il ventinovenne Verdi andò a trovare Rossini, che lo aveva seguito attraverso vari resoconti del *Nabucco*, da Donizetti e da altri. Non ci resta nessuna testimonianza della conversazione, ma con ogni probabilità parlarono di musica. Verdi non avrebbe mai osato chiedere a Rossini perché avesse smesso di comporre opere, ma potrebbe aver commentato lo *Stabat Mater*. La visita fu evidentemente un’occasione gioiosa, stando a quanto Verdi scrisse alla contessa Emilia Morosini. "Quando penso a Rossini e alla sua fama nel mondo potrei uccidermi, e con me tutti gli imbecilli." Verdi avrebbe sempre ammirato Rossini: "Non posso fare a meno di credere che *Il barbiere di Siviglia*, per abbondanza di vere idee musicali, per verve comica e per verità di declamazione, sia la più bella opera buffa che esista". Dal canto suo, Rossini fu tra i pochi che capirono subito la grandezza del *Don Carlos*. Scrivendo a Tito Ricordi gli disse di riferire a Verdi: "Se ritorna a Parigi si faccia pagar molto, essendo egli il solo in grado di comporre una Grand-Opéra (Che gli altri colleghi mel perdonino)". E a Duprez scriveva:

> Vedi, il Verdi è un maestro che ha un carattere melanconicamente serio; ha colorito fosco e mesto che scaturisce abbondante e spontaneo dall'indole sua ed è apprezzabilissimo appunto per questo ed io lo stimo assaissimo; ma è altresì indubitato ch'ei non farà mai un'opera semiseria come la *Linda*, e molto meno buffa come l'*Elisir d'amore*.

Nonostante il successo dello *Stabat Mater* e il fatto che Rossini stava diventando un monumento della musica italiana, persona da riverire, da andare a trovare, un punto di riferimento per tutti i compositori, la sua salute non rifiorì. Nel dicembre 1841, Olympe aveva scritto al famoso chirurgo e urologo Jean Civiale di Parigi per chiedergli un appuntamento. E tre mesi più tardi gli spedì un elenco dei sintomi di Rossini degli ultimi cinque anni; così, nel 1843 decise di tentare il lungo viaggio verso la Francia, nella speranza che i medici parigini fossero più validi di quelli di Bologna e Milano. Quattro giorni dopo la partenza, la coppia si fermò a Parma e lì, il 18 maggio, ricevette una nuova visita di Verdi. Era nella capitale di Maria Luigia per provare il *Nabucco*. "Qui ho visto il supremo maestro," scrisse Verdi, senza ironia, al suo amico Isidoro Cambiasi. La lettera prosegue dicendo che Verdi e Rossini avevano deciso di incontrarsi di nuovo a Milano, sulla via del ritorno di quest'ultimo. Ma non sarebbe accaduto. Il viaggio di Rossini verso Parigi durò tredici giorni; Rossini e Olympe vi arrivarono e si stabilirono al 6 di place de la Madeleine, dove una sequela ininterrotta di amici e ammiratori fece la fila per vedere il compositore o scambiare una parola con lui. Rossini e Olympe avrebbero trascorso quattro mesi a Parigi, ma per tre mesi interi i medici tennero il compositore isolato.

"Procedo lentamente nelle mie cure," scrisse quest'ultimo il 20 di giugno. "Vivo di privazioni." Ma le cose cominciavano a migliorare, probabilmente grazie alle amorevoli attenzioni di Olympe.

Il nuovo direttore dell'Opéra, Léon Pillet, implorava Rossini, voleva una nuova opera. Il compositore gli disse di utilizzare *La donna del lago*, che a Parigi non era stata ancora rappresentata perché, spiegò, non c'era nessun tenore in Francia che potesse cantarla. Pillet ne trasse *Robert Bruce*, un rozzo adattamento secondo le mode dell'opera francese. Giuseppina Strepponi vi assistette e scrisse a Verdi, non ancora suo marito, che, malgrado il deplorevole pasticcio e la grossolana traduzione, Rossini era ancora il più grande.

A proposito dei due compositori, Massimo Mila scrive:

> Ai suoi primi tentativi validi, Verdi si volge istintivamente al modello rossiniano delle grandi opere corali, il *Mosè* [...]. Verdi dovette sentire, sempre in quella maniera inconscia che è dell'artista, che Bellini e Donizetti, pur nella limitazione unilaterale delle loro attitudini espressive, costituivano un passo innanzi rispetto al gusto rossiniano. Quel passo che i tempi imponevano, quel passo che voleva dire, in termini storici, uscire dall'Illuminismo per entrare nell'era romantica, quel passo di cui Rossini capì benissimo la necessità e si cavò il gusto di far vedere, col *Guillaume Tell*, che, volendo, l'avrebbe saputo fare.

Bellini e Donizetti, aggiunge, "cantavano d'amore con un'intensità, con una verità, con un impegno totale dell'anima", mentre sia Rossini che Verdi sono compositori che abbracciano tutte le gamme emotive.

A Milano, dove si preparava per la prima di *Giovanna*

d'Arco alla Scala, Verdi ricevette una lettera da Rossini (28 gennaio 1845), con la quale quest'ultimo si scusava del suo lungo silenzio. Perché gli scriveva? Per raccomandargli il suo "Niccolino", il tenore Ivanoff per il quale Verdi aveva espressamente composto un pezzo che, con quella missiva, Rossini gli pagava. Nella lettera si legge: "*I due Foscari* hanno fatto furore a Firenze, lo stesso sarà per *Giovanna d'Arco*". Questo desiderava Rossini, che si confessava suo affezionato ammiratore. Ed era vero – testimonia Duprez – che il compositore, ascoltando due tizi che criticavano la musica di Verdi e che si facevano belli con lui, esclamò: "Ma fanno ridere a fare la critica a Verdi; per fare la critica efficacemente a Verdi ci vorrebbe un altro inchiostro [...] ci vorrebbero, dico, due scrittori italiani di musica che scrivano meglio di lui, ma questi scrittori sono ancora di là da venire".

Notizie del successo de *I due Foscari* a Firenze, Verdi le ricevette proprio da Rossini: "I vostri Foscari a Firenze fanno furore". Non c'è ombra d'invidia, anzi, Rossini si rallegrava che quel compositore così diverso da lui stesse camminando verso un futuro glorioso.

Rossini stava migliorando, aveva guadagnato una certa serenità, ma quando seppe che Isabella era gravemente malata, l'angoscia tornò a ossessionarlo. Il 7 settembre del 1845 si recò a Castenaso con Olympe. Entrò nella stanza da letto da solo: sua moglie, compagna di alterne fortune, giaceva morente. Quando uscì dalla stanza, mezz'ora più tardi, il volto di Rossini era bagnato di lacrime. Dopo un mese esatto, Isabella morì con il nome di Gioachino sulle labbra.

Un secondo matrimonio

Dalla morte di Isabella era trascorso un opportuno intervallo di undici mesi quando, il 16 agosto 1846, Olympe e Gioachino si sposarono. Rossini aveva cinquantaquattro anni e sua moglie quarantanove. "Il giorno di San Gioachino l'abate di San Giuliano unì in dolce nodo e privatamente nella cappellina di campagna la mattina di buon'ora il Cav. Rossini con Mad. Pélissier," scrive la cantante Costanza Tibaldi, che era presente alla cerimonia. "La sera vi fu invito e gran rinfreschi; io vi fui per circa mezz'ora ed in quel tempo il sposo [*sic*] si ritirò nelle sue camere essendo molto raffreddato." Entrambi gli sposi erano enormemente cambiati dal loro primo incontro a Parigi, quando, secondo Balzac, Olympe era la più bella cortigiana di Parigi e Rossini il più celebre compositore del momento. Erano entrambi grassi e depressi, e sembravano più anziani di quanto non fossero, tuttavia erano fiduciosi di rimanere uniti per la vita. Olympe perdeva tempo giocando a carte con gli scrocconi, ma perlopiù si dedicava ad alleviare le condizioni del marito. In cambio, aveva la sua totale gratitudine (e la nostra). Considerato lo stato di apatia nel quale Rossini era sprofondato, sembra incredibile che sia riuscito a trovare l'energia per organizzare un matrimonio. La coppia litigava di rado e forse parlava poco. Con Isabella, la passione si era infiammata come il Vesuvio ed era durata quanto i brevi spasmi di un'eruzione, dopo di che erano subentrate l'abitudine e la noia: troppe cose avevano cambiato la loro vita. Come si resero conto, Olympe e Rossini, di aver bisogno l'una dell'altro? Cosa vide Rossini in Olympe di ciò che non aveva mai ottenuto da Isabella? Forse la loro unione platonica indusse Olympe ad amare Gioachino con dedizione materna, come se fosse il figlio che non aveva mai avuto. Probabilmente, Olympe odiava ogni genere di attenzione sessuale a causa del suo passato, un passato che l'aveva privata della capacità di concepire il sesso come scambio d'amore, come comunicazione di un'intimità completa. Con pazienza, si adeguò a un uomo che appariva colpito senza scampo non solo da un malessere fisico, ma anche da un male misterioso contro il quale ogni cura sembrava fallire. Ottima infermiera, Olympe mostrò l'aspetto pratico del suo carattere scrivendo ai medici e cercando farmaci. Era al fianco del marito consolandolo per la morte di molti cari amici nel corso degli ultimi, dolorosi anni. Anche Aguado, l'amico che lo aveva tanto aiutato, era morto in aprile.

Tra di loro Olympe e Rossini conversavano in francese, ormai Gioachino scriveva meglio in quella lingua che non in italiano. Olympe, che era stata istruita fra le lenzuola, non raggiunse mai un buon livello d'italiano ma il suo francese era elegante: dopotutto, tra le sue lenzuola si erano ritrovati anche Balzac e Eugène Sue. I coniugi restarono a Bologna quasi due anni, facendo gite in campagna in carrozza, verso gli Appennini, quando il caldo caliginoso dell'estate invadeva la pianura; ma non andarono mai a Pesaro, così vicina e forse troppo piena di ricordi. Quando faceva le sue passeggiate, Olympe era coperta di diamanti, ma a Bologna – e ancor di più in campagna – non c'era quasi nessuno a cui valesse la pena di mostrarli, commentò.

Sotto pressione, Rossini riuscì infine a mettere insieme – comporre non sarebbe il verbo appropriato – una cantata in onore del nuovo papa. In una lettera a Giuseppe Strada datata 1846, aveva però sottolineato: "Sono stato poco bene e non mi sono ancora ripreso [...], quanto a comporre una cantata, bisognerebbe ricordare che io ho posato la mia lira nel 1828 e che sarà impossibile per me riprenderla".

Dormendo su un vulcano

L'elezione del moderatamente liberale Pio IX fu considerata una rottura con il passato e Rossini fu tra coloro che firmarono una petizione per sollecitare alcune riforme musicali nello Stato della Chiesa, dove – va ricordato – viveva e operava. Così adesso, per quanto riluttante, aveva una richiesta da soddisfare, abbozzando una composizione con nuovi versi adattati a un vecchio spartito che non si prese neanche la briga di riorchestrare. Gaetano Gasbarri, membro dell'amministrazione di Bologna, scrisse a un amico che il lavoro era "una vera inezia, ed indegna perciò del grande autore".

Erano passati meno di due anni dal matrimonio di Olympe e Gioachino quando l'Europa esplose nuovamente. Per citare l'apertura de *L'era del capitale* di Eric Hobsbawm:

> Agli inizi del 1848 l'eminente pensatore politico francese Alexis di Tocqueville si alzò in piedi nella camera dei deputati per esprimere sentimenti condivisi dalla maggior parte degli europei [...]. Stiamo dormendo su un vulcano [...], non vedete che la terra trema nuovamente? Soffia un vento di rivoluzione, la tempesta è all'orizzonte.

Nel 1848, l'anno nel quale Marx ed Engels fecero pubblicare il loro *Manifesto*, la rivoluzione ruppe gli argini come un fiume in piena. Un'ondata di moti si diffuse in tutta l'Italia, a cominciare dalla Sicilia, finché l'intera Europa prese le armi. Il vecchio continente fu scosso per un breve periodo, fin dalle fondamenta. I mezzi di comunicazione, sempre più rapidi, erano ritenuti fra le principali cause del disordine sociale, e lo stesso vale per l'istruzione: le scuole che Napoleone aveva aperto a tutti avevano trasformato i contadini in studenti, ossia in esseri pensanti. E c'era anche un'altra colpevole: la musica. La diffusione della musica come arma politica aveva gravemente allarmato i governanti. La musica – le opere, non le cantate! – non era più soltanto un passatempo per i ricchi: era diventata uno strumento di destabilizzazione politica. Quanto esplosiva fosse la lirica lo ha spiegato anche Visconti nel film *Senso*, quando, all'"All'armi" di Manrico, i loggionisti lanciano volantini e coccarde patriottiche sugli ufficiali austriaci in platea. La musica incitava i giovani all'irredentismo e le trame delle opere con un messaggio politico accendevano talmente l'immaginazione che teatri come la Scala erano tenuti d'occhio dalla polizia austriaca. La Scala fu boicottata dagli italiani quando vi danzò l'amante dell'odiato maresciallo Radetzky, la ballerina austriaca Fanny Elssler, che in più occasioni fu fischiata a tal punto che dovette abbandonare il palcoscenico. Interrogato sulla nobiltà milanese,

Radetzky rispose: “Casa Litta, una delle più aristocratiche case milanesi, è apertamente contro di noi”.

Le monarchie costituzionali sembravano non soddisfare la nuova classe che non godeva del diritto di voto e la cui unica ricchezza erano i figli, in latino *proles*, da cui “proletariato”. Una repubblica, la *res publica* – che appartiene a tutti –, era ciò che il popolo reclamava. Per di più, nel 1848 il termine “socialismo”, coniato da poco, era già entrato nell'uso corrente.

In Francia, caduti i Borbone per l'ennesima volta, il 24 febbraio fu proclamata la repubblica; in marzo scoppiarono rivolte nella Germania sud-occidentale e in Baviera; seguì Berlino, e quando l'insurrezione popolare esplose anche a Vienna (13 marzo), Metternich fuggì e l'imperatore dovette concedere la costituzione. L'Ungheria si unì alla rivoluzione, che adesso raggiungeva persino Milano.

Nel novembre dell'anno precedente, i milanesi avevano smesso di fumare per privare l'erario austriaco delle tasse imposte sul tabacco. Gli austriaci se ne fecero beffe, e il 2 gennaio 1848 a un capitano austriaco fu strappato il sigaro di bocca. Radetzky fornì di sigari tutti i gradi dell'esercito e mandò i suoi soldati in uniforme bianca in giro per Milano, a soffiare fumo aromatico su ogni milanese che trovavano: sembrava la trama di un'opera di Rossini. Gli ufficiali soffiatori di fumo furono fischiati, derisi e persino bastonati nel corso di risse che diventavano sempre più violente.

L'insurrezione iniziata in Sicilia era alimentata dal solito cocktail di mafia e separatismo, ma anche da un improbabile sentimento romantico nazionalista. Le cappe nere indossate dai banditi divennero la moda degli studenti europei che lottavano per la libertà, opere come *I masnadieri* ed *Ernani* di Verdi (entrambe basate su testi in voga, rispettivamente di Schiller e di Victor Hugo) sottolineavano l'affinità tra il bandito ribelle e l'anelito alla libertà, tema prettamente romantico.

Era stata la musica a dare il via alla rivoluzione in Italia.

Nel marzo del 1848 Verdi scriveva a Francesco Maria

Piave, suo librettista e amico: "Tu mi parli di musica! Cosa ti passa in corpo? Tu credi ch'io voglia ora occuparmi di note? di suoni?... Non c'è né ci deve essere una musica grata alle orecchie degli italiani del 1848 se non la musica del cannone!". Per Verdi, essere a Parigi in quel periodo significava aver visto concretizzarsi i suoi ideali. Scriveva: "Figurati se io voleva restare a Parigi sentendo una rivoluzione a Milano. Sono di là partito immediatamente sentita la notizia". Parlava di "queste stupende barricate" a Piave, che si era unito alla guardia nazionale della Venezia libera. "Se tu mi vedessi ora, non mi riconosceresti più. Non ho più quel muso che ti faceva spavento! Io sono ebbro di gioia!"

Piave si era comportato da eroe nella lotta per la Repubblica di Venezia: "L'Italia diventerà ancora la prima nazione del mondo!... sì, sì, pochi anni ancora, pochi mesi, e l'Italia sarà libera, una, repubblicana". Ma sarebbero passati molti anni prima che il sogno repubblicano di Verdi diventasse realtà.

Il 27 aprile 1848 un gruppo di volontari seguiti dalla banda musicale delle Legioni Romane "si recò accompagnata da numeroso popolo sotto le finestre ov'abitava Rossini e die' mostra di voler rendere omaggio al grande compositore che era accorso con la moglie e altri amici al balcone," scriveva un testimone. Quando il maestro apparve per ringraziarli, l'umore cambiò: "S'udì una tremenda generale disapprovazione con grida, urla e fischi tale che Madama Pélissier svenne". A chi era ricco – Rossini compreso – era stato chiesto, se non imposto, di fare delle donazioni a favore della causa dell'indipendenza. Rossini aveva offerto cinquecento scudi e due cavalli, un obolo considerato misero dato che proveniva da un uomo così ricco.

Preso dal panico, il compositore fece i bagagli e "la stessa notte alle ore tre, partì Rossini e la moglie per Firenze". Ricordiamoci che la coppia Rossini aveva negli occhi, o nelle orecchie, e nella memoria la Rivoluzione francese, comunque il compositore non era un nazionalista: simpatizzava, pur non volendo esporsi troppo. Era a Metternich che doveva il suo successo sociale, e ai Borbone, insomma ai signori, non al popolo come Verdi. La lotta per l'indipendenza italiana lo lasciava abbastanza indifferente e in ogni caso il suo stato mentale lo rendeva incapace di appassionarsi ad alcunché. Tuttavia, nel suo *Moïse*, scritto nel lontano 1818, Rossini aveva celato concetti patriottici, come pure ne *L'Italiana in Algeri*, nel *Guillaume Tell*, ne *Le siège de Corinthe*. Ma la violenza gli faceva paura, sempre più la temeva, dato che questa violenza stava decidendo il destino dei popoli. Rossini scappava, da una città all'altra e da una casa all'altra.

Firenze rivisitata

Bologna era diventata sempre più pericolosa. Erano stati commessi omicidi fuori e dentro la città e adesso sempre più vicino a casa. Assassinii di genere romagnolo, arbitrari, alla Farinacci e Starace, il sangue a Bologna si scalda in modo confuso e violento e s'infila sotto i portici diventando fascista o comunista, passando da una violenza all'altra, contro gli zingari e gli immigrati, contro un Rossini che era un vecchio malato.

Il 18 agosto 1848 Rossini scrisse ad Angelo Mariani, giovane saggio e intelligente, direttore d'orchestra che tanto soffrì a causa di Verdi: "Dappoi che ho lasciato la casa mia non dormo e non mangio; non chiedere come sto! Io spero che l'avvenire mi sarà più propizio del presente".

A soli cento chilometri di distanza, oltre gli Appennini, il paesaggio, il clima e l'architettura erano molto differenti. I boschi di castagni e di roveri lasciavano il posto agli scuri cipressi, ai vigneti toscani e agli ulivi grigio-argento. Inoltre, la vita sociale nella capitale del Granducato di Toscana era più interessante e cosmopolita che a Bologna. Olympe poté finalmente sfoggiare i suoi diamanti e a Firenze si sentì felice, anche se all'inizio erano senza mobilio e avevano pochissimi effetti personali. Firenze era stata governata in modo più liberale rispetto ai territori pontifici, e in tutta la Toscana il popolo non si era lamentato né ribellato, mentre quasi tutte le altre città italiane stavano ribollendo di scontento.

Bologna provò a recuperare il famoso cittadino, ma discorsi, lettere e preghiere furono invano: Rossini rispose di non poter tornare perché sua moglie era malata, in verità era lui a essere in preda a un nuovo e grave accesso d'ansia. Trovava minacciosa l'atmosfera politica bolognese, era come respirare aria malsana.

"Viva l'Italia!": Verdi scelse queste parole patriottiche per aprire la sua nuova opera *La battaglia di Legnano*, composta in quel fatale anno di rivoluzioni. La prima, nella Roma repubblicana (il 27 gennaio 1849), fu accolta da entusiasmo. Nonostante fosse ambientata nel dodicesimo secolo, quando la Lega Lombarda si era unita per sconfiggere Federico Barbarossa, nessuno poté fare a meno di notare l'analogia con la rivolta milanese. Pubblico e coro gridarono: "Che le nostre città siano nostre, e libere!".

Mentre alcuni musicisti si ergevano sulle barricate melodiche, Rossini era troppo assorbito dalla propria sofferenza per apprendere e seguire la tragedia del vecchio amico Donizetti: verso la metà degli anni quaranta quest'ultimo aveva cominciato a soffrire di una paralisi progressiva. Vedovo e senza figli, era poi caduto vittima del nipote Andrea, che lo aveva rinchiuso nel manicomio di Ivry-sur-Seine nonostante fosse in buona salute mentale. A Donizetti venne poi consentito di tornare nella natia Bergamo, dove morì l'8 aprile del 1848: era paralizzato e aveva ormai perduto davvero il filo della ragione. Anche l'Europa era troppo assorbita dai propri palpiti rivoluzionari per accorgersi della sua triste fine. Nemmeno Verdi il trionfatore, nei confronti del quale Donizetti era stato prodigo di lodi, si preoccupò di scrivere una parola o un pezzo di musica in sua memoria.

Verso la fine di maggio, e dopo una breve visita a Busseto, Verdi ritornò a Parigi, risparmiandosi l'umiliazione di vedere gli austriaci rientrare a Milano. Molti patrioti fuggirono, altri furono messi in prigione o esiliati. Il re del Piemonte, che era diventato il caposaldo dell'unificazione italiana, fu sconfitto dagli austriaci in una serie di sanguinose battaglie. Anche la Francia era dilaniata dalla politica interna e la Seconda Repubblica era nel mirino dei lavoratori.

La sconfitta degli insorti raggiunse il culmine nel luglio 1849: la Repubblica Romana crollò sotto il fuoco dell'artiglieria francese che il papa aveva sediziosamente convocato in proprio aiuto – e qui c'è anche lo zampino, o meglio lo zampone, della cattolicissima consorte spagnola di Napoleone III.

Garibaldi fuggì dopo aver perduto la maggior parte dei suoi uomini. Inseguito dall'esercito austriaco, avrebbe assistito alla morte dell'amatissima moglie Anita, il cui corpo dovette abbandonare sulle spiagge vicino a Venezia. Rossini era distante da questi eventi come se si trovasse sulla luna. Infatti, i quattro anni che trascorse a Firenze furono tra i più disperati da lui vissuti.

Un calvario

L'impatto degli eventi di Bologna, amplificati dall'ansia, ebbe ripercussioni sulla salute di Rossini per tutto il tempo che trascorse a Firenze. Era impaurito, anzi terrorizzato. L'idea che persino Metternich fosse fuggito davanti a una folla inferocita fu causa di notti insonni. Non riusciva a sopportare la solitudine e Olympe doveva essere a sua disposizione a qualsiasi ora. Firenze, stabile sotto il profilo politico, sembrava l'unico posto dove potessero vivere. Come Rossini scrisse l'11 settembre 1848 al tenore Domenico Donzelli, avrebbe passato l'inverno a Firenze, dove stava per concludere l'accordo per un appartamento. In seguito, una volta sistemato, gli scrisse di nuovo:

> Aggradii i tortellini. Ora ti chieggo un favore: vorrei che mi mandassi la ricetta per far fare dal mio cuoco le zeppole alla

napoletana [...]. Non ti parlo dei miei progetti per l'avvenire poiché, nei tempi in cui siamo, fa d'uopo vivere alla giornata; ti dirò solo che desidero ardentemente rivederti.

Diverse altre lettere, con le quali chiedeva che gli fosse spedito da Bologna ogni genere di provvista, suggeriscono occasionali momenti d'energia, ma quei quattro anni furono un calvario per il compositore, che aveva bandito qualsiasi strumento a tastiera dalla propria vista. Coloro che andavano a fargli visita lo trovavano dimagrito, con un viso sul quale la depressione scavava occhiaie profonde. Lo si vedeva camminare per le stradine che si inerpicavano sulle colline intorno a Firenze, dove natura e architettura si fondono. Rossini era solito fermarsi e parlare dei propri malesseri con persone che conosceva appena, un aspetto dell'ipocondria dovuto alla depressione.

Pur essendo abitualmente riservato, quand'era soggetto a crisi maniacali Rossini apriva il suo cuore pressoché a chiunque. Si lamentava dell'insonnia che lo tormentava, e mentre i mesi diventavano anni, cominciava a parlare della miseria di una vita senza futuro, e del dolore di essere in quelle condizioni. La sua depressione era tale che quando aveva la forza di alzarsi dal letto al mattino, non era in grado di vestirsi. Avrebbe voluto suicidarsi, ma diceva di essere troppo codardo per riuscirvi.

Olympe, dal canto suo, amava Firenze, dove la vita era "quasi come a Parigi". Scriveva lettere in francese, in italiano e in "olympese"; dalla sua corrispondenza con il buon amico di famiglia Antonio Zoboli (agosto 1848) si capisce che in casa era spuntato un raggio di miglioramento. Rossini nuovamente sognava di far ritorno a Bologna, ma allo stesso tempo non poteva affrontare la città poiché immaginava nemici ovunque. "Sento che, per quanto lo comportano le luttuose attuali circostanze, Bologna sia tranquilla, io però sono agitatissimo!! perché lontano, che il Cielo protegga la mia diletta Bologna." Così scriveva ad Angelo Mariani.

Il dolore fisico si era calmato, e per di più trovava meno

tormentosa la sua condizione. Oltre alle giornate in cui si sentiva abbastanza bene da ricevere amici – come il principe Poniatowski, un eccellente baritono –, c'erano periodi durante i quali soffriva di manie di persecuzione. Nella spirale discendente della malinconia, Rossini si abbandonò al male oscuro senza avere né la volontà né la forza di combatterlo. Le crisi determinate dalle occasioni sociali erano interrotte dagli attacchi di panico e dalla tendenza a immaginare problemi insormontabili.

Rossini e Olympe avevano un tacito accordo: la loro era una relazione paziente-infermiera. Nella sua incapacità di esprimersi, il compositore divenne sempre più ansioso e dipendente dalla moglie – che provvedeva a ogni suo bisogno –, e lei nutriva quella dipendenza. Per Olympe, Rossini era diventato un uomo da tenere sotto una campana di vetro.

Non si riprendeva e non dormiva. Dopo un mese d'insonnia, Rossini fu preda di un nuovo attacco. Il 2 dicembre del 1848 Olympe scrisse a un amico:

> Un'alterazione nervosa durata un mese ha messo a dura prova il sistema nervoso di mio marito a tal punto che egli è caduto in uno stato di prostrazione morale che mi preoccupa, che mi riempie di disperazione [...]. Poiché il suo male è di natura mentale, tutto dipende da Dio, che solo può dare a Rossini il coraggio di sopportare un esilio del quale non vede la fine; dopo la fatale dimostrazione di Bologna, Rossini non è più se stesso.

Essere lontano da Bologna per il compositore era ormai diventata una specie di punizione, e Bologna era un sogno lontano, la terra della sua infanzia dove si parlava emiliano, e più lontano era il ricordo, più aumentava il desiderio di rivivere quell'impossibilità. Tuttavia nel 1850 Rossini diede qualche segno di vita, quando, per testimoniare la propria gratitudine per aver ricevuto un dipinto in dono, scrisse un *Inno alla pace*. La mancanza di energia lo indusse a chiedere all'amico Giovanni Pacini di orchestrare lo spartito musicale.

Verso la fine dei loro anni fiorentini, il 30 ottobre del 1852 Olympe scrisse a Donzelli, pregandolo di vendere i mobili bolognesi. "Eccomi finalmente in stato di scrivere alcune righe," scrisse Rossini, "i miei nervi che hanno sofferto immensamente non me lo permisero fin ora." E anche: "Ho passato un triste inverno...". Le violente dimostrazioni di Bologna erano diventate un incubo e andavano assumendo proporzioni inimmaginabili. Il rumore improvviso lo faceva sobbalzare, ogni notte insonne era un inferno e tutte le notti erano insonni. Si sentiva destinato a non rivedere mai più Bologna, e ricordava le urla di collera della folla: una visione alla Goya, di ciclopi che mangiavano carne umana, la sua carne.

Fu la volta di Domenico Donzelli, che voleva un nuovo pezzo di musica per sua figlia. Il compositore rispose: "Hai tu dunque dimenticato, mio buon amico, lo stato di impotenza mentale e ognor crescente in cui vivo? Credi pure che se un sentimento più di delicatezza che di vanità non mi avesse comandato di rinunciare a gloria e danari, non avrei appesa al chiodo la mia lira tanto di buon'ora; la musica vuol freschezza d'idee; io non ho che languore e idrofobia". In questa risposta Rossini è esplicito. Donzelli, tanto grossolano da chiedere al sommo compositore un'aria per la figlia Rosamunda, non aveva compreso il messaggio di Rossini, che qui si confessa con un corrispondente che non può capirlo. Perché Rossini, che non si confessava mai, quando lo faceva doveva avere la certezza di non essere compreso. Continuava, pensando che uno come Donzelli non volesse che raccomandazioni: "Dimmi ancora se ti piacesse [*sic*] avere qualche commendatizia per alcuna autorità austriaca...".

Più Rossini pensava a quanto aveva fatto per Bologna e al proprio lavoro per il Liceo Musicale, più si convinceva dell'ingratitudine della sua gente, e al contempo desiderava ritornare nell'unica città in cui immaginava di poter recuperare stabilità e quiete mentale.

La Toscana in fermento

La rivoluzione ormai raggiungeva anche le rive dell'Arno. Nel 1849 il granduca Leopoldo II era fuggito e un triumvirato democratico aveva proclamato la Repubblica di Toscana. Ma in luglio, con l'aiuto degli austriaci, Leopoldo era tornato sul trono.

Intanto, Balzac – il vecchio e caro amico di Rossini, il grande scrittore che aveva cercato di curarlo, che aveva analizzato lui e la sua musica nei suoi straordinari romanzi – giaceva agonizzante a Parigi. Fu la formidabile penna di Victor Hugo a descrivere il grand'uomo sul letto di morte: "Il 18 agosto 1850 mia moglie rientrò a casa dopo aver parlato con Madame Balzac per dirmi che Monsieur de Balzac stava morendo. Mi precipitai. Balzac soffriva di cuore da diciotto mesi".

Così scrive Hugo in *Choses vues*:

> Dopo la rivoluzione di febbraio era andato in Russia e si era sposato. Pochi giorni prima della sua partenza lo vidi per strada: era già sofferente e respirava con difficoltà. Nel maggio 1850 era tornato in Francia sposato, ricco e morente. Aveva le gambe gonfie e ben quattro medici lo visitarono. Uno di loro mi disse il 6 luglio che non sarebbe vissuto sei mesi.

Pochi giorni più tardi, Victor Hugo si recò dai Balzac a Passy:

> Suonai il campanello. Era una notte illuminata dalla luna, con qualche nuvola. La strada era deserta e nessuno veniva alla porta. Suonai di nuovo e la porta si aprì. Davanti a me apparve una serva con una candela in mano. Mentre piangeva mi chiese: "Cosa desiderate, signore?".
>
> Le dissi il mio nome e mi fece entrare nel salotto al pianoterra, dove vidi, su una mensola di fronte al camino, il colossale busto marmoreo di Balzac [...]. Arrivò un'altra donna, anch'essa piangente. Disse: "Sta morendo. Madame è tornata e da ieri i medici hanno detto che non c'è niente da fare. Lo scorso mese, mentre andava a letto, Monsieur urtò contro un mobile, la sua pelle si spaccò e tutta l'acqua che aveva dentro colò fuori. I dottori dissero, 'Bene, tanto meglio', erano sorpresi e

da allora lo hanno bucato dicendo: 'Imitiamo la natura'. Poi lo hanno operato, ma la ferita era 'tutta rossa e infiammata'. Poi hanno detto: 'È finito'. E non sono più tornati. Siamo andati a chiamare quattro o cinque altri dottori, ma senza risultato. Tutti hanno detto: 'Non c'è nulla da fare'. La scorsa notte l'ha trascorsa malissimo e oggi alle nove Monsieur non riusciva più a parlare. Madame andò a chiamare un prete che gli desse l'estrema unzione, e Monsieur fece segno di aver capito. Un'ora più tardi salutò sua sorella, ed è dalle undici che trema e non vede niente. Non passerà la notte" [...]. La donna mi lasciò e aspettai per qualche minuto. Le candele spargevano appena luce sullo splendido mobilio del salotto e sui magnifici dipinti di Porbus e Holbein appesi ai muri. Il busto di marmo si ergeva nell'ombra come il fantasma dell'uomo morente, il puzzo di morte riempiva la casa [...]. Attraversammo un corridoio, salimmo su per una scala con un tappeto rosso, riempita di manufatti, vasi, statue, dipinti e credenze coperte di oggetti decorati a smalto, poi lungo un altro corridoio e poi vidi una porta aperta. Udii un rantolo sinistro e mi trovai nella stanza di Balzac. Nel mezzo c'era un letto di mogano con una quantità immensa di sostegni e tiranti, da cima a fondo, che servivano per muovere il paziente. In questo letto giaceva Balzac, con la testa sopra una pila di cuscini presi anche dal divano di damasco rosso della stanza. Il viso era violaceo, quasi nero, voltato verso destra, non rasato, con i capelli grigi e corti. Aveva lo sguardo fisso. Inizialmente lo vidi di profilo e sembrava un imperatore [...]. Un vecchio, un'infermiera e un servitore stavano vicino al letto, e una candela bruciava sul tavolo, mentre un'altra era su una credenza vicino alla porta. Sul comodino c'era un vaso d'argento. L'uomo e la donna stavano in silenzio e, con una sorta di terrore, ascoltavano i rumorosi rantoli dell'uomo morente. La candela accanto al letto illuminava il ritratto di un uomo giovane, sorridente, con il viso colorito. Un intollerabile odore si alzò dal letto quando io sollevai le coperte per prendere le mani di Balzac, madide di sudore. Non rispose alla pressione [...]. Questa era la stessa stanza dove ero andato a trovarlo un mese prima. Allora era felice, pieno di spirito, e mostrandomi il suo gonfiore con una risata non aveva alcun dubbio che sarebbe stato presto in salute. Chiacchierammo e discutemmo a lungo di politica, mentre lui mi rimproverava per la mia demagogia, dato che era un legittimista [...]. L'infermiera dichiarò: "All'alba sarà morto". Tornai di sotto con l'immagine di quel volto livido impressa nella mente. Mentre attraversavo il salotto, vidi di nuovo il busto immobile, imperscrutabile, orgoglioso e vagamente luminescente, e paragonai la morte all'immortalità.

Diciotto anni più tardi, Rossini sarebbe stato torturato dai medici in modo simile. L'immagine di quel marmo "imperscrutabile" indurrebbe a pensare all'immortalità e a chiedersi perché la morte sembri infierire sui grandi, come se il dolore fisico dovesse invece risparmiarli. Soffrono di più i geni? Urlò di dolore Mozart, o Shakespeare, lottando contro il sangue e il respiro che si ingolfavano? Che spasmi orribili subirono quei corpi?

Sappiamo quanto generosi furono Mozart e Shakespeare con le loro opere, ma non ci si dice nulla sul dolore della loro morte, anche perché il dolore fisico non è dignitoso e perché non lo vogliamo sapere.

Balzac lasciò come monumento *La Comédie Humaine,* Rossini la sua musica, ma entrambi furono segnati da una morte crudele.

Un avvenire di busti marmorei avrebbe spinto anche Rossini a riflettere sull'immortalità e sulla morte. Dopo tutto, lo scultore Lorenzo Bartolini lo aveva ritratto, anche se il suo busto lo faceva assomigliare a "un Bacco grasso". Anche Bartolini era morto nel 1850, quando il compositore stava abbastanza bene da mostrarsi in pubblico presso la bara dello scultore.

Dopo la morte di Bellini e Donizetti, l'unico compositore italiano a rappresentare la nuova epoca romantica era rimasto Giuseppe Verdi. Rossini era spaventato dal linguaggio aggressivo e popolare della musica di Verdi, che però rappresentava una continuità rispetto alla sua, non solo nell'uso del coro ma anche nel far parlare il violoncello; e nei recitativi che Rossini fu il primo ad accompagnare dall'orchestra; inoltre, e soprattutto, c'è l'italianità della loro musica.

Verdi, come Rossini, esprimeva la cultura del proprio tempo, e la cultura è il prodotto delle conquiste precedenti, la sintesi del pensiero orientata verso il futuro. La cultura è continuità, mai rottura.

Quando Rossini si sentì abbastanza in forze da rientrare a Bologna, non volle farlo senza la scorta della polizia. Tornato nel proprio palazzo, che aveva abbellito con mobili e quadri superbi, si sentì di nuovo felice nel vedere i volti familiari dei vecchi amici che arrivavano in Strada Maggiore per dargli il benvenuto. Trovava il dialetto bolognese più rassicurante di quello toscano: aveva un orecchio straordinario e sapeva imitare gli accenti a perfezione.

Nonostante la parvenza esteriore di un ritorno ai bei tempi andati, la sua immaginazione non gli dava la tranquillità sperata, né l'insonnia gli dava pace. Rossini teneva la casa aperta e Olympe riceveva gli ospiti con un sorriso. I notabili vi si recarono a frotte per rendere omaggio al grande compositore, che si mormorava fosse sulla via della guarigione. Quando il conte Nobili, governatore austriaco di Bologna, si recò in visita e trovò Rossini circondato dagli amici, dovette subire ciò che all'epoca toccava a ogni ufficiale austriaco. L'intera compagnia lasciò la stanza. Rossini lo considerò un atto di ostilità nei propri confronti, un affronto insomma, e nel maggio se ne ripartì da Bologna per l'ultima volta, lasciandosi dietro i ricordi, il passato e gli incubi. Non avrebbe mai più messo piede in quella città. Erano anni, quelli, caratterizzati da una rabbia che trovava espressione in tutta Italia attraverso arresti e omicidi. I carbonari erano sempre più popolari fra gli studenti e gli intellettuali, mentre nel Granducato si respirava aria migliore. In Toscana non c'era alcun desiderio di unificazione, e di indipendenza – scrive Rossini – non se ne parlava nemmeno.

Di nuovo a Firenze, Olympe trovò un palazzetto che faceva al caso loro: c'era una stanza per la musica e spazio sufficiente per ricevere. Mentre Rossini camminava su e giù per la camera da pranzo, Olympe giocava a carte.

La maggior parte dell'Europa stava tornando alla monarchia assoluta, con l'eccezione della Francia e del Piemonte, dove re Vittorio Emanuele di Savoia aveva mantenuto un parlamento costituzionale. Il ritorno all'ordine precedente al 1848 fu raggiunto con la violenza: dopo aver bombardato Vienna e soffocato la ribellione, l'imperatore austriaco aveva richiamato Metternich. Il Lombardo-Veneto rimase in mano austriaca, Napoli sotto i Borbone e Roma soffocata dal papato; lo Stato della Chiesa si estendeva a nord fino a Bologna, e a sud fino a Terracina.

Umiliato dagli eventi politici, Verdi aveva toccato il cuore della gente creando pezzi corali che evocavano il lamento dei babilonesi e dei lombardi. Ma adesso stava componendo opere che descrivevano emozioni intime: *La traviata* e *Rigoletto*. A Londra, l'esule Mazzini costituì un Comitato di liberazione nazionale simile a quello che De Gaulle avrebbe formato un secolo più tardi, e altrettanto debole. Garibaldi era scappato a New York. Per Rossini, il mondo era ritornato a un certo livello di normalità; per Verdi, era la fine di un sogno.

Durante l'inverno del 1850-1851 Rossini supervisionò la spedizione dei propri effetti personali e vendette la villa di Isabella a Castenaso. Il suo amore e poi la sua diffidenza verso Bologna si trasformarono in odio. Era una città che andava avanti a forza di frodi e bugie: era una fogna. Diceva Rossini: "Sa ella, se non accadeva quello che poi accadde, erano in lista più di mille da uccidersi [*sic*]. Mi chiedevano cose ch'io non poteva fare. Volete danari? Ve ne darò, e ne ho; ma volevano ch'io fossi il capo delle musiche di tutta Italia e che portassi la divisa militare, come un giovinotto di diciott'anni". Il compositore definì Bologna "questo paese di mortadelle", cosa davvero ingiusta da dire a proposito di uno dei centri mondiali della gastronomia. Per farlo sentire a suo agio e ricco, Olympe comprò tre palazzi medicei confinanti, nel centro di Firenze. La coppia non li occupò mai, nessuno dei tre. Tuttavia, arredando quelle stanze, Rossini sviluppò un gusto per l'antiquariato e cominciò a collezionare maioliche; a differenza di Balzac, che aveva riempito le proprie case di oggetti e i propri conti di debiti, Rossini poteva permettersi di acquistare tutto ciò che la fantasia gli suggeriva. Aguado aveva fatto meraviglie con i suoi investimenti, Olympe era ricca e il denaro continuava ad arrivare.

La coppia godeva della compagnia di un interessante circolo fiorentino di pittori ed esuli politici. Ma in un periodo in cui pittori, poeti e musicisti erano diventati il simbolo dell'artista che si identificava con gli ideali del popolo, Rossini sembrava andare controcorrente e i suoi colleghi lo guardavano con sospetto. Era considerato un reazionario. Il compositore suonava di rado e, quando lo faceva, le luci dovevano venire smorzate affinché potesse singhiozzare senza essere osservato. Ricordava ogni nota e sapeva improvvisare meravigliosamente, ma pensava di essere superato. Oltre alle sue sofferenze mentali e fisiche, a Rossini fu diagnosticata anche una "nevrastenia estrema", condizione oggi comunemente nota come esaurimento nervoso. Nel caso di Rossini, la nevrastenia poteva essere sinonimo di depressione e d'ansia, e destava interesse perché egli era un uomo ricco e famoso: "Si metteva tutto nello stesso calderone," ha osservato Simon Wessely. A metà del diciannovesimo secolo, i medici dedicavano poca attenzione alle sofferenze nervose. Ai nostri tempi c'è molto impegno, ma la conoscenza è ancora scarsa, poiché la mente è un tempio che la scienza umana è stata riluttante a visitare fino a poco tempo fa. L'etica cristiana attribuiva il sistema nervoso al regno di Dio; nessuna meraviglia, dunque, che la maggior parte degli studi sul cervello (il sonno, la memoria, il sistema nervoso) siano rimasti confinati ai circoli laici e agli studiosi ebrei.

Il gusto musicale di Rossini diventava sempre più conservatore poiché il compositore rifiutava il Romanticismo da un punto di vista intellettuale. Più che un rifiuto, il suo era uno stato di negazione spaventata: forse percepiva la propria impotenza mentre ascoltava la musica di Liszt, Beethoven, Berlioz e Verdi. A Firenze lui invece suonava Bach, Palestrina, Mozart e Haydn. Pensava che la musica contemporanea enfatizzasse le emozioni in modo eccessivo; troppi sfoghi emotivi superflui, troppi finali sanguinari e insufficiente ambiguità. Per un uomo le cui opere deliziavano anche per le ambiguità musicali fra i sessi, i bagni di sangue di Verdi e il *coitus interruptus* di Wagner, per cui l'amore viene soppresso o è impossibile, costituivano uno sgradevole risveglio musicale.

Il movimento romantico mieteva vittime; motivato da un'analoga rabbia contro i romántici, un gruppo di pittori inglesi – Dante Gabriele Rossetti, William Holman Hunt, fra gli altri – costituì la fratellanza preraffaellita, basata sul rifiuto del movimento che Turner – tanto per fare un nome – aveva arricchito. Osteggiando le macchine a vapore che invadevano il suo paese, William Morris aborriva la meccanizzazione e cercava di imporre la figura dell'artigiano. Quel tipo d'Inghilterra rincorreva il passato e componeva cantate piuttosto che sinfonie; l'Italia, poco meccanizzata, non aveva bisogno di appoggiarsi al passato.

"Mi lagnerò tacendo"

Con l'industrializzazione, il servizio postale era diventato molto rapido e sempre più frequente. Il corrispondente principale di Rossini in quel periodo era Nicola Ivanoff, il tenore che aveva debuttato a Parigi ne *La gazza ladra* (1833) nel ruolo di Giannetto e che il compositore amava come un figlio: infatti, non desiderava che il suo successo. Rossini scrisse a Saverio Mercadante commissionandogli un'aria adatta alla voce di "Niccolino": "Ricordati che Ivanoff ha deliziosa voce alta ma poca agilità, ti prego di non lasciarmi in pena desiderando molto la buona riuscita del mio amico Ivanoff". La stessa richiesta la fece a Verdi: una canzone per Niccolino, che poi cercava di sconsigliare di intraprendere ruoli come quello del duca nel *Rigoletto*: la voce di Ivanoff, ovviamente, era adatta per il belcanto, ma non alla scrittura verdiana. Verdi, da parte sua, detestava scrivere per i cantanti, i quali spesso e volentieri si permettevano libertà che suscitavano in lui rabbia, fulmini e saette.

Rossini poi si congratulava con Ivanoff per i suoi successi, "Bravo Nicola, così mi piaci", e si disperava quando il giovane era depresso. Gli dava consigli: "Nicoletto carissimo, vi consiglio transare la vita artistica filosoficamente in pace, solo limitandosi a cogliere fiori quando si presentano e sopportare neve quando il cielo la manda".

È inutile dire che i dolorosi anni fiorentini furono vuoti di composizioni rossiniane; c'è una canzone, datata 5 aprile 1852, composta su versi di Pietro Metastasio, *Mi lagnerò tacendo*, che Mozart aveva già musicato (K. 437), "Mi lagnerò tacendo / della mia sorte amara...". Rossini la mise in musica diverse volte. C'è anche un *Bolero* che risale all'estate del 1852, e una versione rivisitata di *Giovanna d'Arco*. Non credendo più nella sua Musa, Rossini si confortava con gli altri: cosa che aveva fatto di rado nei giorni di buona salute. La sua corrispondenza è ricca di lampi di verità shakespeariana: il cieco che vede, il pazzo che capisce, l'inetto che si rivela abile. "Voi ben conoscete che da molto tempo ho dato addio alla musica; e se alle mie abituali indisposizioni di corpo e di spirito potessi aggiungervi altro motivo per non ripigliarmi l'esercizio, potete ben persuadervi che la presente disarmonia europea ne costituirebbe uno insuperabile per me." Scoppiava anche in momenti d'allegria, come quando scrisse ("All'Angelo mio tutelare, 1851"): "È Rossini, l'autore del *Barbiere di Siviglia* che colla sfrontatezza di Figaro viene a darti nuove seccature... la malattia comune dei coniugi Rossini, la Vecchiaja!!!... Io sto facendo una cura rinfrescativa di siero e limone, che tristo champagne, mio buon amico".

A Firenze era arrivata un'epidemia di colera e i Rossini scapparono – ma in quel periodo al compositore non sarebbe dispiaciuto morire. Così scrisse: "Il colera, almeno, uccide in poche ore. Un altro nel mio stato si ammazzerebbe ma io sono un vile e non ho il coraggio di farlo". Rossini discuteva di musica, capiva di appartenere al periodo storico che rappresentava, ma non amava l'epoca nella quale viveva. "Quest'arte, che ha la sua unica base nell'idealismo e nel sentimento, non può essere disgiunta dai tempi in cui viviamo; l'idealismo e il sentimento in questo periodo mirano unicamente al vapore, alla rapina e alle barricate." Scriveva anche quando si sentiva confuso, le sue parole erano lucide, si preoccupava della direzione in cui la musica si stava muovendo e non gli piaceva ciò che vedeva.

Il dottor Filippo Mordani, che frequentò Rossini fra il maggio del 1854 e l'aprile dell'anno seguente, si rese conto delle condizioni del compositore: come lui era un depresso, ed era anche un medico. Mordani teneva un diario in cui annotò le proprie impressioni su quell'uomo che dall'altare sembrava esser caduto nella polvere:

> È la prima volta ch'io ho parlato con questo celeberrimo uomo: ma oh quanto infelice! E che gli vale la sua grandissima rinomanza? La luce del suo alto intelletto par vicina a oscurarsi; però che m'hanno contato alcuni che usano alla sua casa, come egli emette spesso lamenti e sospiri: rompe improvviso in dirottissimi pianti; e mirandosi sovente allo specchio, rimprovera se stesso di pusillanimità, e "Che fo io in questo mondo? E che dirà la gente che mi vede ridotto a farmi guidare da una donna come un fanciullo?". Questo suo male è male di nervi e cosa molto compassionevole.

L'ammalato, infatti, non poteva fare a meno di Olympe, la cui giornata era ormai completamente impegnata nel confortarlo. Gli amici di Rossini le erano ostili, ritenendola un feroce cane da guardia. Ad alcuni il compositore sembrava stravagante con le sue parrucche, alcune delle quali di riccioli scuri come quelle di un giovane Apollo. Malgrado avesse confessato a Mordani che il cibo era diventato un conforto – forse la sua unica consolazione –, aveva perso molto peso. Sempre a Mordani disse che non dormiva da tre mesi e mezzo. "Ho una specie di idrofobia: non sento più nessun sapore di cibi [...]. Patisco assai, mi creda. Veda come mi son dimagrito. I medici non san trovare rimedio al mio male. Vorrebbero che io prendessi dell'oppio per dormire, io no, che non vorrei mi nuocesse."

Nell'estate del 1854, quando Rossini aveva sessantadue

anni, Olympe provò a vedere se Bagni di Lucca, una deliziosa località termale sulle montagne a nord della città toscana, cara a Shelley e a Vittoria Colonna, potesse giovare al fisico del marito, se non alle sue condizioni mentali. Tentarono anche con Montecatini, nella valle dell'Arno, resa famosa da *8½* di Fellini. Ma Rossini non mostrava segni di miglioramento e correva persino voce che stesse impazzendo. Olympe dovette scrivere una lettera per smentire quelle dicerie e ne ottenne la pubblicazione nella "Revue et gazette musicale" (23 ottobre 1854). Sprofondava nel dolore Rossini, non provava interesse per nulla, e anche Olympe, che aveva sempre creduto che alla fine del tunnel vi fosse una luce, cominciò a temere per la propria salute mentale. Sfiduciato nei confronti dei medici che sembravano incapaci di curarlo, Rossini ritentò con il mesmerismo. Confessò di aver fiducia nei benefici del "magnetismo animale" di Mesmer al giovane Filippo Mordani, il quale, nel suo diario, ridicolizzò la credulità del compositore. Il fatto che Rossini si fosse di nuovo affidato al mesmerismo, di cui in passato si era preso gioco (con Mozart), testimonia quanto fosse disperata la sua condizione.

All'inizio di gennaio del 1855, a Mordani, che aveva incontrato in piazza del Duomo, all'ombra del Battistero, Rossini spiegò che invidiava coloro che non avevano sentimenti e in particolare gli animali. Le sue notti si erano trasformate in un nodo di disperazione: "Nessuno crede alla pena che ci rechi il nostro male de' nervi". Non riusciva a stare calmo, nemmeno a casa, ma la sua intelligenza non si offuscava. "Oh, no, questo non avviene mai!" mormorò disperato.

Adesso che a Rossini Bologna appariva detestabile, che Firenze non era riuscita a curarlo e la Francia era tornata alla calma politica, Olympe cominciò a sussurrargli "Parigi" nell'orecchio. Il 20 aprile del 1855, una bellissima giornata, il compositore disse a Mordani "di aver deliberato di partire alla volta di Parigi entro un mese". E aggiunse: "Poiché credo che questo mal di nervi non ha rimedio e che i medici non ne sanno nulla, ho pensato di tentare la cura idrofoba".

Quello stesso mese, lui e Olympe lasciarono Firenze alla volta di Parigi, accompagnati da due servitori, Tonino e Marietta, e da un giovane medico. Trascorsero diversi giorni a Nizza. Memore delle proprie esperienze di crisi di panico, Rossini rifiutò di prendere il treno e così il viaggio durò più di un mese.

Il Secondo Impero

I Rossini arrivarono a Parigi il 25 maggio 1855, anno dell'Esposizione universale che segnò l'avvento del Secondo Impero. La città era enormemente cambiata. Tre anni prima, seguendo una tradizione di famiglia, il presidente della Repubblica Luigi Napoleone Bonaparte si era autoproclamato imperatore. Ricorrendo ai plebisciti e al suffragio personale, aveva cercato di supplire alla propria mancanza di carisma – si direbbe oggi – con splendide cerimonie pubbliche. Napoleone III era tutto fumo e niente arrosto, come avrebbe potuto dire Rossini, al quale quel tipo di regime si addiceva perfettamente. La bellissima moglie dell'imperatore, Eugenia María de Montijo, che aveva ceduto a caro prezzo la sua verginità, considerava con tristezza le infedeltà del marito e pregava.

Per quanto apatico, Rossini non poté fare a meno di notare gli immensi cambiamenti avvenuti nella capitale. I piccoli quartieri stavano scomparendo, spazzati via da Georges Haussmann, architetto e prefetto di polizia al dipartimento della Senna. Ci sarebbero voluti diciassette anni per completare il compito che gli era stato affidato. Era la sua architettura, o meglio la sua topografia dell'antirivoluzione. Creando grandi spazi aperti, si faceva posto a strade abbastanza larghe perché un esercito avanzasse e potesse dispiegare l'artiglieria contro qualsiasi sommossa popolare. Allo stesso tempo, il nuovo assetto urbanistico di

Haussmann aveva installato la ricca classe borghese nel cuore della città, sfrattando *les misérables*. I vicoli stretti e le case vecchie venivano demolite e nuovi edifici venivano costruiti lungo i viali. L'architettura politica si mescolava a quella militare e la città di Haussmann divenne un modello per altre capitali europee – Vienna, per esempio –, che scardinavano il vecchio tessuto urbano avendo separato le diverse classi sociali. Piazza Tien-An-Men a Pechino e la piazza Rossa a Mosca sono idealmente creature di Haussmann.

Il quartiere tra la collina di Montmartre e la città venne a chiamarsi la Nuova Atene; ci abitavano i pittori e i compositori.

Una nuova opulenza si rifletteva nella moda femminile, gonne turbinanti con nastri, fiocchi e fronzoli. In contrasto con le pieghe classiche del precedente stile Impero, le signore, a corte, assomigliavano a nuvole in un dipinto di Francesco Hayez, e le loro crinoline occupavano il ridotto dei teatri dell'opera. Come di consueto, la moda rifletteva lo stato d'animo dei tempi, il trionfo del denaro sul gusto. I regnanti e i diplomatici in visita deploravano la volgarità scintillante del Palazzo delle Tuileries di Napoleone III, ma molta gente godeva della vivacità delle Bouffes Parisiennes e, in quel regime da operetta rispecchiato nelle melodie di Offenbach, si ascoltava musica ovunque.

La musica di Offenbach, che Rossini definiva "le Mozart des cafés-chantants", aveva tratti fortemente rossiniani, specie nel bellissimo *Les Contes d'Hoffmann*, quando cioè Offenbach non fa del vaudeville. Mozart restava il grande eroe musicale di Rossini, il quale, nel 1856, tentò invano di comprare lo spartito originale di *Die Zauberflöte*.

Poco dopo l'arrivo a Parigi di Rossini, i suoi amici, fra i quali i compositori Auber e Carafa, andarono a trovarlo nell'alloggio temporaneo che Olympe aveva trovato a Montmartre, al 32 di rue Basse-du-Rempart, e rimasero sconvolti da ciò che videro. Il viso di Rossini era emaciato, i lineamenti pallidi e cadenti rispecchiavano le sue condizioni fisiche; sembrava mangiare senza appetito ed era sempre esausto. Né provava più a nascondere che la sua discesa nella depressione era probabilmente definitiva. Il suo pessimismo, la sua irresolutezza e anche la sua inclinazione alle lacrime furono uno choc per gli amici parigini, che ricordavano l'uomo esuberante del passato. Incontrando Verdi, Rossini gli confidò che in quegli ultimi anni era vissuto come se fosse stato in prigione.

Parigi non si limitò a dare il benvenuto a Rossini, gli diede anche la sensazione che il suo ritorno era stato atteso a lungo. Quando Napoleone III fece visita al compositore e quest'ultimo si scusò perché era in veste da camera, egli lo rassicurò: "Fra noi regnanti queste cose non contano". Rossini cominciò a farsi vedere in giro, e quando passeggiava nei giardini delle Tuileries si mostrava stupito e infastidito nel constatare che la gente lo riconosceva: questo risveglio della sua adrenalina era un buon segno. Poiché era risaputo che aveva abbandonato la composizione, Rossini – che adesso si definiva "un vieux rococo" – cominciò ad apparire come un grande vecchio, un genio le cui opinioni erano tenute in considerazione, rispettate e riportate dalla stampa. Gli si attribuivano falsi commenti che poi circolavano fra amici e nemici e apparivano regolarmente nelle colonne dei pettegolezzi. La sua immagine era famosa poiché i suoi ritratti venivano riprodotti e venduti come una volta i santini o, più avanti, le immagini dei divi del cinema. Era anche soggetto della nuova tecnica della fotografia, posò per i fotografi più famosi, compreso il grande Nadar, che riuscì a catturare la disperazione nei suoi occhi ironici. Ma quelle immagini non ebbero l'approvazione del compositore (che posò anche per Carjat, Erwin Frères e Blanc). La sua prima sessione fotografica ebbe luogo quando fu attirato con l'inganno nello studio di Mayer. "Oh, Signore!" esclamò dopo aver osservato la foto. "Mi avete fatto un brutto scherzo." Aveva sessantatré anni e nella fotografia ha la parrucca storta e lo sguardo stupito.

Dopo aver cercato nella nuova Parigi di Haussmann, Olympe trovò un appartamento a due piani in rue de la Chaussée d'Antin, all'angolo fra la Chaussée che si affacciava su boulevard des Italiens (così chiamato perché era vicino al Théâtre-Italien): divenne la residenza invernale di Rossini fino alla sua morte. Olympe aveva scelto bene: la loro casa si trovava nel cuore della Nuova Atene, il quartiere bohémien-borghese centro della Parigi artistica. Al secondo piano, diverse camere da letto e angoli riservati, al piano inferiore uno spazio perfetto per il futuro salotto di Olympe. La padrona di casa aveva difatti l'intenzione di aprire un salotto talmente brillante da far invidia alle altezzose principesse che in passato l'avevano snobbata. E le avrebbe lasciate tutte fuori! In ogni caso, la contessa d'Agoult era stata abbandonata da Liszt, la principessa Cristina Belgiojoso era un relitto a causa dell'oppio e l'Ancien Régime era perlopiù in disgrazia. Solo chi era gradito a Olympe avrebbe potuto passare attraverso le porte orfiche della musica. Infatti venivano a frotte, non solo musicisti, ma anche Delacroix, Gustave Doré e Alexandre Dumas *père*. Fra i compositori che andavano dai Rossini c'erano Gounod, Saint-Saëns, Arrigo Boito, Liszt, Meyerbeer e "un taciturno Verdi". La gente vi si recava per fare e per ascoltare musica, non solo di Rossini ma anche composizioni nuove. Thalberg, Liszt e Saint-Saëns si esibivano occasionalmente in virtuosismi per pianoforte e Joseph Joachim e Pablo de Sarasate erano violinisti altrettanto sorprendenti. Esibirsi in un ambiente intellettualmente così vivace era stimolante e Rossini pagava bene. I cantanti più famosi consideravano un privilegio essere tra i suoi ospiti. Adelina Patti, con la sua figura sottile e il volto che sembrava un Courbet, cercò di far furore inserendo una coloratura ne *Il barbiere*. "Molto bello, signorina," commentò Rossini dopo avere udito i suoi fuochi d'artificio vocali, "di chi è l'aria che mi avete fatto ascoltare?" Sembra che la Patti fosse scoppiata in lacrime, ma poi fu abbastanza furba da tornare a Chaussée d'Antin per cantare le note come Rossini le aveva scritte, accompagnata dal maestro stesso. Parlando con Saint-Saëns, che incontrò per strada pochi giorni più tardi, il compositore commentò: "So bene che le mie arie devono essere variate... ma che non venga lasciata neppure una delle note che ho scritto, questo è troppo!".

Ma chi era questa Olympe che fece il suo trionfale ritorno?, questa donna alla quale, per gratitudine, la città di Pesaro intende dedicare una strada? Era ormai Madame Rossini, la beltà svanita ma impettita dal conquistato rispetto borghese, una donna che veniva ricevuta dove e quando voleva. Il suo era il sogno di ogni *cocotte* fatto realtà. Altro che Cenerentola!

A Olympe, donna probabilmente abbastanza ignorante, brava conversatrice e soprattutto attenta guardiana del suo compagno, va difatti tutta la nostra riconoscenza. Aveva fatto di tutto: a Bologna, a Firenze aveva portato ciocche di capelli a maghi e streghe, sospettando stregonerie da parte di rivali, e ora a Parigi pensava di rivolgersi alla scienza. Ma il vero toccasana per Rossini sarebbe stato proprio Parigi, il riconoscimento, la città stessa, il sapere che non era stato dimenticato, che non era affogato da quell'invidia che tanto lo aveva amareggiato nel natio luogo selvaggio. Eppure sapeva che Parigi, le sue mode, il ridondante Romanticismo, la grandiosità della sua Opéra, non faceva più per lui, non era più lui. Le farse, l'opera buffa e anche l'opera seria di Rossini avevano schiettezza, un messaggio semplice e acuto che non apparteneva più ai tempi e tantomeno alla pomposità del Secondo Impero.

Il sabato, prima che la "folla" di ospiti arrivasse a Chaussée d'Antin, veniva servita la cena a un gruppo ristretto di sedici o venti amici. Il menu lo preparava lo stesso Rossini, che lo scriveva a mano, per esempio: "Macheroni [*sic*], Salumi di magro, Modena, Zampone, Pesce, Filetto con Bordò [*sic*], Funghi (vino: del Reno), Tachina-Champagne, Dolce, Formaggio (*à l'anglaise*)". Un giorno, da Chaussée d'Antin, Rossini si spinse a piedi fino al Marais per trovare un negozio dove si vendevano gli spaghetti napoletani ma, non appena li vide, sentenziò che erano genovesi e non napoletani. Il negoziante commentò che se quell'uomo sapeva di musica quanto di pasta era sicuramente un grande compositore. Rossini stava recuperando il buonumore. Era emerso un uomo che accettava se stesso, compiaciuto di essere fuori moda, che capiva che il tempo aveva sorpassato lui e la sua musica. Ciò che voleva fare adesso era comporre per se stesso, non per teatri dell'opera, banchieri e re. Nel 1857 cominciò a riempire volumi di canzoni e pensieri musicali che chiamò *Péchés de vieillesse* (Peccati di vecchiaia). Continuò a lavorare fino a pochi mesi prima della morte. Quei circa centocinquanta pezzi comprendono *Un petit train de plaisir*, satira sul suo viaggio da incubo, e la *Petite messe solennelle* – assoluto capolavoro.

Sembrava un miracolo che la malattia di Rossini fosse scomparsa, comunque lo aveva lasciato esausto, invecchiato, deluso. Durante il giorno, il compositore riceveva nella sua camera da letto, con la testa avvolta in un'ampia sciarpa colorata, come un turbante. La sua collezione di parrucche dondolava da un attaccapanni simile a uno stormo di corvi arruffati. Il busto di marmo di Mozart sovrastava un orologio e tra i vari bellissimi strumenti musicali antichi c'era un armonium, che aveva suonato da bambino. Alle pareti bianche erano appesi acquerelli giapponesi dipinti su carta di riso. A un amico che commentava l'ordine della sua stanza da letto, Rossini rispose ridendo: "Eh, amico mio, l'ordine è ricchezza!". Ma l'ordine era anche musica, e la mente – un tempo disordinata – del compositore era pronta a comporre di nuovo. Si suppone che i musicisti e i matematici abbiano in comune il rigore e che la musica e la matematica siano cugine prime, per quanto Einstein vivesse apparentemente circondato da disordine e confusione.

In quel periodo, Rossini era tornato al testo di Metastasio, *Mi lagnerò tacendo*, componendo in questa occasione ben sei canzoni. Il 14 aprile del 1857 fece stampare la raccolta *Musique anodine*, che dedicava a Olympe per il suo onomastico: "Offro queste modeste canzoni alla mia cara moglie Olympe come semplice testimonianza di gratitudine per le cure intelligenti e affettuose delle quali fu prodiga durante la mia lunghissima e terribile malattia".

"Mi lagnerò tacendo" era stata la sua massima, la filosofia della sua vita, per decenni: non ammise mai il dolore per il fiasco de *Il barbiere* a Roma, salvo che in una lettera a sua madre. Non protestò mai contro la malignità della stampa napoletana prima, e francese poi, che lo aveva bollato con nomignoli come Trombonini, Signor Baccano o peggio. Non reagì quando la sua musica fu imbastardita, modificata, troncata. Al contrario di Verdi o di Wagner, si considerava impotente nei confronti degli abusi dei cantanti e degli impresari. E continuava a essere generoso con i giovani. Nel dicembre del 1857 scrisse una lettera al librettista Felice Romani, raccomandandogli un compositore diciannovenne che era in viaggio verso Roma:

> Parigi 15 dicembre 1857
> Il Signor Bizet, primo premio di composizione al Conservatorio imperiale di Parigi, sarà latore di questa lettera. Egli viaggia per completare la sua educazione musicale pratica: ha fatto i migliori studi, ha avuto molto successo con una operetta rappresentata qui. Egli è buon pianista, è un eccellente soggetto che merita la tua e la mia sollecitudine. Io te lo raccomando [...].

Non molti (certamente non Verdi!) erano tanto prodighi di aiuti e raccomandazioni e pochi avrebbero scritto una lettera, per aiutare il futuro compositore della *Carmen*, il quale, dopo aver vinto il Prix de Rome, stava per trasferirsi per tre anni all'Accademia francese di Villa Medici. In carrozza – talvolta partendo prima delle sette del mattino – Rossini se ne andava a Passy, un villaggio sulle rive della Senna, dove in passato aveva affittato una villa con Isabella. Stava cercando un appezzamento di terreno per costruirvi una villa e, nel settembre del 1858, comprò un lotto non troppo lontano dalla casa di Balzac. Nel maggio del 1859 cominciò la costruzione di Beau séjour, e Olympe piantò un cespuglio di rose nel posto in cui sarebbe sorta la loro stanza da letto.

L'11 giugno 1859 Metternich scrisse a Rossini, aveva sentito dire che aveva ripreso a comporre. Era felice, disse, che "la lyre que vous tenez sous clef, cachée" (la lira che tenete nascosta, sotto chiave) stesse suonando di nuovo; ma con la morte di Metternich, due settimane più tardi, se ne andò un altro vecchio amico.

Anche Metternich era un uomo fuori epoca, un politico che aveva strutturato l'Europa secondo un preciso ordine e che non aveva compreso l'ondata che aveva travolto i suoi piani: il Romanticismo – che definizione imprecisa per un movimento così tentacolare! – è un movimento soprattutto sociale che si evolve e che pesa ancora oggi sul nostro modo di concepire la vita.

A Parigi, Rossini trovò la serenità delle cose semplici che non era stato capace di godersi per decenni: riconosciuto come buongustaio e grande vecchio della musica, era finalmente rispettato e amato anche dai colleghi che un tempo avevano mal tollerato il suo successo. Politici, musicisti e compositori aspiravano a essergli presentati, così come anni addietro egli stesso aveva fatto di tutto per incontrare Beethoven. Adesso era Richard Wagner, il più controverso compositore del secolo, l'uomo il cui romanticismo incarnava il malessere e il tormento dell'epoca, che aspettava di essere ammesso nell'appartamento di Chaussée d'Antin.

Richard Wagner

Nel marzo 1860, due grandi musicisti si incontrarono e il primitivo sospetto si trasformò in rispetto reciproco. La conversazione tra Rossini e Wagner non fu solo uno scambio tra due compositori, ma anche il confronto fra due movimenti, l'Illuminismo e il Romanticismo, l'accettazione e la rivoluzione. Due uomini di genio, insieme nella stessa stanza, sapevano benissimo di trovarsi al cospetto della grandezza. Rossini ascoltò con un sorriso ironico gli attacchi di Wagner alla vecchia scuola cui egli apparteneva. Wagner fece molte domande, desideroso di conoscere i dettagli degli incontri del maestro con Mendelssohn, Weber e

Beethoven. La riservatezza e il tatto del Rossini maturo si confrontavano con l'audacia teutonica di un Wagner che, in fin dei conti, comprendeva Rossini meglio di chiunque altro, con la probabile eccezione di Balzac. Quintessenza del movimento romantico, Wagner era l'artista che si immola e che crede nella causa dell'arte. Come osserva Isaiah Berlin in *Il potere delle idee*, "da qui l'adorazione dell'artista come massima manifestazione dello spirito sempre attivo, e l'immagine popolare dell'artista nella sua soffitta, con lo sguardo folle, i capelli scarmigliati, povero, solitario, incompreso, ma indipendente, libero, e con una sensibilità superiore a quella dei filistei che lo torturavano". E con grande acume continua:

> Questo atteggiamento ha anche un lato oscuro: l'adorazione non solo del pittore o del compositore, oppure del poeta, ma di quell'artista più sinistro il cui materiale sono gli uomini – il distruttore delle vecchie società e il creatore di quelle nuove – non importa a quale costo in termini di vite umane; il leader sovrumano che tortura e distrugge per costruire su nuove fondamenta [...]. È questa l'incarnazione dell'ideale romantico che assunse forme sempre più isteriche e, all'apice, sfociò nella violenza irrazionale e nel fascismo.

Fortunatamente era presente un terzo uomo quando Rossini e Wagner si ritrovarono nella stessa stanza, e non fu un caso che l'uomo che accompagnò Wagner per trascrivere la loro conversazione fosse un musicista. Si trattava di Edmond Michotte, il cui resoconto di questi incontri fu pubblicato nel 1906. Quella che segue è una versione parafrasata e leggermente rielaborata dello scritto di Michotte. L'incontro è commovente come quello fra Rossini e Beethoven, e Michotte ci ha permesso di nasconderci in un angolo dell'appartamento di Chaussée d'Antin e origliare: non possiamo che essergli grati.

Nel 1861 Wagner era a Parigi e cercava di organizzare una rappresentazione del *Tannhäuser* all'Opéra. Tra la fine di gennaio e i primi di febbraio del 1860 aveva dato tre concerti nella sala Ventadour del Théâtre-Italien. Berlioz descrisse in modo entusiastico quanto aveva ascoltato – alcuni brani – da *Der fliegende Holländer, Tannhäuser* e *Lohengrin,* e anche Baudelaire e Gautier furono profondamente commossi dalla nuova musica, ma la stampa francese, che non era stata invitata a recensire i concerti, si espresse in modo negativo se non addirittura offensivo. La società parigina parlava di quel tedesco basso, determinato e privo di senso dell'umorismo che marciava ostinato verso il proprio obiettivo, senza mai fermarsi di fronte a un "no". Wagner stava lavorando alla traduzione in francese del *Tannhäuser.* Convinto della propria missione musicale, aveva qualità messianiche ed era la personificazione dell'individuo che il Romanticismo aveva propagandato. Quella era la differenza principale fra lui e Rossini, il quale aveva una predisposizione all'ironia che lo induceva a non prendere nulla sul serio, men che meno se stesso.

Per tutta Parigi circolavano motti di spirito contro Wagner, alcuni dei quali attribuiti a Rossini. Secondo Michotte, erano "tanto di cattivo gusto quanto apocrifi". In effetti, nonostante le smentite, io non ho alcun dubbio che alcuni fossero di Rossini. "Monsieur Wagner a des beaux moments, mais des mauvais quarts d'heure" suona troppo rossiniano per non essere di Rossini. D'altronde, Wagner aveva sminuito crudelmente la musica di Rossini ed entrambi erano consapevoli dei reciproci commenti.

Wagner era curioso, ma anche preoccupato prima dell'incontro con il *vieux rococo,* il pigro buongustaio: Rossini, dopotutto, era ancora molto influente e per il compositore tedesco sarebbe stato vantaggioso ingraziarselo. Durante il colloquio, Wagner, che aveva appena finito il *Tristan und Isolde,* rimase stupito da come il vero Rossini fosse diverso dall'immagine inventata dalla fantasia popolare. Anche Rossini fu colpito dalla serietà e dall'inossidabile fiducia in se stesso di Wagner.

Fu opportuno che, nel 1818, il luogo dell'incontro tra Rossini e Beethoven fosse Vienna, e altrettanto opportuno che l'incontro del 1860, fra un Rossini alla fine della sua vita e un Wagner agli inizi, avesse luogo a Parigi.

Il compositore tedesco aveva scritto un biglietto da rue Newton, la sua residenza parigina, per ricordare a Michotte l'appuntamento preso per quel pomeriggio. Wagner desiderava essere puntuale e, mentre saliva le scale dell'appartamento di Rossini, Michotte gli disse: "Se Rossini è di buonumore, sarete stregato dalla sua conversazione".

Rossini si era ritirato nella parte della sua stanza che si affacciava sul boulevard des Italiens, dove trascorreva la maggior parte del tempo. Il letto era vicino allo scrittoio, con un pianoforte presso la finestra. Mentre aspettavano al piano inferiore, Wagner guardò il ritratto del giovane Rossini del neoclassico Vincenzo Camuccini.

"Quella fisionomia intelligente," disse, "quella bocca ironica: può essere soltanto il compositore de *Il barbiere*. Questo ritratto deve risalire al periodo in cui fu composta quell'opera."

Michotte rispose: "Quattro anni dopo. Fu dipinto a Napoli nel 1820. Era un bel giovane, e nella terra del Vesuvio, dove le donne si accendono facilmente, deve aver infranto molti cuori. Se Rossini fosse stato servito da Leporello, avrebbe sorpassato il totale di 'mille e tre'," aggiunse.

"Oh, come esagerate!" rispose Wagner con imbarazzante umorismo teutonico: "'Mille' sono d'accordo, ma... 'mille e tre...' sono troppe!". Il compositore tedesco, nella sua vita, si limitò alle "tre", ma aveva la tendenza a innamorarsi di donne che appartenevano ad altri, il senso del proibito era un concetto erotico essenziale per Wagner.

Quando i due visitatori entrarono nella stanza, Rossini diede loro un caloroso benvenuto in francese. "Ah! Monsieur Wagner, come un nuovo Orfeo, voi non temete di entrare in questo temibile recinto... So che mi hanno dipinto a tinte fosche ai vostri occhi." Il francese di Rossini era fluente e anche Wagner lo parlava abbastanza bene, ma si trovava in difficoltà quando voleva esprimere concetti complessi, e tendeva a sovraccaricarlo con espressioni eccessivamente fiorite. Rossini disse immediatamente a Wagner che "quelli" gli avevano attribuito insulti che lui non aveva mai né detto né pensato. Non chiedeva di essere considerato saggio: "Mi attengo all'educazione ed evito di insultare un musicista che, come voi, sta cercando di ampliare i confini della nostra arte... Quanto a disprezzare la vostra musica, dovrei prima avere familiarità con essa; per conoscerla, dovrei ascoltarla in teatro e non soltanto leggere lo spartito; non è possibile giudicare la musica che è stata creata per le scene. L'unica vostra composizione che conosco è la marcia del *Tannhäuser*. L'ho ascoltata spesso a Kissingen tre anni fa, quando mi sottoponevo alle cure. Ebbe un grande impatto su di me e – vi assicuro sinceramente – l'ho trovata molto bella". Seduto sulla sua poltrona, Rossini si stava divertendo più del giovane Wagner. "Ora che, spero, tutti i fraintendimenti fra noi sono dissipati, ditemi come trovate la vostra permanenza a Parigi. So che state parlando di mettere in scena il vostro *Tannhäuser*."

"Permettetemi, illustre maestro, di ringraziarvi per queste parole gentili che mi commuovono profondamente. Mi mostrano quanto il vostro carattere esprima nobiltà e grandezza. Credetemi: anche se mi criticherete, non mi offenderò. So che i miei scritti sono di un genere che può suscitare fraintendimenti. A confronto con l'emergere di una gran mole di nuove idee, anche i giudici dalle migliori intenzioni possono male interpretare il loro significato. Questo accade perché, nelle mie opere, non sono ancora in grado di dare una logica e completa dimostrazione delle mie idee."

"È giusto," osservò Rossini, "poiché i fatti valgono più delle parole."

Wagner aveva suonato l'intero *Tannhäuser* al direttore del Théâtre-Italien, disse a Rossini, e sperava di poterlo mettere in scena. "Sfortunatamente, l'ostilità sollevata contro di me dalla stampa minaccia di prendere la forma di un vero e proprio complotto."

Quando udì la parola "complotto", Rossini, che era stato vittima di molti intrighi, lo interruppe, per ricordargli che innumerevoli compositori, da Gluck in poi, ne erano stati vittime.

"Nemmeno io sono stato risparmiato. La sera della prima de *Il barbiere*, quando, come accadeva all'epoca in Italia, suonavo il clavicembalo nell'orchestra per accompagnare i recitativi, dovetti proteggermi dal comportamento riottoso del pubblico. Pensai che stessero per assassinarmi. Qui a Parigi, quando venni per la prima volta, fui accolto da ogni sorta di epiteti ingiuriosi. Non fu diverso a Vienna, quando mi trovai lì, nel 1822, per mettere in scena le mie opere. Lo stesso Weber mi perseguitò implacabilmente dopo che le mie opere furono rappresentate nel teatro di corte italiano."

Al che, Wagner rispose: "Weber, oh! So che era estremamente intollerante. Diventava irascibile soprattutto quando si trattava di difendere l'arte tedesca... Un grande genio, ed è morto così prematuramente!".

"Un grande genio, certo..."

Il lettore ricorderà come Rossini avesse incontrato Weber a Parigi, quando quest'ultimo era in viaggio per Londra. In precedenza, al tempo in cui Rossini era il compositore di maggior successo a Vienna, Weber gli era stato ostile: "Non mi aspettavo la sua visita e devo ammettere che ne fui commosso... Appena mi vide, quel poveruomo trovò necessario dirmi – mentre mi abbracciava e, con difficoltà, cercava le parole in francese – il motivo per cui era stato così duro nei suoi articoli critici... Ma non lo lasciai finire". Rossini disse di non aver letto quelle recensioni: in ogni caso, non sapeva il tedesco.

"So che già soffriva della tisi che lo avrebbe ucciso poco tempo dopo," disse Wagner.

"Mi addolorò vederlo. Tornò pochi giorni dopo, per chiedere alcune lettere di presentazione per Londra. Ero angosciato all'idea di vederlo intraprendere un viaggio simile... Con il cuore infranto, abbracciai quel grande genio per l'ultima volta, sapendo che non l'avrei mai più rivisto. Era proprio vero. Povero Weber!"

A proposito di complotti, Rossini aggiunse: "Non si può fare altro che combatterli col silenzio e con l'inerzia: hanno più effetto, credetemi, delle ritorsioni e della rabbia.

Il malanimo è immenso... Sputavo su quegli attacchi: più mi colpivano, più rispondevo irridendoli... Credetemi, il fatto che voi mi vediate indossare una parrucca non significa che quei bastardi siano riusciti a farmi cadere un solo capello dalla testa".

Mi lagnerò tacendo, insomma.

Ma funzionò? Wagner, che certamente si lamentava e mai in silenzio, riuscì ad attirare l'attenzione e a guadagnarsi il rispetto. Era temuto anche quando non aveva successo, mentre di Rossini, che fingeva di non prendere nulla sul serio, non si preoccupava nessuno.

Wagner rise della franchezza di Rossini. "Si renda grazie all'inerzia di cui parlate, maestro; quella era veramente una forza che il pubblico riconosceva."

Wagner poi volle sapere di Salieri.

"A Vienna, dove ha vissuto a lungo, era diventato di moda grazie a numerose opere di successo; vedeva Beethoven di tanto in tanto, ma mi aveva messo in guardia dal suo carattere diffidente. Fra l'altro, Salieri aveva avuto buoni rapporti con Mozart. Quando quest'ultimo morì, la gente disse che Salieri lo aveva avvelenato per gelosia professionale."

"Lo si diceva ancora quando io ero a Vienna," sottolineò Wagner.

"Un giorno, scherzando, dissi a Salieri: 'È un bene che Beethoven abbia rifiutato di mangiare con voi per istinto di sopravvivenza; avreste potuto mandarlo all'altro mondo come avete fatto con Mozart'. 'Ho forse l'aspetto di un avvelenatore?' replicò Salieri. Era ferito perché era stato attaccato dalla stampa tedesca, e per un certo periodo la questione della morte di Mozart lo aveva ossessionato."

Rossini riferì a Wagner ciò che Beethoven gli aveva detto dell'opera italiana e dell'opera buffa in particolare.

"La zampata del leone," ribatté Wagner. "Salieri non sarebbe stato più felice se voi foste stato attaccato?"

"No... Si mordeva la lingua, senza farsi troppo male... Era talmente timoroso che il re dell'Inferno, per non vergognarsi dell'atto di arrostire un simile codardo, lo avrebbe mandato a farsi affumicare da qualche altra parte!"

Chiaramente, a Rossini Salieri come persona non piaceva. Poi i due parlarono di altri aspetti della musica. "Preferivo avere a che fare con soggetti comici, piuttosto che seri," disse Rossini. "Ma non ho mai avuto molta scelta nei libretti, perché me li imponevano gli impresari. Non posso dirvi quante volte accadde che all'inizio io ricevessi soltanto una parte della trama, un atto per volta, e che dovessi comporre la musica senza sapere cosa sarebbe venuto dopo... Cosa dovevo fare per mantenere mio padre, mia madre e mia nonna! Andavo di città in città come un nomade... Scrivevo tre o quattro opere l'anno. E non pensiate che questo mi sia bastato per vivere da gran signore. Per *Il barbiere* mi pagarono soltanto milleduecento franchi, più un vestito nocciola che il mio impresario mi regalò affinché facessi bella figura nell'orchestra. Quel vestito poteva valere cento franchi. Totale: milletrecento franchi. Avevo impiegato soltanto tredici giorni a scrivere lo spartito. Tenuto conto di tutto, faceva cento franchi al giorno. Vedete, nonostante tutto ricevevo un salario di tutto rispetto! Ero molto spaccone nei confronti di mio padre, il quale aveva guadagnato soltanto due franchi e mezzo al giorno quando lavorava come trombettiere a Pesaro!"

"Tredici giorni! È incredibile. Ma maestro, come potevate scrivere quelle pagine di *Otello* o di *Mosè* in quelle circostanze? Pagine superbe che recano il segno non dell'improvvisazione, ma dello sforzo meditato che seguiva alla concentrazione di tutte le vostre forze mentali?"

"Oh, avevo facilità e grande istinto. Dovendo cavarmela senza una vera istruzione musicale – e dove avrei potuto averla in Italia, ai miei tempi? –, imparai il poco che sapevo dagli spartiti tedeschi. Un amatore di Bologna ne aveva alcuni: *Die Schöpfung, Le nozze di Figaro, Die Zauberflöte*... Me li prestò, e poiché a quindici anni non avevo i mezzi per importarli dalla Germania, li copiavo. Inizialmente ero solito trascrivere la parte vocale dell'assolo senza guardare l'accompagnamento orchestrale." Rossini aggiunse che immaginava e scriveva il proprio accompagnamento e poi lo paragonava a quello dei grandi maestri: "Quel sistema mi insegnò più di tutti i corsi del Liceo. Se avessi potuto seguire i miei studi nel vostro paese, sono sicuro che avrei prodotto qualcosa di meglio".

"Certamente no, per citare soltanto le *Scènes des ténèbres* del vostro *Moïse*, la cospirazione del *Guillaume Tell* o, cambiando genere, *Corpus morietur...*"

"Avete citato alcuni momenti felici della mia carriera! Ma cos'è tutto questo in confronto al lavoro di Mozart, a quello di Haydn? Non riesco a esprimere con sufficiente forza quanto io ammiri quei maestri per la loro sapienza, per la sicurezza che è così naturale nella loro arte della composizione."

I due uomini parlavano, completamente assorbiti l'uno dall'altro: Wagner accucciato su una sedia ad ascoltare, sorpreso dal flusso dei ricordi di Rossini, mentre Rossini si divertiva a recitare la parte del vecchio guru.

A differenza di Rossini, Wagner aveva origini borghesi e non aveva mai avuto necessità di guadagnare per mantenere i genitori. Quando visitò Chaussée d'Antin era pieno di debiti, ma malgrado ciò era il tipo d'uomo che aspetta che il denaro gli piova dal cielo, atteggiamento tipico di chi è nato ricco. Mentre portava a spasso il cane, lo si poteva incontrare in divisa da Bohème, con una cravatta di seta sotto la barba curata. Aveva la testa grossa, le labbra sottili e portava i capelli lisci pettinati all'indietro.

L'incontro fra i due compositori continuò con Rossini che esprimeva la propria ammirazione per la musica tedesca. Diceva che Bach era un genio assoluto. "Se Beethoven è un prodigio dell'umanità, Bach è un miracolo di Dio! Mi sono abbonato alla pubblicazione integrale delle sue opere. Guardate, vedrete lì, sul mio tavolo, l'ultimo volume. Quanto mi piacerebbe ascoltare per intero la sua *Passione secondo Matteo* prima di lasciare questo mondo! Ma in Francia è un sogno impossibile!"

"Fu Mendelssohn che per primo consentì ai tedeschi di conoscere la *Passione*, con il superbo concerto che diresse personalmente a Berlino," sottolineò Wagner. Era probabilmente stupito da come stava andando quell'incontro. Gli doveva essere difficile constatare quanto Rossini, che allora componeva poco, fosse adorato dalla società parigina. La fama di Rossini, infatti, era al culmine, la versione francese di *Semiramide* stava per essere messa in scena all'Opéra (9 luglio 1860) e sarebbe stata replicata trenta volte, mentre Wagner aveva difficoltà a rappresentare una sola opera.

"Mendelssohn!" disse Rossini sognante. "Che natura sensibile! Ricordo con piacere le ore liete che ho trascorso in sua compagnia a Francoforte nel 1836. Mi trovavo in quella città per un matrimonio dei Rothschild." Mendelssohn aveva suonato per lui alcune delle sue composizioni e anche alcuni pezzi di Weber e Bach. "All'inizio, Mendelssohn sembrò stupito dalla mia richiesta. 'Com'è possibile che voi, un italiano, amiate così tanto la musica tedesca?' chiese. 'Non amo nessun altro genere'... Ho saputo da Hiller che, dopo che ci separammo, Mendelssohn gli disse: 'Questo Rossini fa sul serio? In ogni caso, è un tipo molto strano'."

Wagner rise: "Maestro, posso comprendere la sorpresa di Mendelssohn".

"Parliamo del futuro, dato che ogni discussione su di voi sembra inseparabile da questo concetto. Pensate di restare a Parigi? Quanto al vostro *Tannhäuser*, sono certo che riuscirete a portarlo in scena. Se ne è parlato troppo per non risvegliare la curiosità dei parigini. La traduzione è pronta?"

La traduzione del *Tannhäuser* in francese non era ancora finita, rispose Wagner. "Ci sto lavorando in modo febbrile, con un collaboratore molto bravo e, soprattutto, estremamente paziente. Per la perfetta comprensione dell'espressione musicale abbiamo dovuto confrontare ogni termine francese con il corrispondente in tedesco e sotto la stessa notazione. È un lavoro duro e difficile da realizzare."

"Ma perché non cominciate scrivendo un'opera con ciascun numero adattato a un libretto francese, come hanno fatto Gluck, Spontini e Meyerbeer?"

Questo appunto di Rossini deve aver fatto rabbrividire Wagner: era la vecchia formula che Salieri aveva espresso con "Prima la musica, poi le parole" e che Rossini stesso aveva sempre cercato di seguire. Dal canto suo, Wagner deplorava il concetto di opera come insieme di "numeri": il suo dramma musicale non doveva avere arie né recitativi, nessuna cabaletta, né essere formalmente divisibile in brani. Di fatto, come si possono definire, se non "numeri", il duetto fra Sieglinde e Siegmund, l'assolo di Tristano morente o l'ardente, lungo lamento di Isotta? In un certo senso, solo *Parsifal* – la sua ultima opera – realizza il sogno musicale di Wagner, dal momento che non ha arie né "numeri".

Rossini proseguì su quel campo minato: "Non stareste meglio se prendeste in considerazione il gusto francese dominante?". Il problema era proprio quello. Wagner non voleva seguire la moda in nessuna maniera: voleva fare la storia della musica. Avrebbe piegato il gusto francese, non viceversa. Rossini, invece, gli suggeriva di rincorrere il successo che al momento gli sfuggiva, anche a costo della propria integrità. Wagner si crogiolava nella sua romantica agonia. Dopo essere fuggito da Dresda all'indomani delle rivoluzioni del 1848-1849 e aver evitato l'arresto di stretta misura, aveva raggiunto la salvezza in Svizzera, via Weimar. In Svizzera sarebbe stato un esule, ospite di Mathilde Wesendonck, per la quale nutrì una passione che sfociò nel magnifico *Tristan und Isolde*, la grammatica del Romanticismo. Nel 1857, mentre componeva, Cosima – che sarebbe diventata la sua seconda moglie – e Hans von Bülow erano suoi ospiti per la luna di miele. La vita amorosa di Wagner era disordinata e ben nota a Michotte, che sapeva tutto di Mathilde Wesendonck, "quella bellissima donna".

La risposta di Wagner a Rossini fu: "Nel mio caso, maestro, non penso che si possa fare. Dopo *Tannhäuser*, ho scritto *Lohengrin*, e poi *Tristan und Isolde*. Dal punto di vista sia letterario che musicale, queste tre opere rappresentano il logico sviluppo della mia concezione della forma definitiva e assoluta del dramma lirico. Il mio stile ha subìto l'inevitabile effetto di quella transizione. E se è vero che mi sento in grado di scrivere altre opere nello stile di *Tristan und Isolde*, giuro che sono incapace di riprodurre il genere del *Tannhäuser*. Se mi trovassi nella situazione di dover comporre un'opera per Parigi su un testo francese, non potrei e non vorrei seguire altra strada che quella che mi ha condotto alla composizione di *Tristan und Isolde*".

E non solo: un lavoro di questo genere, che comporta la destrutturazione delle forme tradizionali, non sarebbe stato compreso e non avrebbe avuto alcuna possibilità di essere accettato dai francesi, aggiunse.

"Qual è stato il punto di partenza per le vostre riforme?"

"Non si è sviluppato tutto insieme. I miei dubbi risalgono ai primi tentativi, che non mi soddisfacevano; fu nella loro concezione poetica che queste riforme mi entrarono in mente. I miei primi lavori avevano soprattutto un obiettivo letterario. In seguito volli ampliarne l'impatto, aggiungendovi l'espressione musicale. Detestavo il modo in cui il mio pensiero si stava spostando verso il regno delle visioni, indebolito dalle richieste imposte dalla routine del dramma musicale... Quelle arie di bravura, quegli insipidi duetti fatalmente basati sempre sullo stesso modello... E quanti altri *hors-d'oeuvres* che interrompono l'azione scenica senza ragione!"

Wagner si stava muovendo su un terreno insidioso, perché stava descrivendo esattamente Rossini a Rossini, o almeno ciò che i suoi detrattori pensavano di lui. "E i sestetti!" continuò. "In ogni opera rispettabile era necessario che ci fosse un solenne sestetto in cui i personaggi del dramma, lasciando da parte il significato dei loro ruoli, formavano una fila sul proscenio – tutti riconciliati! – per offrire al pubblico una di quelle banalità stantie." *Don Giovanni* finisce con un sestetto e non c'è niente di male, aggiungo io.

"E sapete come lo chiamavamo in Italia, allora?" lo interruppe Rossini. "La fila di carciofi. Ero perfettamente consapevole della stupidità della cosa; mi dava l'impressione di una fila di portieri venuti a chiedere una mancia. Era una consuetudine, una concessione al pubblico, che altrimenti ci avrebbe tirato fette di patate... o persino patate intere!"

Ormai Wagner stava quasi parlando a se stesso. Era il compositore che aveva messo al bando le convenzioni della lirica e che richiedeva totale attenzione. Addio al belcanto. Niente aria o finale con il sestetto, cavatine, cabalette e trilli. Nulla di tutto questo. Lo scopo della vita dei suoi eroi era l'amore, un obiettivo che conduceva alla morte e alla distruzione. L'amore, l'amore fisico, per Wagner divenne un atto morboso e ambiguo che impoveriva il corpo ed esauriva l'anima, l'anima maschile in particolare. L'atto d'amore insoddisfatto ma peccaminoso si trasformava in misticismo represso. Quello di Wagner era sicuramente un mondo che escludeva le donne (e Rossini). In effetti, la donna wagneriana causava disastri con il proprio amore e il proprio sacrificio. Solo Sieglinde sembra essere priva di colpe: il suo bruciante e incestuoso amore per il fratello è dipinto come innocente e inevitabile. Cosa mai poteva pensare Rossini di Wagner e della sua concezione musicale ed etica?, un uomo come lui che "aveva tutti i mali delle donne, eccetto l'utero"?

"Quanto all'orchestra," proseguì Wagner, "quegli accompagnamenti di routine... che ripetono sempre la stessa formula senza tenere conto della diversità dei personaggi e delle situazioni, la musica che così spesso rovina le opere più famose in molte situazioni... tutto ciò mi sembra incompatibile con l'alto obiettivo di un'arte che sia nobile e degna di quel nome."

"Vi riferite alle arie di bravura? Erano il mio incubo. Soddisfare contemporaneamente la primadonna, il primo tenore e il basso." I cantanti contavano le note di un'aria e poi "venivano da me e annunciavano che non avrebbero cantato perché uno dei loro colleghi aveva un'aria con più trilli e ornamenti della loro".

Rossini sembrava sfogare la frustrazione del proprio passato sull'uomo nuovo, sul Nietzsche della lirica. Si avverte che per lui era liberatorio riconoscere in quelle convenzioni una catena ridicola che lo aveva tenuto legato. Ma era effettivamente così? C'è più libertà nella musica de *L'Italiana in Algeri*, *La donna del lago* e *Il barbiere di Siviglia* che in tutto il *Ring*.

Massimo Mila, che capiva tutto – e non solo di musica –, con la modestia e la conoscenza dei grandi, così scrive:

> Il mondo drammatico ed espressivo di Gioachino Rossini non aveva conosciuto limitazioni; abbracciava tutte le possibilità dell'animo umano, tutti gli aspetti della vita individuale e sociale del suo tempo, ma tutto riconducendo sotto la categoria del gioco. Rossini – e sia pure con quelle eccezioni balenanti, con quei lampi d'intuizione precorritrice che lo stesso Mazzini gli riconosce – compendiò in una summa universale l'italiano machiavellico o piuttosto guicciardiano: scaltro, disincantato, un po' cinico per troppa intelligenza, inarrivabile nell'arte tutta animalesca e felina di godere la vita, il sole, il benessere del mero fatto di esistere su questa terra che ha luce, colori, suoni, profumi, donne e gli infiniti piaceri dell'intelligenza e dei sensi.

No, non un modello romantico.

Torniamo però a Parigi e in quella strada d'angolo sul boulevard des Italiens.

"In effetti, mi sembra di avere a che fare con lo sviluppo razionale, rapido e regolare dell'azione drammatica. Come mantenere l'indipendenza dei concetti letterari insieme a una forma musicale che non è altro che convenzione? Perché se si dovesse seguire la logica, è sottinteso che un uomo quando parla non canta; un uomo irato, un cospiratore, un uomo geloso non canta... L'opera è convenzione, dall'inizio alla fine. E cosa dire della strumentazione stessa? Chi potrebbe distinguere, quando l'orchestra è scatenata, la differenza tra la descrizione di una tempesta, di una rivolta o di un incendio?... È sempre convenzione!"

"Chiaramente, e su larga scala, la convenzione è imposta a tutti, altrimenti bisognerebbe rinunciare completamente al dramma lirico e anche al teatro in musica. Nondimeno, è innegabile che questa convenzione deve evitare gli eccessi che portano all'assurdo, al ridicolo."

Dopo aver affermato che, a eccezione di Gluck e Weber,

lo si accusava di ripudiare tutta la musica esistente, Wagner proseguì: "Ai miei occhi la missione del musicista è quella di comporre un'opera che abbia come obiettivo la formazione di un organismo in cui si concentri l'unione perfetta di tutte le arti: poetica, musicale, decorativa e plastica. Questo desiderio di confinare il musicista nel ruolo di semplice illustratore strumentale di qualsiasi libretto, imponendogli un numero arbitrario di arie, duetti, scene ed ensemble... di pezzi che deve tradurre in note come un colorista che riempia contorni già stampati in bianco e nero... Ci sono certamente esempi di compositori che, ispirandosi a una situazione drammatica, hanno scritto pagine immortali. Ma quanti altri vengono sminuiti dal seguire questo sistema?".

È interessante notare che i due non scambiarono nemmeno una parola sulla politica. Wagner era ancora un rivoluzionario, mentre Rossini, che rivoluzionario non era mai stato ma ribelle sì, era diventato un conservatore: entrambi dovevano essere se non altro preoccupati dall'imminente unificazione italiana.

Wagner, un nazionalista, che aveva composto *Rienzi*, la sua magnifica opera del 1842 il cui protagonista è il popolano rivoluzionario Cola di Rienzo, sarebbe stato entusiasta del processo di unificazione italiana. Rossini sarebbe rimasto ormai indifferente nei confronti di un'Italia unita, specialmente dopo quanto gli era accaduto a Bologna. La Francia, nella persona di Napoleone III, stava giocando un ruolo fondamentale negli affari italiani. Dopo il trattato secondo il quale, se gli austriaci avessero attaccato il Piemonte, Napoleone III avrebbe sostenuto i suoi alleati, a Cavour non restò che trovare una scusa per entrare in guerra. Gli austriaci caddero nella trappola e le sanguinose battaglie di Solferino e Magenta (la Croce Rossa nacque dopo questo massacro) sfociarono nell'annessione della Lombardia al Piemonte. A seguito di un trattato segreto, Nizza e la Savoia furono cedute alla Francia. Napoleone, successivamente, venne meno agli impegni presi e lasciò il Veneto e Venezia agli austriaci e Cavour diede le dimissioni. Tuttavia Palmerston, il primo ministro britannico, era impegnato a risolvere la questione dell'indipendenza italiana; non passava un anno che parte dello Stato della Chiesa e tre diversi ducati avevano optato per il governo piemontese; così il nuovo stato, governato dai Savoia, aveva raddoppiato il proprio territorio.

Ormai era chiaro che non ci sarebbe stata una repubblica mazziniana e che non si sarebbe realizzato il sogno di Verdi di un'Italia socialista, perché il re piemontese era spalleggiato dalle potenze europee. Con il talento militare di Garibaldi e il genio politico di Cavour, l'unificazione italiana era a un passo, nonostante avesse a capo l'odioso re di una dinastia inetta. Che l'unificazione si sarebbe poi raggiunta con gli auspici di casa Savoia sarebbe stata una calamità, ma questa è un'altra storia.

Rossini non compose nessuna cantata, nessun inno, per celebrare quegli eventi: era ormai quasi estraneo ai movimenti politici. Viveva per poter morire in tranquillità, fra persone che lo amavano. Si perdeva nel passato, nei ricordi di Pesaro, della madre Anna, della giovinezza, e alle opere e ai libretti pensava ben poco.

Rossini rifletté su quanto Wagner gli aveva appena detto.

"Se ho capito bene, per realizzare il vostro ideale il compositore dovrebbe essere il librettista di se stesso. Mi sembra una condizione impossibile."

"Perché? Perché i compositori che imparano il contrappunto e studiano la letteratura non dovrebbero apprendere anche la storia e la mitologia? Ci sono pochi compositori drammatici che non hanno dimostrato talento poetico e letterario. Per non andare tanto in là, voi stesso, maestro – prendiamo per esempio la scena del giuramento del *Guillaume Tell* –, volete forse dirmi che avete rispettato parola per parola il testo che vi è stato consegnato? Non ci credo. Non è difficile notare le differenze di esposizione e d'intensità: queste hanno un effetto così profondo sulla musicalità – se posso esprimermi in questo modo – e sull'ispirazione spontanea che mi rifiuto di attribuirne la genesi all'intervento di un testo prestabilito."

"Quel che dite è vero. Quella scena, infatti, ha subìto molte modifiche su mia indicazione, ma non senza difficoltà."

"Vedete, maestro, avete fatto un'implicita confessione che conferma quello che ho detto... È inevitabile che ci sia la musica del futuro, ma il futuro della musica è il dramma."

"Per farla breve," rispose Rossini, "è una rivoluzione radicale! Pensate che cantanti abituati a dispiegare il loro talento nei virtuosismi si sottometteranno a dei cambiamenti così deleteri per la loro fama?"

"Sarà un'educazione lenta. Quanto al pubblico, influenza i compositori o sono i compositori a plasmare il pubblico?"

"Dal punto di vista dell'arte pura, si tratta di considerazioni innegabilmente a lungo termine, di prospettive seducenti."

Quanto Wagner ammirasse il *Guillaume Tell*, opera che conosceva bene, lo vediamo anche dagli scritti di Massimo Mila.

"Voglio una melodia libera, indipendente. Una melodia dalla forma estremamente precisa, che possa estendersi, contrarsi, prolungarsi..."

"Les mélodies de combat," sussurrò Rossini.

Wagner evidentemente non sentì, e continuò: "Quanto a quel tipo di melodia, ne avete dato un esempio sublime in quella scena del *Guillaume Tell*, 'Sois immobile', in cui la profonda libertà della linea del cantato accentua ogni singola parola e, sostenuta dal suono sospirante dei violoncelli, raggiunge il vertice dell'espressione lirica".

"Così ho fatto musica del futuro senza saperlo?"

"Avete fatto musica per tutti i tempi, è la cosa migliore... Se non aveste lasciato la penna dopo il *Guillaume Tell*, a trentasette anni – un crimine! ...Voi stesso non avete idea di ciò che avreste potuto tirar fuori dalla vostra mente!"

"Dopo aver composto quaranta opere in quindici anni, sentivo il bisogno di riposare. E in più i teatri italiani, all'epoca, erano in totale declino."

Rossini mentiva. Non era quello il vero motivo per cui aveva smesso di comporre. Forse si rese conto all'improvviso di aver mostrato la sua vera identità a Wagner (e a Michotte): si erano scambiati delle verità. Come se fosse pentito di essersi lasciato andare, Rossini scelse di tornare a rifugiarsi dietro a una cortina di nebbia. Alzandosi dalla sedia e prendendo la mano di Wagner, lo congedò: "Mio caro Monsieur Wagner, non so come ringraziarvi per la vostra visita, e in particolare per avermi esposto le vostre idee. Io non compongo più, avendo raggiunto un'età in cui si è più inclini a decomporsi. Sono troppo vecchio per guardare verso nuovi orizzonti. Ma le vostre idee sono di un genere che fa riflettere i giovani. Tra tutte le arti, la musica, per la sua essenza ideale, è quella più incline ai cambiamenti. Senza limite. Dopo Mozart, si sarebbe potuto prevedere Beethoven? Dopo Gluck, Weber?... Io ho fatto parte del mio tempo. Su altri, e in particolare su di voi, che vedo così vigoroso e pieno di magistrali capacità, ricade l'onere della creazione di ciò che è nuovo e viene dopo, e ve lo auguro con tutto il cuore".

Si separarono da amici: Wagner trovò Rossini semplice e naturale, un genio sviato dalla sua educazione latina che non gli permetteva di capire che l'arte è una religione.

"Ma devo ammettere," disse Wagner a Michotte quando lasciarono l'appartamento di Rossini, "che tra tutti i musicisti che ho incontrato a Parigi solo lui è veramente grande."

Quella stessa sera, Rossini, prendendo in giro un gruppo di "nemici", disse che aveva incontrato il loro "monstre, la bête noire... ! Questo Wagner mi sembra dotato di facoltà di prima categoria. Il suo aspetto fisico – il mento, soprattutto – rivela una volontà di ferro. È una gran cosa saper volere". Rossini pensava però che a Wagner "mancassero i benefici del sole". Ma lo ammirava. Tanto Rossini che Wagner riconobbero l'uno la grandezza dell'altro.

Solo lui è veramente grande

Durante le loro famose serate del sabato nei grandi saloni del primo piano, Olympe e Gioachino ricevevano pressoché separatamente: Olympe presiedeva il settore sociale e lasciava Gioachino al suo mondo musicale. Una dozzina o poco più di ospiti selezionati venivano a cena, e poi, verso le otto e mezzo, cominciavano le serate con le "orde alla moda lasciate a farsi strada verso antipasti poco appetitosi".

Chiunque fosse "qualcuno" non poteva non frequentare le *soirées* del sabato a Chaussée d'Antin, i *samedis musicaux*. Dal dicembre 1858, quando cominciarono, fino alla morte del compositore, avvenuta dieci anni più tardi, il salotto dei coniugi Rossini diventò il fulcro della società intellettuale e musicale parigina. Durante l'estate le *soirées* si trasferivano nella villa di Passy assieme al pianoforte a coda, il magnifico Pleyel. Rossini stava in fondo a un salone, con pochi amici. Quando il volume delle chiacchiere diventava tanto forte da sovrastare la musica, lo stesso Rossini accompagnava i cantanti e tutti tacevano: sapevano quanto lo irritasse il chiacchiericcio. L'appartamento di Chaussée d'Antin diventò un incrocio fra un teatro privato e un club esclusivo, un laboratorio di musica impegnato a preservare le qualità della voce e la semplicità degli spartiti contro le complicazioni della "nuova" musica.

A differenza di quanto accadeva negli altri salotti parigini, la conversazione dei *samedis* era secondaria rispetto alla musica e in quell'angolo di Parigi si potevano ascoltare i più eminenti pianisti e alcune delle voci più affermate d'Europa, come Giulia Grisi, Erminia Frezzolini, Marietta Alboni e Adelina Patti. Rossini commissionava nuove composizioni a giovani come Verdi e Fauré, e insisteva affinché la gente prestasse ascolto, invece di chiacchierare. Una volta, mentre si accingeva ad accompagnare il trio del terzo atto dell'*Attila* di Verdi, Rossini vi aggiunse alcune battute iniziali per attirare l'attenzione della gente e far sì che tacesse. Firmò: "Rossini, senza il permesso di Verdi". Si suonavano anche arie delle opere di Mozart e musiche di Palestrina, Pergolesi, Gounod e soprattutto di Rossini, eseguite come prevedeva lo spartito; all'epoca, per il pubblico medio era difficile ascoltare versioni tanto accurate. A volte, evitando il salotto e restando seminascosto nella sala da pranzo, Rossini ascoltava senza doversi mescolare alla folla, seppure costituita da amici.

Gli inviti li distribuivano alcuni messaggeri. In certe occasioni arrivavano così tanti ospiti che una volta Giulio Ricordi finì seduto sulle scale con i suoi concorrenti francesi, i pettegoli fratelli Escudier. Anche il conte e la contessa Alexis Pillet-Will e il barone Rothschild dovevano accontentarsi di quel che trovavano, mentre Verdi e Liszt erano i benvenuti nel santuario della stanza speciale di Rossini. Giulio Ricordi descrisse una delle serate del sabato:

> Così grande era all'ultimo sabato la folla che una trentina di invitati furono costretti a starsene seduti sui gradini della scala. Per fortuna mio padre ed io fummo scorti dalla signora Olympe che ci condusse cortesemente nella sala della musica. Quale spettacolo! Rossini era circondato veramente da "le tout Paris": non rammento più nemmeno i nomi delle duchesse, marchese, baronesse che lo corteggiavano. V'erano ministri, ambasciatori, in un angolo della sala, omaggiatissimo, stava il Cardinal legato del Papa, in tunica violetta. Intanto Gaetano Braga si era avvicinato al pianoforte col suo violoncello. Rossini si alzò, un grande silenzio si diffuse e il violoncello di Braga deliziò l'auditorio con una nuova composizione di Rossini, accompagnato dall'autore [...]. Gustave Doré cantò una romanza. Rossini aveva ragione quando nel presentarlo a mio padre gli aveva detto: "Ecco il signor Doré che tutti credono un grande disegnatore, ma che invece, in verità è un grande cantante, dunque collega mio". Doré aveva una bellissima voce di baritono e cantava con molto gusto e molta espressione. Ma il trionfo della serata fu quando Adelina Patti, Maria Alboni e il Delle Sedie cantarono un quartetto dal *Rigoletto*, accompagnati da Rossini. Chi ha udito simile esecuzione non la dimenticherà per tutta la vita. Quale accompagnatore Rossini! Quale tocco preciso, netto, delicato! Una meraviglia. Conosco solo un altro maestro che possa gareggiare con Rossini nell'arte di accompagnare al piano: Giuseppe Verdi.

La stampa parigina parlava del salotto Rossini. Il pubblico non solo seguiva il tipo di musica che vi veniva eseguita e da chi, ma selezionava le battute più pungenti e le osservazioni più ironiche arrivavano alla stampa con il telefono senza fili del pettegolezzo. Tuttavia le *soirées* erano destinate a un uditorio privato, con musica composta privatamente e privatamente eseguita, non sottoposta al giudizio di quel pubblico che aveva osteggiato Rossini una sola volta – al tempo del fiasco de *Il barbiere di Siviglia* – ma che forse lui aveva mentalmente mandato al diavolo.

I *Peccati della vecchiaia*

In quegli ultimi anni Rossini continuò a scrivere i suoi *Péchés de vieillesse*, oltre a pezzi per piano come le *Chœur de chasseurs démocrates* per coro maschile, tam tam e due tamburi (come non ammirare tanto umorismo?), scritto per commemorare la visita di Napoleone III ai Rothschild allo Château de Ferrières (1862). Il capolavoro dei suoi ultimi anni, comunque, fu la *Petite messe solennelle*, scritta fra il 1863 e il 1864 in uno stile inedito e ironico. È composta per dodici voci, due pianoforti e armonium e, in un primo tempo, senza orchestra. I pianoforti disegnano una forma asimmetrica e suonano come se andassero in direzioni diverse quando si introducono le voci, mentre l'armonium tiene alta la tensione di questo assoluto capolavoro. Nel complesso, il prezioso insieme descrive momenti di rabbia e di placida meditazione.

Allegro cristiano è l'indicazione del tempo nel *Credo* e Rossini, sempre spiritoso, specificò che le voci nello spartito dovevano essere di

> dodici cantanti di tre sessi: uomini, donne e castrati. Saranno sufficienti per l'esecuzione: otto per il coro, quattro per i soli, in totale dodici Cherubini. Dio mi perdoni l'accostamento. Dodici sono anche gli apostoli nel celebre convito affrescato da Leonardo e chiamato la Cena, chi potrebbe crederlo! Tra i tuoi discepoli ci sono anche quelli che prendono note false.

Signore, rassicurati, posso affermare che non ci sarà un Giuda al mio pranzo e che i miei canteranno giusto e con amore le tue Lodi e questa piccola composizione che è, ohimè, l'ultimo peccato mortale della mia vecchiaia. Passy 1863.

Lo scritto autografo si conclude con le celebri parole:

Buon Dio. Ecco terminata questa povera piccola Messa. È musica sacra quella che ho appena fatto, o è una *sacrée musique* (dannata musica)? Ero nato per l'opera buffa, lo sai bene! Poca dottrina, un po' di cuore, è tutto. Sii dunque benedetto e concedimi il Paradiso.
G. Rossini, Passy 1863

Ecco Rossini che prende in giro il Creatore perché non crede in lui e, amareggiato, ricorda le parole di Beethoven. Ma quel poco di "cuore" che c'era nella musica – e c'era, eccome! – lo rivendica davanti a Dio. Questa composizione, che solo ultimamente è tornata all'attenzione, inquietante, quasi sconvolgente, è un testamento che la dice lunga sul Rossini compositore. Altro che silenzio! Si noti come il compositore mandi a Dio le sue benedizioni, non viceversa. In questa dedica, Rossini ripete la stessa bruciante frase che Beethoven aveva pronunciato tanti anni prima. Tutto quello che lui – Rossini – sapeva fare, era l'opera buffa: parole che ancora ferivano perché ingiuste e inique allora come oggi. Sapeva che opere come *La donna del lago*, entrambe le versioni di *Mosè*, *Maometto II*, il *Guillaume Tell*, per citare solo alcune delle sue opere serie, erano capolavori? Balzac, Delacroix, Wagner e Verdi non potevano essersi sbagliati. L'allusione al bisogno di "un po' di dottrina, un po' di cuore, ed è tutto" è stranamente sarcastica. Quanto cuore, conoscenza, fatica e genio confluirono nella musica di Rossini da *La Cenerentola* a *Armida*, a *Otello*! Chi ascolta potrà capire.

La *Petite messe solennelle* fu eseguita per la prima volta il 14 marzo del 1864 durante una cerimonia privata per la consacrazione della cappella della famiglia Pillet-Will. Il pubblico, ristrettissimo, includeva Meyerbeer – in fase terminale della malattia che lo avrebbe ucciso di lì a poco –, che in lacrime insistette per essere presente a una seconda recita.

Rossini orchestrò la *Petite messe* un anno prima della morte, per evitare che lo facesse qualcun altro: già ci avevano messo le mani degli estranei – la protezione degli spartiti, il copyright, era ancora lontano. Voleva che la sua *Petite messe* fosse eseguita privatamente, in chiesa o a casa, ma non in una sala da concerto. Proprio allora, chiese a Pio IX di non bandire le voci femminili dalle chiese.

La corrispondenza di Rossini continuò a trovare nuovi destinatari, per esempio sir Michael Costa, un compositore che si era stabilito a Londra e che avrebbe fatto una brillante carriera come impresario. Rossini chiamava Costa "mio caro figlio" e nelle lettere si firmava "il tuo affezionato padre". I doni che Costa mandò da Londra a Chaussée d'Antin erano molto graditi, "formaggi che sarebbero stati degni di un Bach, di un Händel, di un Cimarosa, senza considerare il vecchio di Pesaro!". Ciò che rendeva Rossini così giustamente entusiasta erano soffici e pungenti Stilton e un Cheddar stagionato (da lui scritto "Chedor Chiese", seguito dal commento: "Sia maledetto lo spelling britannico!"). Il compositore scriveva anche: "Sto cercando un motivo, ma non mi vengono in mente che pasticci, tartufi e cose simili". E sognava "soavi stracchini che mi sono più cari (il giuro) delle croci, placche e cordoni che mi vengono generosamente offerti dai diversi sovrani d'Europa", e al suo pizzicagnolo modenese scriveva con gratitudine: "Non pongo in musica le vostre lodi perché... in tanto strepito nel mondo armonico mi mantengo ex compositore. Buon per me e meglio per voi! Voi sapete toccare certi tasti che soddisfano il palato, giudice più sicuro dell'orecchio, perché si appoggia alla delicatezza del tatto nel suo punto estremo che è il principio della vitalità. Per tre giorni consecutivi l'ho assaggiato e gustato con i migliori vini della mia cantina". Paragonava una sua cavatina a un panettone che gli mandava un amico e ad Antonio Busca confidava: "Gli amici gallici preferiscono la ricotta al formaggio, locché equivale al preferire la romanza al pezzo concertato. Ah tempi! Oh miserie!". Al compositore Angelo Catelani chiedeva:

"Vorrei che vi portaste dal Bellentani, salsamentario Estense, e lo pregaste di spedirmi a Parigi sei zamponi e sei, così detti, cappelli da prete".

Mentre Parigi cambiava, Rossini sapeva che ciò che era moderno allora, sarebbe stato vecchio l'indomani: come la sua musica, un tempo all'avanguardia, ormai fuori moda. Vedeva il nuovo teatro dell'opera in costruzione ampliarsi come le gonne delle signore: in realtà, ci vollero tredici anni per completare l'Opéra dell'architetto Garnier, una torta nuziale sulla quale fa bella mostra di sé il busto di Rossini.

Meyerbeer, che molto doveva a Rossini, morì il 2 maggio 1864. Moriva anche Delacroix – l'ultimo dei dandy. Rossini scrisse *Quelques mesures de chant funèbre: à mon pauvre ami Meyerbeer*, un lavoro per coro maschile in quattro parti, tutto *Pianissimo*, con una dedica profondamente sentita a un uomo che era stato amico e collega per cinquant'anni. Verdi, che non era un pettegolo, raccontò come anche il nipote di Meyerbeer avesse scritto una marcia funebre per le esequie dello zio. "Eccellente," commentò Rossini guardando lo spartito, "ma non sarebbe stato meglio se vostro zio avesse composto musica e voi foste morto?" Ecco come Rossini poteva uccidere, fu il commento di Verdi.

La villa di Passy era terminata, i soffitti affrescati con ritratti di Mozart, Beethoven, Cimarosa, Haydn e anche di quel padre Martini che aveva portato il Liceo di Bologna alla grandezza. La villa di Beau Séjour si affacciava su un cortile nel quale zampillava una fontana; c'erano anche un capanno da giardiniere e un aranceto. Rossini aveva progettato la maggior parte della dimora. A volte trascorreva le giornate abbozzando silhouette delle varie persone della sua vita: suo padre Giuseppe, Isabella Colbran, Haydn. Disegnava anche caricature che ricordano i disegni di Edward Lear.

Beau Séjour divenne leggendaria per ragioni diverse da quelle che guidavano le folle a Chaussée d'Antin. I pasti diventarono un rito: crema alla Rossini, frittata alla Rossini, *tournedos* alla Rossini, erano tutte preparazioni che in genere prevedevano l'uso di tartufo e fois gras, menu preparati naturalmente da Rossini stesso. Anche quando era depresso – accadeva ancora, ma più di rado – era sempre attento ad abbinare il vino migliore con il cibo appropriato. Dopo una visita a Passy, il giovane Giulio Ricordi – che vi si era recato con il padre – descrisse il famoso compositore come un uomo di media statura ma dalla corporatura robusta; le mani erano bellissime, disse, bianche, aristocratiche; la faccia larga, grandiosa, ispirava rispetto e ammirazione. Il cranio era completamente calvo e un raggio di luce aveva attratto l'attenzione del giovane Ricordi. Rossini lo notò. "Suo figlio ammira le mie calvizie, come le chiamate voi milanesi? Zucca pelata dai cento capelli, tutta la notte ci cantano i grilli e ci fanno una bella cantata... zucca pelata!" E poi, rivolgendosi a quel ragazzo, indicò la sua collezione di parrucche. Con la mano prese un orrendo oggetto che giaceva sulla tavola e che Giulio aveva visivamente interpretato come un fazzoletto e se lo piantò in testa. Era una parrucca.

Rossini non riceveva volentieri in privato, ma quella era la visita del suo editore e del suo probabile futuro editore, ossia Ricordi junior. Se la rigorosa routine di Rossini veniva disturbata, la sua rabbia poteva anche esplodere. Una volta, quando un visitatore osò interrompere la sacra pennichella pomeridiana, il compositore gridò: "Allez-vous-en! Ma célébrité m'embête!" (Andatevene, ne ho abbastanza della mia celebrità!).

Rossini ebbe un infarto nel dicembre del 1866, ma nel mese di febbraio dell'anno successivo si era più o meno rimesso e stava abbastanza bene da festeggiare il suo settantacinquesimo compleanno, sommerso di doni e onori.

È ovvio che Napoleone III desiderasse essere celebrato in musica e insisteva perché fosse Rossini a comporre un inno in suo onore. Ma Rossini volse tutto in burla, componendone uno che prevede un coro di quattrocento voci, un'orchestra e una banda militare di ottocento elementi e "un baritono (solo). L'elenco dei personaggi cantanti comprendevano un papa, un coro di prelati; un coro di vivandieri, soldati e popolani, danze, *cloches*, tamburi e cannoni". E sullo spartito aggiunse a mano: *Scusate se è poco*. Ma quel regime e quel Napoleone non avevano il senso del ridicolo e non si resero conto di essere presi in giro neanche quando Rossini finse che si trattasse di musica alla buona da eseguire nei suoi giardini di Passy.

L'inno fu eseguito invece nella corte centrale dell'Expo, davanti ai sovrani e a tutti i diplomatici e ministri possibili e immaginabili. Si era nel 1867, e il compositore cercò di stare alla larga dall'Expo perché "quella esposizione che fa di Parigi una vera Babilonia" lo irritava. Il *Don Carlos* di Verdi faceva parte delle celebrazioni. L'opera non avrebbe riscosso che un tiepido successo tra i francesi, ma, come abbiamo detto, Rossini si accorse invece della grandezza di quelle note fosche e sublimemente romantiche. Erano tempi straordinari a Parigi: Manet esponeva i suoi dipinti scandalosi; Berlioz pubblicava lo spartito vocale di *Les troyens*. Si stavano realizzando grandi opere di architettura con nuovi materiali (la chiesa di Les Augustins, per esempio, fu costruita principalmente in ferro, un'innovazione stupefacente). Quello che stava accadendo in architettura e in pittura era avvenuto anche nella musica. Così come Manet, e prima di lui Turner, Courbet e Delacroix, avevano fatto a meno delle convenzioni, non c'erano più regole per la composizione, perlomeno come vigevano in epoca preromantica. Sarebbe stato impossibile per coloro che credevano nella rivoluzione romantica – Wagner e Verdi, per esempio – digerire certi atteggiamenti di Rossini. Quando Rossini divenne presidente di un comitato di dodici persone preposte a stabilire lo standard delle tonalità musicali, Verdi – tanto per dirne una – gli comunicò che non concordava con quanto era stato deciso (Auber, Halévy, Meyerbeer e Berlioz erano fra i membri della commissione). Rossini rispose che, non essendo andato nemmeno a un incontro, non aveva idea di cosa avesse Verdi da protestare. Quest'ultimo ne fu enormemente contrariato.

Nonostante la sua salute fosse peggiorata durante l'inverno, Rossini stava abbastanza bene da protestare con veemenza quando Calzado, il nuovo direttore cubano del Théâtre-Italien, annunciò una novità pubblicizzata come *Un curioso accidente* di Rossini, che si rivelò un *pastiche* di diverse sue opere. Il compositore insistette affinché i manifesti ristabilissero la verità, altrimenti – disse – avrebbe avviato un'azione legale: atteggiamento nuovo da parte di Rossini, che sembrava riacquistare la volontà di difendere la sua musica. Il 14 marzo del 1868 scrisse da Passy al suo avvocato italiano che, dopo essere stato "nella morsa di una crisi nervosa" per quattro mesi, avrebbe ripreso a rispondere alle lettere. Ma, di fatto, stava scivolando verso la morte.

La morte

Nella descrizione di una morte di solito si omettono i dettagli. Lo stesso si può dire della nascita. Entrambe, infatti, sono cruente e grossolane: un affronto alla vita di un esteta. Con l'eccezione delle versioni "romanticizzate", la morte non si confà alla grandezza. La morte è più accettabile se agisce rapidamente e con gesto veloce, ma c'è chi muore di un'agonia lenta e dolorosa. Quando colse il principe del Romanticismo a Missolungi, la morte arrivò sotto forma di febbre, senza allori né versi in rima. Fu accompagnata probabilmente da vomito e tanfo, imbrattò le lenzuola e la si poté leggere sui volti delle persone che si radunarono intorno a lui.

Anche Rossini morì di una morte che non meritava: brutta e umiliante. A parte sua moglie, era circondato da persone che non gli interessavano, gente che cercava di cogliere il suo ultimo respiro per poter dire "io c'ero". Gli fu impartita l'estrema unzione, un'assurdità di cui lui – agnostico, se non ateo – avrebbe fatto volentieri a meno. A causa di un'infezione polmonare, era stato troppo fragile per impegnarsi nell'ultimo dei *samedi soirs*, l'8 settembre 1868. A ottobre la sua salute peggiorò ulteriormente. In quel periodo, Rossini era rientrato a Passy, dove veniva sorvegliato dal suo medico personale, il dottor Vito Bonato, che lo trovò "estremamente nervoso e d'umor tetro". Gli fu diagnosticato un cancro al retto (veniva chiamata fistola rettale), e un altro medico, Auguste Nelaton, decise di operarlo d'urgenza, lì e subito, a Passy. Quel primo intervento, il 3 novembre, durò cinque minuti: il dottor Nelaton asportò quanto più possibile del tessuto canceroso. Solo a Olympe fu permesso di fasciare la ferita. Due giorni dopo, verificando la devastazione che l'infezione aveva determinato, il dottor Nelaton decise per una seconda operazione. Rossini soffriva terribilmente e non riusciva quasi a parlare. Ogni mattina, arrivavano quattro giovani nerboruti per spostarlo da un letto a un altro. Appena li vedeva il compositore era colto dal panico, e questo perché sapeva a qual dolore sarebbe stato sottoposto nel muovere il suo corpo trafitto dall'infezione. Invocava la morte, "la comare", chiedendole di venire a trovarlo al posto di quei quattro. Quando un medico più giovane, con un tono fin troppo allegro, chiese al maestro come si sentisse, egli rispose: "Aprite la finestra e gettatemi nel giardino, dopo non soffrirò più". Discreto come sempre, Rossini cercò di nascondere l'orrore delle proprie sofferenze a Olympe: probabilmente solo i medici ne erano al corrente, anche perché erano loro i principali torturatori. Il dottor Nelaton gli aveva proibito di succhiare ghiaccio e di bere acqua nonostante la terribile sete che lo consumava.

Mentre Rossini sopportava questa agonia, da tutto il mondo arrivavano telegrammi e lettere. Quando il cardinale Chigi espresse l'intenzione di impartirgli l'estrema unzione, disse: "Caro maestro, ogni uomo, per quanto grande, qualche volta deve pensare alla morte". Rossini lo mandò a quel paese. Non aveva fatto che pensare alla morte per un quarto di secolo e il fatto che il cardinale non riuscisse a capire che dietro alla maschera comica c'è sempre quella del dramma irritò il morente. Se non altro, gli faceva capire di essere in cattive mani dal punto di vista spirituale. Ma vide volentieri l'Abbé Gallet della chiesa degli artisti, quella di San Rocco in rue du Faubourg St Honoré, che ricevette la sua confessione; da lui Rossini accettò l'estrema unzione. Quando fu chiaro che la morte si avvicinava rapidamente, gli amici accorsero a Passy, come se si trattasse di un *samedi soir*, per vederlo morire. La morte del compositore diventò una specie di *levée* del diciottesimo secolo, o un parto reale del sedicesimo: bisognava assistervi.

Il 13 novembre Rossini cadde in uno stato di pre-coma e lo si sentì mormorare il nome della madre, Anna. Poi invocò la sua amata Olympe. Prima di mezzanotte, un amico che era caro al compositore, il dottor D'Ancona, svegliò Olympe e le sussurrò: "Rossini ha smesso di soffrire".

Come quest'uomo ironico forse avrebbe sperato, anche la morte sopraggiunse con ironia, dato che lo colse di venerdì 13. Non ancora al riparo da sguardi indiscreti, il suo corpo fu ritratto il giorno dopo. I disegni e le incisioni di Gustave Doré, basati su quegli schizzi, mostrano il defunto con un crocifisso in mano e il volto che cede intorno al naso. Il suo corpo fu imbalsamato e trasportato alla Madeleine.

Il funerale, che Rossini avrebbe voluto modesto, fu un evento grandioso. Si celebrò nella grande chiesa de La Trinité, che è vicina a Chaussée d'Antin, e a pagarlo fu lo stesso imperatore Napoleone III. L'ottantaseienne Daniel Auber organizzò la musica e quattromila persone vi presero parte. Dopo di che, il feretro fu trasferito al cimitero di Père-Lachaise per essere sepolto accanto a Chopin, a Bellini e a Cherubini.

La vita della musica

Quando Rossini morì, la sua musica lo aveva in gran parte preceduto. Solo il *Guillaume Tell*, *Semiramide*, *La Ce-*

nerentola e *Il barbiere* venivano ancora messi in scena in modo piuttosto regolare, il primo "frequentato, ma non amato" e in genere tagliato, la seconda quasi impossibile da rappresentare in maniera corretta perché non c'erano più le voci adatte per interpretarla. Quanto alle sue ultime composizioni, Rossini aveva stabilito che non andavano rappresentate in pubblico.

Il Rossini compositore morì incompreso quanto il Rossini uomo. Era diventato una caricatura, non solo come essere umano, ma anche come musicista. Da una parte, doveva attribuirne la colpa a se stesso, perché non aveva mai creduto di dover dar voce alle proprie lamentele. "Mi lagnerò tacendo" fu la sua massima, e il suo silenzio fu frainteso. Rossini aveva sofferto disperatamente. Queste sue condizioni erano state determinate in parte da una malattia fisica che era non soltanto umiliante e dolorosa, ma anche sfibrante. Il compositore dovette inoltre combattere i gravi disturbi psichici che gli avevano fatto perdere l'interesse per la vita e la capacità di esprimersi.

Un tempo il mondo drammatico di Rossini aveva abbracciato tutti gli aspetti dell'esistenza, con la luminosità italiana del godersi la vita, il sole, il benessere e i colori del mondo, ma sempre con intelligenza, forse machiavellica o piuttosto guicciardiniana, come ebbe a dire Mazzini, e disincantata e cinica. Persino i toni in *grisaille* della *Petite messe* tradiscono il gioco, la scoperta del sorriso dietro la certezza della morte, dell'aver perduto tanti cari oltre a se stesso. E c'è una cosa da osservare: dietro la malattia di Rossini c'era la pazzia, dietro la pazzia c'era il genio che spesso si manifesta in un'"anormalità", dell'essere, che trasforma e avanza un'intelligenza non consueta. E sapeva che quel mondo aveva bisogno di un'arte nuova. Il *Guillaume Tell* che, come scrisse Fétis, "manifesta un uomo nuovo nel medesimo uomo". Era un dramma sull'ideale della libertà popolare la cui influenza fu grande in Francia, ma minima e tarda in Italia.

Rossini aveva visto con chiarezza che c'era un mondo nuovo che avanzava.

Post Scripta

A Rossini non sopravvisse nessuno dei suoi familiari, a parte la vedova Olympe. Oggi i suoi "guardiani" al Rossini Opera Festival sono persone di cultura, studiosi dediti a diffondere la sua musica più che a custodirla gelosamente. Il loro obiettivo è renderla più nota e far comprendere meglio le composizioni di Rossini e restituirle agli originali. Il vantaggio per ogni biografo, e in particolare per uno scrittore che si muove nella vita di Rossini, è scoprire che la sua storia può essere sorprendentemente nuova. Quando si scrive la biografia di un grande uomo, spesso bisogna avere a che fare con le sue vestali, ossia con chi si erge a custode del sacro fuoco. Le famiglie sono le più temibili, e non parliamo delle vedove, vere o finte che siano. Talvolta le vestali credono di essere le uniche depositarie della verità e si convincono che nessun estraneo dovrebbe entrare in quel territorio che considerano proprio e oltrepassare il confine.

Pur se molte sono state le biografie che gli sono state dedicate – a cominciare da quella di Stendhal –, c'è ancora da dire sulla vita di Gioachino Rossini, anche perché molto materiale finora sconosciuto getta nuova luce sulla vita di quest'uomo pubblico che viveva la propria esistenza molto privatamente. E c'è anche l'incredibile eredità della sua musica. La percezione di Rossini è molto cambiata in questi ultimi anni. Nel corso della sua vita Rossini fu il colosso dell'opera italiana, il dominatore, anche quando cominciava a sentire che il suo tempo era terminato. Con il rovesciarsi dei movimenti culturali, delle mode, dei tempi, finì nel dimenticatoio o peggio, con dei *Barbieri* dati male e con la scomparsa della sua opera seria. A chi mai veniva in mente di mettere in scena il *Maometto II* o l'*Ermione*, o di considerare *La Cenerentola* un capolavoro e di guardare all'interno de *Il Turco in Italia*, opera surrealista *ante litteram*?

Se ho fornito qualche indicazione sulla grandezza del lavoro di Rossini, mi sono però concentrata maggiormente su Rossini uomo, sulla sua vita e il suo tempo, e quindi lascio ai musicologi e ai musicisti il compito di esplorare e spiegare la ricchezza della sua creatività musicale.

Quattro giorni dopo la morte del compositore, Verdi cominciò a progettare un *Requiem* scritto in sua memoria da tredici compositori, tutti italiani. Anche se Verdi non era del tutto convinto del progetto, *La messa per Rossini* divenne parte di un movimento nazionalista che reclamava Rossini compositore italiano, strappandolo ai francesi che lo volevano "loro". La musica di Rossini fu eseguita in concerti alla memoria, in tutto il mondo. A Bologna e Pesaro i concerti furono diretti da Angelo Mariani, che Rossini chiamava "Anzulet".

Poco dopo la morte di Rossini, Richard Wagner pubblicò *Eine Erinnerung am Rossini*, nel 1868. È un omaggio che testimonia quanto fosse importante riconoscere Rossini come figlio del suo tempo. Ma Wagner aveva torto, perché Wagner stesso è un prodotto del suo tempo assai più di Rossini – Rossini però lo sapeva, mentre Wagner non poteva saperlo perché non conosceva l'autocritica.

Rossini fu importante per i suoi tempi quanto Bach e Mozart lo erano stati per i loro, scrisse Wagner, sottolineando come Rossini non sarebbe stato capito fino a quando non si fossero compresi appieno gli eventi degli inizi del diciannovesimo secolo.

La creatività di Rossini fu certamente influenzata dagli eventi storici, ma questo è vero di ogni individuo. "Di tutte le arti, la musica, per la sua essenza ideale, è quella più soggetta al cambiamento," aveva detto Rossini a Wagner. "Dopo Mozart, chi avrebbe potuto prevedere Beethoven?... Io sono stato figlio del mio tempo." E dopo Rossini, si sarebbero potuti prevedere librettisti come Boito o il Verdi dell'*Otello*? E che dire di Puccini o Stravinskij?

Raggiunto dalla notizia della morte di Rossini, Verdi scrisse (probabilmente al suo editore Escudier) una bellissima lettera nella quale è più la profondità dell'anima di Verdi che ne esce che non quella di Rossini. Verdi non aveva del tutto compreso la gravità della malattia mentale: del resto le psicosi, le schizofrenie, le nevrastenie erano semisconosciute e fonte di vergogna, allora non se ne parlava neanche.

> Volevo mandarvi una nota sulla morte di Rossini. È stata questa una morte molto triste che mi ha tremendamente colpito, come, sono certo, ha colpito voi. Se non fossi stato tanto intimamente legato a Rossini e se non l'avessi conosciuto personalmente, questa tragedia mi avrebbe colpito, mi sarebbe mancato il grande musicista che ha dotato l'arte drammatica di capolavori, ma la perdita dell'uomo non mi avrebbe tanto ferito.
> Rossini era un bambino viziato al quale nulla importava sul serio. Ha commesso degli errori ma bisogna perdonarlo, non sapeva più cosa stava facendo. Aveva presso di lui un cattivo genio, non estraneo alle sue stupidaggini. Dopo la lettera che aveva scritto sui conservatori italiani, non l'avevo più visto e ora mi offende di avergli riservato rancore. Quanto a Madame Olympe, non la vedo da più di un anno. Credo davvero che quel salotto dove si assembravano tanti ammiratori adesso rimarrà vuoto.

A suo eterno merito, Rossini lasciò quasi per intero la propria fortuna al comune di Pesaro, che così poté finanziare il Conservatorio di musica, l'Accademia Musicale (già Liceo Musicale) e, nel 1940, la Fondazione Rossini (forse l'unica cosa buona accaduta in Italia nel corso di quell'anno nefasto). C'è una tendenza a ignorare che la collezione Hercolani del museo di Pesaro, con dipinti di maestri del calibro di Giovanni Bellini, Domenico Beccafumi, Guido Reni e Tintoretto, fu lasciata alla città proprio dal compositore. Il suo lascito a Parigi diede vita alla *maison de retraite* Rossini, per cantanti d'opera costretti all'inattività, che ancora oggi ospita circa venticinque persone. Anche il Rossini Opera Festival, istituito a Pesaro nel 1980 per mettere in scena i lavori che la fondazione va raccogliendo, esiste grazie ai lasciti del compositore. La Fondazione e Casa Ricordi stanno cercando di pubblicare e rappresentare l'intero *corpus* delle sue opere: cosa non facile, perché comporta il recupero degli spartiti perduti e il ripristino di quelli smembrati o drasticamente alterati dal tempo. Nel suo testamento, Rossini segnalò che lo spartito dell'*Otello* era scomparso, chiedendo, se possibile, di rintracciarlo. La Fondazione ci è riuscita. Fra gli altri lavori riscoperti c'è anche *Il viaggio a Reims*, andato perduto nel 1825 dopo tre sole rappresentazioni. Come si è detto, fu riproposto in occasione del Festival del 1984, e venne diretto da Claudio Abbado con un cast ideale, che comprendeva Ruggero Raimondi, Katia Ricciarelli, Lucia Valentini Terrani, Samuel Ramey, Cecilia Gasdia, Enzo Lara e Leo Nucci.

Nel 1993 il parlamento italiano approvò una legge in virtù della quale la Fondazione Rossini e il Rossini Opera Festival, facendo parte del patrimonio culturale nazionale, sarebbero stati finanziati direttamente dal ministero dei Beni culturali. Di fatto, assieme a quello di Bayreuth, questo è l'unico festival operistico d'Europa le cui attività vanno oltre le semplici rappresentazioni. Opere come *Tancredi*, *L'Italiana in Algeri*, *La Cenerentola*, *Semiramide* e il *Guillaume Tell* sono state tutte rappresentate a Pesaro nella loro forma autentica, alcune per la prima volta in centocinquant'anni: in tal modo si è potuto costituire un repertorio che viaggia ovunque nel mondo, riaffermando la musica di Rossini. Per di più, alcuni capolavori a lungo dimenticati, come *Aureliano in Palmira*, *Armida*, *Mosè in Egitto*, *La donna del lago*, *Ermione*, *Bianca e Falliero* e *Maometto II*, non solo sono stati riportati in vita durante il Festival, ma sono oggi reperibili grazie a ottime registrazioni. Il Festival è anche promotore di concerti di musica da camera, religiosa e orchestrale di Rossini e della sua cerchia, ed è l'unico luogo in cui si può ascoltare la farsa, così alla moda all'inizio del diciannovesimo secolo e così importante per lo sviluppo delle opere buffe.

Fra i grandi artisti che hanno lasciato il loro segno a Pesaro si annoverano i direttori Claudio Abbado e Riccardo Chailly (anche Maurizio Pollini ha fatto un'apparizione come direttore d'orchestra), grandi registi e scenografi come Luca Ronconi, Pier Luigi Pizzi, Roberto De Simone e Jean-Pierre Ponnelle, e i cantanti Teresa Berganza, Sesto

Bruscantini, Cecilia Gasdia, Michele Pertusi, Ruggero Raimondi, Daniela Barcellona, Juan Diego Flórez e Claudio Desderi e la famosa accoppiata Montserrat Caballé-Marilyn Horne, quest'ultima grande studiosa della musica rossiniana.

L'Accademia Rossiniana, fondata nel 1882 a Pesaro come Liceo Musicale, grazie a un finanziamento dall'eredità di Rossini ha rifondato la tradizione vocale rossiniana del belcanto. Fra i suoi primi direttori vi furono nientemeno che Pietro Mascagni, Amilcare Zanella, la violinista Gioconda De Vito e il compositore Riccardo Zandonai. Gli interpreti del belcanto Juan Diego Flórez e Daniela Barcellona ne sono stati allievi.

Olympe Pélissier Rossini tenne un comportamento che le fece onore. Solo due anni dopo la morte di Rossini soffrì terribilmente durante gli eventi della Comune di Parigi del 1870. Quando anche lei morì, il 22 marzo del 1878, le disposizioni testamentarie di Rossini divennero esecutive. Olympe voleva essere sepolta accanto al marito al Père-Lachaise e pertanto respinse le richieste di traslazione dei resti del compositore pervenute da Pesaro e da Firenze, per breve tempo capitale dell'Italia unita. Infine, Olympe accolse la richiesta di traslare la salma di Rossini nella chiesa di Santa Croce. Nel proprio testamento scrisse:

> Desidero che il mio corpo sia deposto infine e per sempre nel Cimetière de l'Est (Pére Lachaise), nella tomba nella quale riposano i resti mortali del mio adorato marito.
> Dopo la loro traslazione a Firenze, rimarrò lì da sola; faccio questo sacrificio in tutta umiltà, sono stata glorificata abbastanza dal nome che porto. La mia fede e il mio sentimento religioso mi fanno sperare in un ricongiungimento che va oltre quello terreno.

Alla cerimonia per la tumulazione di Rossini a Santa Croce, un enorme coro intonò "Dal tuo stellato soglio" dal *Mosè in Egitto* e a Palazzo Vecchio fu eseguito lo *Stabat Mater*. Ma il monumentale mausoleo marmoreo che vediamo ancora oggi, così stonato rispetto alla musica e alla personalità di Rossini, dovette attendere il 1902 per essere completato.

Un secolo sbagliato

Non fu soltanto la tempesta delle rivoluzioni a danneggiare la vena creativa di Rossini, ma anche il tornado del suo malessere, che gli negò la sicurezza di sé. Eppure, per Wagner il peccato capitale di Rossini fu il suo estraniarsi dall'era romantica, benché Rossini avesse scritto musica protoromantica e spesso avesse scelto di rappresentare soggetti e poeti romantici; rifiutò tuttavia di entrare in quella fase del Romanticismo che faceva del patriottismo e dell'individualismo una religione.

La natura che Rossini canta e decanta non è mai, neppure nelle sue tempeste, minacciosa come nell'alto Romanticismo.

Sintomatico atteggiamento era l'adorazione dell'artista, sovvertitore dell'ordine sociale. Quando l'individuo acquistava somma importanza – il nocciolo del messaggio di Wagner –, Rossini voltava le spalle disgustato. Mentre per i tardo-romantici l'individuo avrebbe potuto distruggere tutto ciò che gli stava intorno pur rimanendo il fulcro di quanto lo circondava, per Rossini l'individuo faceva parte della società e doveva obbedire alle regole. Questa filosofia non era accettabile da Verdi e Wagner. Riconoscendo l'individuo come centro del proprio mondo, Sigmund Freud fu un romantico, e la sua fu un'era che si mosse pericolosamente e morbosamente verso il fascismo e il nazismo, entrambe espressioni frustrate dell'Io. E non temo di attribuire l'attuale tendenza degli artisti a rappresentare letti sfatti e scatole di escrementi come espressione postmoderna del Romanticismo, come parte del diritto dell'individuo di esprimere se stesso con qualsiasi mezzo, poiché la distruzione fa parte della spinta creativa romantica.

Il rubinetto dell'inventiva è spesso migliore quando sono le forme che cadono, e non il gusto. Klemperer, che quando era in fase maniacale componeva musica, come cadeva in depressione la distruggeva giudicandola pessima. Anche Rossini era affetto da quello che chiamiamo, in termini moderni e inesatti, "bipolarismo". È con i dubbi e la lentezza nel comporre un'opera come il *Guillaume Tell* che Rossini passa il ponte delle due epoche, ma non è detto che la schiettezza e l'apparente semplicità delle sue primissime composizioni non siano la sua carta vincente.

Molti di questi concetti aleggiavano nelle lettere che Rossini scriveva da Chaussée d'Antin e bisognerebbe considerare i suoi ultimi anni quelli di un uomo che non amava l'epoca nella quale viveva.

L'Europa del diciannovesimo secolo difficilmente avrebbe potuto essere più drammatica. Il silenzio musicale di Rossini era minato da una malattia lenta e crudele, ma era anche dovuto al suo rifiuto di accettare la propria epoca: le sommosse e le rivolte sociali non facevano per lui. Era incapace di confrontarsi con i profondi cambiamenti nelle idee, nelle abitudini e nei comportamenti umani che ad altri, invece, si confacevano. Wagner aveva forse ragione quando insisteva nel dire che si sarebbe dovuto giudicare Rossini nella cornice storica del suo tempo. Ma non solo, aggiungo io. Gli eventi accaduti in Francia, in Italia e infine in tutta Europa dal 1789 in poi distrussero la consolidata filosofia neoclassica e l'ordine civile che Metternich aveva cercato di mantenere con la forza. L'effimero governo di Napoleone fu un catalizzatore per l'Italia e per le arti italiane più di quanto sia emerso nelle opinioni di chi lo ha accettato o messo in discussione. E questo perché Napoleone era individualista, vanesio, sbruffone, intelligentissimo, insicuro: un vero e proprio italiano e un figlio della rivoluzione.

Dal 1848, ogni opinione e ogni credo furono messi in dubbio: dall'onnipotenza dei monarchi regnanti alla tanto controversa teoria evoluzionista di Darwin che fece vacillare le certezze sul credo e la religione. La scienza aprì le porte alla ragione e, con l'età romantica, la fiducia nella ragione si scontrò con la fede ortodossa. Per i romantici, la verità non era una realtà oggettiva, ma creata, e le risposte alle grandi domande non si dovevano scoprire (come avrebbero voluto i pensatori dell'Illuminismo), ma inventare. L'espressione personale dell'individuo assunse la forma di una sfida. La musica ebbe una parte molto importante in questo processo, e Rossini non avrebbe potuto né voluto comprendere che anche il "brutto" potesse essere una forma di espressione. Era ancora convinto, in linea con i neoclassici, che soltanto la bellezza avesse il diritto di essere usata come linguaggio dell'arte.

Negli anni oscuri dell'ultimo secolo abbiamo smarrito il nostro cammino nella selva del Romanticismo. Per quanto sia meraviglioso smarrirsi, adesso siamo al bivio di Ercole, ed è improbabile che sceglieremo la direzione giusta. Quando fu davanti al bivio, Rossini fece la scelta che riteneva giusta: farsi da parte e sfuggire al presente, a un'epoca – la sua – che non gradiva affatto.

Ringraziamenti

E adesso posso congedarmi da questa storia e ringraziare le tante persone che mi hanno aiutata a raccogliere le informazioni delle quali avevo bisogno per comprendere l'uomo cui ho dedicato tempo e riflessioni anche in questo secondo lavoro su Gioachino Rossini.

Fra coloro che vorrei ringraziare ci sono: Jean-Pierre Angremy, direttore della Bibliothèque Nationale de France, ahimè deceduto; M. Bruno Blasselle e M.me Guibert, curatori della Bibliothèque de l'Arsenal; Mathias Auclair della Bibliothèque-Musée de l'Opéra e i curatori del Richelieu, Département de Musique. Nella Maison Balzac e nell'annessa Bibliothèque Balzac, grazie al suo direttore e al suo curatore mi è stata offerta una stanza nella quale lavorare dopo l'orario di chiusura.

In Inghilterra mi è stato di grande aiuto il personale della British Library e della Bodleian di Oxford. Simon Wessely, professore di psichiatria epidemiologica e comportamentale alla Guy's, King's e St Thomas' School of Medicine di Londra, cui sono stata presentata dal mio amico professor John Studd, ha dedicato impegno e tempo al complesso compito di "tradurre" i sintomi di Rossini in una diagnosi e in termini medici moderni.

Ma soprattutto, in riferimento a Pesaro, vorrei esprimere la mia gratitudine al maestro Alberto Zedda, direttore artistico del Rossini Opera Festival, rossiniano di lunga data, il primo a parlarmi dell'amicizia tra Balzac e Rossini.

Il sovrintendente e "inventore" del Rossini Opera Festival, Gianfranco Mariotti, mi parlava della maschera di Rossini già nel 2002: "Adesso, se diciamo Rossini, abbiamo in mente un grande personaggio, un uomo che soffre le proprie contraddizioni con sfuggente inquietudine, e un autore sempre attento alla storia della musica e curioso di quella del pensiero. Vent'anni fa, però, da noi come più o meno ovunque, Rossini era popolare e sconosciuto assieme". Nel 2008 avrei dovuto allestire l'*Aureliano in Palmira* per il festival siriano che poi non ebbe più luogo per ragioni politiche. All'esecuzione dell'opera si erano opposte le fazioni più retrograde degli "storici" siriani; dicevano che Aureliano era stato imperatore romano nemico della Siria, ma Mariotti mi aiutò in questo difficile frangente.

Quanto a Bruno Cagli, che ho citato spesso nel corso del libro, gli devo più di quanto riesca a esprimere: prima di tutto, il piacere di leggere la sua prosa così acuta ed elegante; inoltre, la sua amicizia, il suo aiuto e la sua generosità nei miei confronti mi hanno fornito non solo informazioni sulla malattia di Rossini, ma anche il beneficio delle sue straordinarie capacità di memoria e interpretazione.

Ringrazio anche Lady Berlin per avermi consentito di citare brani da *The Power of Ideas* e da *The Roots of Romanticism* di suo marito, oltre ai *Diari* di Aleksandr Herzen, tradotti e pubblicati da Isaiah Berlin. Purtroppo, sir Isaiah e lady Berlin sono entrambi deceduti.

Sono in debito con il Museo Teatrale alla Scala e il suo direttore, maestro Matteo Sartorio.

Giorgio e Marina Forni sono stati estremamente gentili a mandarmi l'elenco delle carte di Rossini che si trovano al Conservatorio Padre Martini di Bologna.

Bibliografia

Ho scritto una storia, la storia della vita di Rossini intrecciata a quella del suo tempo. Non si è scritto molto su Rossini riguardo ai temi che tratto: dal Neoclassicismo al Romanticismo, ai moti rivoluzionari del diciannovesimo secolo che cambiarono l'Europa. E non solo moti politici: a sconvolgere le frontiere rossiniane fu anche la Rivoluzione industriale, le macchine industriali che rivoluzionarono la vita di allora come l'arrivo del computer nella nostra epoca, la velocità a tutti i costi, la fretta, l'affollamento, l'accelerazione.

I titoli in questa bibliografia non sono necessariamente i migliori, sono bensì quelli che ho consultato. Alcuni sono eccellenti, i migliori in circolazione, altri sono mediocri o addirittura discutibili, ma tutti contengono qualcosa che ho ritenuto utile.

La migliore biografia del compositore è, credo, *Rossini* di Richard Osborne (London 1986); Osborne ha anche elencato le opere di Rossini per *The New Grove Dictionary of Opera*, a cura di Stanley Sadie, 4 voll. (London 1992). Ho trovato utili anche *Rossini* di Henry De Curzon (Paris 1920), *The Great Musicians: Rossini and His School* di H. Sutherland Edwards (London 1881) e *Rossini: a Study in Tragi-comedy* di Francis Toye (London 1954^2). Sebbene Rossini definisse il suo biografo "ce grand menteur", la *Vie de Rossini* di Stendhal (Paris 1824) è un bel libro pur se Rossini non aveva tutti i torti, non è che si parli poi tanto di lui.

Oltre a Osborne, mi sono affidata all'indispensabile *Gioachino Rossini: vita documentata, opere ed influenze sull'arte* di Giuseppe Radiciotti, 3 voll. (Tivoli 1927-1929) e *Gioachino Rossini: the Reluctant Hero* di Alan Kendall (London 1992). Molte citazioni da giornali e riviste contemporanei sono tratte da questi testi.

The Power of Idea (London 2000) e *The Roots of Romanticism* (Princeton, NJ 1999) di Isaiah Berlin, a cura di Henry Hardy, sono alla base delle mie elaborazioni. *The Age of Revolution* (London 1975) e *The Age of Capital* (London 1975) di Eric J. Hobsbawm sono testi splendidi. Allo stesso modo, sono stati fondamentali sia *Neoclassicism* (London 1968) che *Romanticism* (London 1978) di Hugh Honour.

Alcuni degli estratti da riviste contemporanee sono tratti da Radiciotti e da *Rossini* di Herbert Weinstock (New York 1968), altri da *À l'Opéra* di Patrick Barbier (Paris 1987).

Rome, Naples et Florence di Stendhal (Paris 1826) mi ha fornito la descrizione del primo incontro fra l'autore e Rossini. Aleksandr Herzen ha viaggiato in Italia ed è stato a Terracina, nella stessa stazione di posta nella quale pochi anni addietro Stendhal aveva incontrato Rossini; il suo *Memoirs* in 4 voll. (curato e tradotto da Isaiah Berlin, London 1968) è una lettura affascinante. Ho tratto molto anche da *Stendhal e Rossini* di Stéphane Dado e Philippe Vendrix (Pesaro 1999). Il mio resoconto de *La Cenerentola* si deve al suo librettista Jacopo Ferretti, era proprio lui il vero "menteur" (scrisse il delizioso *Un poeta melodrammatico*, Milano 1898, sulle vicende del librettista), e anche alle note di Bruno Cagli dal programma per la produzione del Rossini Opera Festival del 1998; lo stesso dicasi delle note di Giovanni Carli Ballola per *La donna del lago* (Pesaro 2001). Massimo D'Azeglio, che fu primo ministro in Italia, descrisse le sue serate con Rossini e Donizetti in *I miei ricordi* (1867). Sergio Ragni fornisce importanti informazioni a proposito della moglie di Rossini in *Isabella Colbran: appunti per una biografia*, comparso nel "Bollettino del centro rossiniano", XXXVIII, 1998. *Modern Europe* di Asa Briggs e Patricia Clavin (London 1997) descrive l'incombente cataclisma dell'epoca romantica. A Napoli, Rossini prosperò: *Protagonisti nella storia di Napoli: G. Rossini* (Napoli 1994) è stato messo insieme dall'Istituto per gli studi filosofici (Soprintendenza per i beni artistici e storici). *I poeti romantici inglesi e l'Italia* (catalogo, esaurito, della mostra, Roma, Palazzo Braschi, 1980) mi è stato utile, così come *Il mondo delle farse* (Pesaro 2001). Ho consultato *Tutti i libretti di Rossini* (Milano 1991). *La Scala racconta* di Giuseppe Barigazzi (Milano 1991), *Il genio in fuga* di Alessandro Baricco (Torino 1997), *Rossiniana* di Alfredo Casella (Bologna 1942) e *La musica nel risorgimento* di Raffaello Monterosso (Milano 1948) includono materiale e osservazioni cui devo molto. *The*

Bourbons of Naples 1734-1825 di Harold Acton (London 1957) parteggia per i Borbone di Napoli, cosa che non condivido, né posso seguire la sua interpretazione degli eventi politici a Napoli (vedi la ribellione di Pepe e dei carbonari), ma la prosa di Acton è una delizia. *Italy* di Lady Morgan, 3 voll. (London 1821) mi ha fornito numerose cartoline dell'Italia dell'epoca.

La vita musicale a Bologna nel periodo napoleonico di Filippo Bosdari (Bologna 1914) è un libro interessante. Cito anche da *Lettera all'anonimo autore dell'articolo sul Tancredi* di Giuseppe Carpani (Milano 1818). Altre lettere che ho citato sono da *Byron's Letters and Journals*, a cura di Leslie A. Marchand (London 1976), *Giacomo Meyerbeer: Briefwechsel und Tagebücher*, a cura di Heinz Becker (Berlin 1960). *I salotti della cultura nell'Italia dell'800* di Maria Jolanda Palazzolo (Monza 1985) contiene storie e racconti sull'epoca.

L'edizione di Giuseppe Mazzatinti delle lettere di Rossini (Imola 1890, 1902^{3}) è stata ristampata con una prefazione di Massimo Mila (Firenze 1965). Ho tratto brani anche da *Il viaggio a Vienna* di L.M. Kaufer e R. John, in "Bollettino del centro rossiniano", 1992, e dalla lezione di Ernst H. Gombrich *Franz Schubert e la Vienna del suo tempo* (Firenze 1978), il cui testo mi fu gentilmente fornito dall'autore. Ho consultato *Rossini* nella raccolta Piancastelli di Forlì, a cura di Paolo Fabbri (Lucca 2001), *Les salons d'autrefois* della contessa di Bassanville (Paris 1862) e *Mémoires* della contessa di Boigne (Paris 1986). *The Nineteenth Century*, a cura di Asa Briggs (London 1985) include saggi di John Roberts, James Joll, François Bedarida, John Rohl e Asa Briggs stesso. Vorrei anche ringraziare Asa Briggs per avere ascoltato con pazienza e a volte vagliato le mie teorie sull'epoca romantica.

Il manoscritto di Anton Graeffer *Autobiographie* del 1830 (Stadtbibliothek Wien ms je 138011) fu scritto con lo pseudonimo di Pellegrino. Ho anche preso spunto da *Rossini 1792-1992*, a cura di Mauro Buccarelli (catalogo esaurito, Perugia 1992) e da *Rossini a Londra* e *La cantata: il pianto delle Muse in onore di Lord Byron* di Guido Johannes Joerg nel "Bollettino del centro rossiniano", XXVIII (1988); quest'ultimo è stato usato anche per la terza parte. Lo spartito originale de *Il canto delle Muse* si trova alla British Library, Music Manuscript numero 30246.

Il risveglio magnetico e il sonno della ragione di Bruno Cagli, dalla pubblicazione dell'Accademia nazionale di Santa Cecilia, XIV, 1 (1985), è un gioiello.

La corrispondenza di Madame Girardin del 1848-1849, *Lettres parisiennes* (Paris 1987) e l'altrettanto delizioso *La France et le pars de Balzac, Revue hebdomadaire* di A. Bellessort (1 marzo 1924) mi hanno dato molte idee. Ho letto l'articolo di Pierluigi Petrobelli *Balzac, Stendhal e il Mosè di Rossini* nel "Bollettino del centro rossiniano", 1971, e *Balzac et la musique*, "Mercure de France" 1922, i quali descrivono entrambi alcuni aspetti della conoscenza di Balzac della musica di Rossini. Ho consultato anche *Balzac et la musique*, di C. Bellaigue, "Revue des deux mondes" (1 ottobre 1924), e *La médicine et les médicins dans l'œuvre de Balzac*, di P. Cajole (Lyons 1901). Per le origini di Olympe mi è stato essenziale *Balzac, O. Pélissier et les courtisanes*, di C. Mauray, in *Année Balzacienne*, 1975. *Rossini e Metternich* di Bernd-Rudiger Kerr, in "Bollettino del centro rossiniano", XLIX, 1999, è stato un'ottima guida per quanto riguarda gli eventi politici, così come *Histoire de la France*, vol. II, di André Maurois (Paris 1947) e *La France des notables* di A. Jardin e A.J. Tudesq, 2 voll. (Paris 1973).

A Lost Opera by Rossini di Andrew Porter in "Music and Letters", XLV, 1964, è stato l'articolo che ha sciolto il mistero di *Ugo, re d'Italia*. Sul *Guillaume Tell*, Giovanni Carlo Ballola ha scritto le note al programma del Rossini Opera Festival (1995), e ho consultato anche *Le fonti letterarie di Guillaume Tell*, di Andrea Baggioli, comparso sul "Bollettino del centro rossiniano", XXXVII, 1997. Preziosi per questo atto sono stati anche *Honoré de Balzac* di Hupert J. Hunt (London 1957), *The Memoirs of Hector Berlioz*, a cura di David Cairns (London 1969, 1977²), i *Mémoires, souvenirs et journaux* di Marie D'Agoult con lo pseudonimo di Daniel Stern, 2 voll. (Paris 1990) e *Della musica rossiniana e del suo autore* di P. Brighenti (Bologna 1830). È stato il *Journal* di Eugène Delacroix (Paris 1932) che mi ha dato la visione più ampia e commovente del mondo nel quale viveva. *La Peau de chagrin* (1831), *Gambara* (1837) e *Massimilla Doni* (1839), romanzi di Balzac, parlano della musica e dell'entourage di Rossini. *Une énigme balzacienne* di Maurice Serval, nel "Bulletin de la Société Historique" (1925-1926) mi ha fornito ulteriori dettagli sull'amicizia fra Rossini e Balzac. *Le lettere da e per Balzac*, citate anche nell'atto successivo, sono nella Bibliothèque de la Maison Balzac, a Parigi (alla quale va il mio ringraziamento).

La terza parte del libro è centrata sull'esplosione della rabbia di quell'epoca, sulla distanza che separava Rossini dalla nuova era, sulla sua tiepida amicizia con Verdi e sulla sua crescente depressione. La biografia *Verdi* di Mary Jane Phillips-Matz (Oxford 1993) è stata utile, mentre *Viva la libertà: Politics in Opera* di Anthony Arblaster (Oxford 1992) e *Pari siamo!* di Folco Portinari (Torino 1981) parlano della politica e della musica. *Italy in the Age of the Risorgimento* di Harry Hearder (London 1988) e *La musica nel risorgimento* di Raffaello Monterosso (Milano 1948) sono stati anch'essi molto utili. *Filosofia della musica* (Milano 1870) di Giuseppe Mazzini evidenzia il pensiero del politico sulla musica e *Metternich: der Staatsmann und der Mensch* (Monaco 1925) mi ha fornito importanti dettagli.

Per quanto riguarda Verdi, si trovano vicende interessanti in *Verdi: interviste e incontri* di Marcello Conati (Torino 1980), nel mio *Traviata* (Milano 1993 e London 1994), in *Medaglie incomparabili* di Lorenzo Arruga (Milano 2001), ne *Il pensiero artistico e politico di Verdi* di Alessandro Luzio (Milano 1901) e ne *Il salotto della contessa Maffei* di Raffaella Barbiera (Sesto San Giovanni 1914). *Romantic Music* di Arnold Whittall (Oxford 1987) è un libro delizioso, mentre *L'ultima stagione* di Bruno Cagli (Pesaro s.d.) e *G. Rossini: lettere*, a cura di Enrico Castiglione (Roma 1992), mi hanno illuminato ulteriormente.

Per i dettagli del viaggio in Italia di Balzac ho letto Giuseppe Gigli, *Balzac in Italia* (Milano 1892), e Henry Prior, *Balzac à Milan*, in "Revue de Paris", 15 luglio 1925. La descrizione della morte di Balzac fatta da Victor Hugo è tratta da *Choses vues* (1830-48; Paris 1997). Le citazioni dalle lettere di Bellini sono tratte da *Vincenzo Bellini: Epistolario*, a cura di Luisa Cambi (Verona 1943), di Olympe Pélissier da *Il fondo francese dell'archivio rossiniano di Pesaro* (Pesaro 1921).

Le conversazioni di Rossini con Filippo Mordani, anch'egli vittima della depressione, sono pubblicate in *Della vita privata di Giovacchino Rossini: memorie inedite* dello stesso Mordani (Imola 1871). Riguardo alla malattia di Rossini ho consultato anche Bruno Riboli, *Profilo medico-psicologico di Gioachino Rossini*, in "Rassegna musicale", III, 1954, e *The Dynamics of creation* di Anthony Storr. Non voglio dimenticare di aver consultato le lettere del Fondo Malerbi, Biblioteca Trisi, Lugo Lettere.

Pagine di arte italiana 1834-72 (Torino 1915), *Souvenirs 1884* e *Eine Erinnerung an Rossini* (1868) di Wagner furono parte di questo capitolo, così come *Richard Wagner et Tannhäuser à Paris* di Charles Baudelaire, pubblicato per la prima volta nel 1861 e ristampato in *Critique d'art et critique musicale* (Paris 1976); la traduzione di Herbert Weinstock, *Richard Wagner's visit to Rossini* (London 1982) per la descrizione della visita di Rossini a Beethoven. Ma la storia è presa da *Souvenirs personnels: La visite de Richard Wagner à Rossini* (Paris 1860) di Edmond Michotte (Paris 1906). *Brahms e Wagner* di Massimo Mila (Torino, 1994) è un bellissimo libro. *Rossini: sa vie* di Léon e Marie Escudier (London 1824) è stato molto utile, e molto meno malevolo di quanto i fratelli Escudier stessi scrissero di Rossini nelle loro lettere a Verdi. L'insostituibile *Dictionnaire du Second Empire*, a cura di Jean Tulon (Paris 1995), è stato un regalo di mio figlio Orlando.

Opera omnia lirica

Demetrio e Polibio, dramma serio in due atti (1808), libretto di V. Viganò-Mombelli, dal *Demetrio* di Metastasio
Teatro Valle, Roma, 1812

La cambiale di matrimonio, farsa in un atto, libretto di G. Rossi
San Moisè, Venezia, 1810

L'equivoco stravagante, farsa in un atto, libretto di G. Gasparri
Teatro del Corso, Bologna, 1811

L'inganno felice, farsa in un atto, libretto di G. Foppa
San Moisè, Venezia, 1812

Ciro in Babilonia, dramma in due atti, libretto di F. Aventi
Teatro Comunale di Ferrara, 1812

La scala di seta, farsa comica in un atto, libretto di G. Foppa
San Moisè, Venezia, 1812

La pietra del paragone, melodramma giocoso in due atti, libretto di L. Romanelli
Teatro alla Scala, Milano, 1812

L'occasione fa il ladro, burletta in un atto, libretto di L. Privitali
San Moisè, Venezia, 1812

Il Signor Bruschino, farsa giocosa per musica in un atto, libretto di G. Foppa
San Moisè, Venezia, 1813

Tancredi, melodramma eroico in due atti, libretto di G. Rossi
Teatro La Fenice, Venezia, 1813

L'Italiana in Algeri, dramma giocoso in due atti,
libretto di A. Anelli
Teatro San Benedetto, Venezia, 1813

Aureliano in Palmira, dramma serio in due atti,
libretto di G.F. Romanelli
Teatro alla Scala, Milano, 1813

Il Turco in Italia, dramma buffo in due atti, libretto di F. Romani
Teatro alla Scala, Milano, 1814

Sigismondo, dramma in due atti, libretto di G. Foppa
Teatro La Fenice, Venezia, 1814

Elisabetta, regina d'Inghilterra, dramma in due atti,
libretto di G. Schmidt
Teatro San Carlo, Napoli, 1815

Torvaldo e Dorlinska, dramma semiserio in due atti,
libretto di C. Sterbini
Teatro Valle, Roma, 1815

Il barbiere di Siviglia, commedia in due atti, libretto di C. Sterbini
Teatro Argentina, Roma, 1816

La gazzetta, dramma per musica in due atti, libretto di G. Palomba
Teatro dei Fiorentini, Napoli, 1816

Otello, dramma in tre atti, libretto di F. Berio di Salsa
Teatro del Fondo, Napoli, 1816

La Cenerentola, dramma giocoso in due atti,
libretto di J. Ferretti
Teatro Valle, Roma, 1817
Teatro alla Scala, Milano, 1817

La gazza ladra, melodramma in due atti, libretto di G. Gherardini
Teatro alla Scala, Milano, 1817

Armida, dramma in tre atti, libretto di G. Schmidt
Teatro San Carlo, Napoli, 1817

Adelaide di Borgogna, dramma in due atti, libretto di G. Schmidt
Teatro Argentina, Roma, 1817

Mosè in Egitto, azione tragico-sacra in tre atti,
libretto di A.L. Tottola
Teatro San Carlo, Napoli, 1818

Adina, farsa in un atto (1818),
libretto di G. Bevilacqua-Aldobrandini
Teatro Sao Carlos, Lisbona, 1826

Ricciardo e Zoraide, dramma in due atti,
libretto di F. Berio di Salsa
Teatro San Carlo, Napoli, 1818

Ermione, azione tragica in due atti, libretto di A.L. Tottola
Teatro San Carlo, Napoli, 1819

Edoardo e Cristina, dramma in due atti, libretto di G. Schmidt
Teatro San Benedetto, Venezia, 1819

La donna del lago, melodramma in due atti, libretto di A.L. Tottola
Teatro San Carlo, Napoli, 1819

Bianca e Falliero, melodramma in due atti, libretto di F. Romani
Teatro alla Scala, Milano, 1819

Maometto II, dramma in due atti, libretto di C. della Valle
Teatro San Carlo, Napoli, 1820

Matilde di Shabran, melodramma giocoso in due atti,
libretto di G. Ferretti
Teatro Apollo, Roma, 1821

Zelmira, dramma in due atti, libretto di A.L. Tottola
Teatro San Carlo, Napoli, 1822

Semiramide, melodramma tragico in due atti,
libretto di G. Rossi
Teatro la Fenice, Venezia, 1823

Il viaggio a Reims, dramma giocoso in un atto,
libretto di L. Balocchi
Théâtre-Italien, Parigi, 1825

Le siège de Corinthe, tragedia lirica in tre atti, libretto di L. Balocchi
Opéra, Parigi, 1826

Moïse et Pharaon, opera in quattro atti,
libretto di L. Balocchi e E. de Jouy
Opéra, Parigi, 1827

Le comte d'Ory, opera comica in due atti, libretto di E. Scribe
Opéra, Parigi, 1828

Guillaume Tell, opera in quattro atti,
libretto di E. de Jouy e altri
Opéra, Parigi, 1829

Composizioni sacre

Messa, Ravenna, 1808
Messa, Rimini, 1809
Quoniam, 1813
Messa di Gloria, Napoli, 1820
Tu pietoso il cielo, 1820
Tantum ergo, 1824
Stabat Mater (con sei numeri di Tadolini), Madrid, 1832
    interamente di Rossini, Parigi, 1842
Trois chœurs religieux, Parigi, 1844
O salutaris hostia, Parigi, 1857
Laus Deo, Parigi, 1861
Petite messe solennelle, Parigi, 1864 – due piani e armonium
    seconda versione con orchestra, Théâtre-Italien, Parigi, 1867

Cantate, inni e cori

Il pianto d'Armonia sulla morte di Orfeo, Bologna, 1808
La morte di Didone, Venezia, 1818
Egle e Irene, Milano, 1814
Inno d'indipendenza, Bologna, 1815
Le nozze di Teti e Peleo, Napoli, 1816
Edipo a Colono, 1816
Omaggio umiliato a Sua Maestà, Napoli 1819
La riconoscenza, Napoli, 1821
La Santa Alleanza, 1822
Il vero omaggio, Verona, 1822
Il pianto delle muse in morte di Lord Byron, Londra, 1824

Giovanna d'Arco, Parigi, 1832 e 1852
Cantata per il Sommo Pontefice Pio IX, Roma, 1847
Inno alla pace, Firenze, 1850
Hymne à Napoléon, Parigi, 1867
Chœur de chasseurs democrats, Parigi, 1867

Canzoni varie

Se il vuol la molinara; *Dolci aurette che spirate*; *La mia pace io già perdei*; *Qual voce, qual note*; *Alla voce della Gloria*; *Amore mi assisti*; *Tre numeri per il Quinto Fabio di G. Nicolini*; *Il trovatore*; *Il carneval di Venezia*; *Beltà crudele*; *La pastorella*; *Canzonetta spagnola*; *Infelice ch'io son*; *Addio ai viennesi*; *Dall'Oriente l'astro del giorno*; *Ridiamo, cantiamo, che tutto sen va*; *In giorno sì bello*; *Tre quartetti da camera*; *Les adieux à Rome*; *Orage et beau temps*; *La passeggiata*; *La dichiarazione*; *Les soirées musicales*; *La promessa*; *Il rimprovero*; *La partenza*; *L'orgia*; *L'invito*; *La pastorella dell'Alpi*; *La gita in gondola*; *La danza*; *La regata veneziana*; *La pesca*; *La serenata*; *Li marinari*; *Deux nocturnes*; *Adieu à l'Italie*; *Le départ*; *Nizza*; *L'âme delaissée*; *Francesca da Rimini*; *La separazione*; *Deux nouvelles compositions*; *À Grenade*; *La veuve andalouse*.

Opere strumentali

Sei suonate a quattro; *Ouverture al conventello*; *Cinque duetti*; *Sinfonia*, 1808; *Sinfonia*, 1809; *Ouverture obbligata per contrabbasso*; *Variazioni a più strumenti obbligati*; *Variazioni di clarinetto*; *Andante e tema con variazioni*, 1812; *Andante e tema con variazioni*, 1820; *Passo doppio*; *Valzer Serenata*; *Duetto per violoncello e contrabbasso*; *Rendez-vous de chasse*; *Fantasie*; *Tre marce militari*; *Scherzo*; *Tema di Rossini per G.G.*; *Marcia*; *Thème de Rossini*; *La corona d'Italia*.

Péchés de vieillesse

Vol. I Album italiano
I gondolieri; *La lontananza*; *Bolero*; *Elegia*; *Arietta*; *Duetto*; *Ave Maria*; *La regata veneziana*; *Anzoleta avanti la regata*; *Barcarolle*; *Anzoleta co passa la regata*; *Anzoleta dopo la regata*; *Il fanciullo smarrito*; *La passeggiata*.

Vol. II Album français
En ce jour si doux; *Roméo*; *Pompadour la grande coquette*; *Un sou*; *Chanson de Zora*; *La nuit de Noël*; *Le Dodo des enfants*; *Le lazzarone*; *Adieu à la vie*; *Soupirs et sourirs*; *L'orpheline du Tyrol*.

Vol. III Morceaux réservés
Quelques mesures de chant funèbre a mon pauvre ami Meyerbeer; *L'esule*; *Les amants de Séville*; *Ave Maria*; *L'amour à Pékin*; *Le chant des Titans*; *Preghiera*; *Au chevet d'un mourant*; *Le Sylvain*; *Cantemus Domino*; *Ariette à l'ancienne*; *Le départ des promis*.

Vol. IV Quatre mendiants et quatre hors-d'œuvres
Quatre hors-d'œuvres: *Les radis*; *Les anchois*; *Les cornichons*; *Le beurre*; *Quatre mendiants*: *Les figues sèches*; *Les amandes*; *Les raisins*; *Les noisettes*.

Vol. V Album pour les enfants adolescents
Première communion; *Thème naïf et variations*; *Saltarello à l'Italienne*; *Prélude moresque*; *Valse lugubre*; *Impromptu anodin*; *L'innocence Italienne*; *La candeur Française*; *Prélude convulsif*; *La lagune de Venise à l'expiration de l'année 1861!!!*; *Ouf! Les petits pois*; *Un sauté*; *Hachis romantique*.

Vol. VI Album pour les enfants dégourdis
Mon prélude hygiénique du matin; *Prélude baroque*; *Memento homo*; *Assez de memento: dansons*; *La Pesarese*; *Valse torturée*; *Une caresse à ma femme*; *Barcarole*; *Un petit train de plaisir comico-imitatif*; *Fausse couche de Polka Mazurka*; *Étude asthmatique*; *Un enterrement en carneval*.

Vol. VII Album de chaumière
Gymnastique d'écartement; *Prélude fugassé*; *Petite Polka Chinoise*; *Petite Valse de boudoir*; *Prélude inoffensif*; *Petite Valse*; *Un profond sommeil*; *Un réveil en sursaut*; *Plain-chant Chinois*; *Un cauchemar*; *Valse boiteuse*; *Une pensée à Florence*; *Marche*.

Vol. VIII Album de château
Spécimen de l'Ancien Régime; *Prélude pétulant-rococo*; *Un regret, un espoir*; *Bolero Tartare*; *Prélude prétentieux*; *Spécimen de mon temps*; *Valse anti-dansante*; *Prélude semipastorale*; *Tarantelle pur sang (avec traversée de la procession)*; *Un rêve*; *Prélude soi-disant dramatique*; *Spécimen de l'avenir*.

Vol. IX Album pour piano, violin, harmonium et cor
Mélodie candide; *Chansonnette*; *La Savoie aimante*; *Un mot à Paga-*

nini (Élégie); Impromptu tarantellisé; Échantillon du chant de Noël à l'Italienne; Marche et réminiscence pour mon dernier voyage; Prélude, thème et variations pour cor, avec accompagnement de piano; Prélude Italien; Une larme, thème et variations; Échantillon de blague mélodique sur les noires de la main droite; Petite fanfare à quatre mains.

Vol. X Miscellanée pour piano
Prélude blagueur; Des tritons s'il vous plaît (Montée-descente); Petite pensée; Une bagatelle; Mélodie Italienne (Une bagatelle). In Nomine Patris; Petite Caprice (Style Offenbach).

Vol. XI Miscellanée de musique musicale
Ariette villageoise; La chanson du Bébé; Amour sans espoir (Tirana a l'Espagnole rossinizée); À ma belle mère; O salutaris, de campagne; Aragonese; Arietta all'antica, dedotta dal "O salutaris Ostia"; Il candore in fuga; Mottetto dedicato a Maria Santissima Annunziata; Giovanna d'Arco.

Vol. XII Quelques riens pour album
Allegretto; Allegretto moderato; Allegretto moderato; Andante sostenuto; Allegretto moderato; Andante maestoso; Andantino mosso; Andantino sostenuto; Allegretto moderato; Andantino mosso; Andantino mosso; Allegretto moderato (Danse Sibérienne); Allegretto brillante; Allegro vivace; Petite galette Allemande, allegro brillante; Douces réminiscenses, andantino; Andantino mosso quasi allegretto; Andantino mosso; Allegretto moderato; Allegretto brillante; Andantino sostenuto; Thème et variations sur le mode mineur, andantino mosso; Thème et variations sur le mode majeur, allegretto moderato; Un rien sur le mode enharmonique, adagio.

Vol. XIII Musique anodine
"Mi lagnerò tacendo"

Altre composizioni

Canzone scherzosa a quattro soprani democratici (Canone perpetuo per quattro soprani); Canone antisavant à 3 voix, "Vive l'empereur"; Canzonetta, La Vénitienne; Petite promenade de Passy à Courbevoie; Une réjouissance; Encore un peu de blague; Tourniquet sur la gamme chromatique, ascendent et descendent; Ritornelle gothique; Un rien (pour album), "Ave Maria"; Metastasio (pour al-

bum), "Sogna il guerrier"; Brindisi, "Del fanciullo il primo canto"; Solo per violoncello; Questo palpito soave; L'ultimo pensiero, "Patria, consorti, figli!".

Esercizi vocali

Gorgheggi e solfeggi
15 petits exercises pour égaliser les sons
Petit gargouillement

Indice